Franz Grafl

Praterbude und Filmpalast

mit Beiträgen von
Reinhard Tramontana
Florian Pauer
Karl Sierek

Franz Grafl

Praterbude und Filmpalast

Wiener Kino-Lesebuch

 Verlag für Gesellschaftskritik

Publikation ermöglicht durch die Unterstützung des Kulturamtes der Stadt Wien, des Bundeministeriums für Unterricht und Kunst und der Hochschuljubiläumsstiftung der Stadt Wien, gefördert durch das Bundesministerium für Wissenschaft und Forschung in Wien.

Die Deutsche Bibliothek – CIP-Einheitsaufnahme

Praterbude und Filmpalast : Wiener Kino-Lesebuch /
Franz Grafl. – Wien : Verl. für Gesellschaftskritik, 1993
   ISBN 3-85115-169-0
NE: Grafl, Franz

ISBN 3-85115-169-0

Umschlagentwurf: Katharina Uschan
Lektorat: Ulrike Döcker
Gestaltung: Peter Horn
© 1993. Verlag für Gesellschaftskritik Ges.m.b.H. & Co. KG
Alle Rechte vorbehalten
Druck: REMA*print*, Wien

Inhalt

Nazizeit
1938 – 1945

Aufbruch in eine neue Zeit
1945-1993

Eine Liebeserklärung an das Kino

Schritt für Schritt wurde mir während der Recherchen klar, daß es vor allem eine nostalgisch verklärte Verneigung vor dem Kinobesucher werden wird; erst die Veränderung der Kinolandschaft läßt heute Erinnerungen entstehen, die den Verlust der alten Kinokultur deutlich fühlbar machen. Auch so mancher Kinobesitzer, Vorführer oder Billeteur, dazu die Frau ohne Unterleib an der Kassa, tragen heute dazu bei, Kino als Ort vergangener (Lebens-) Erfahrungen zu sehen. Ob sie nun in dieser Form stattgefunden haben oder nur in der Einbildung, sei dahingestellt und tut nichts zur Sache.

Ich hätte gerne ein ‚Handwerkszeug‘, eine Methode gefunden, um jene Träume, Wünsche und Hoffnungen auszugraben, die wöchentlich in einem Kino um's Eck oder, seltener, in einem der Filmpaläste der Stadt zum Leben erweckt wurden. Gefunden habe ich genaue Situationsbeschreibungen, emotional hingeworfene Aufregungen und wohldurchdachte Illusionen rund um *die* Kunstart des 20. Jahrhunderts; und an dessen Beginn eine oft sprachlose Faszination über das Wunder Kinematographie, das schon bald nicht nur dem Dreigroschenroman, sondern in Wien auch dem Theater Konkurrenz machen sollte. Zumindest bei den ‚kleinen‘ Leuten, wie bei Josef St., von dem ich geführte Haushaltsbücher der Jahre 1921 und 1922 fand, in denen er akribisch verzeichnet hat, wie oft er pro Woche ins Kino ging; wie sich die Kinokarte verteuerte; und wie er seine sonstigen Ausgaben diesem Vergnügen unterordnen mußte, um das Bier nach dem Film beim Wirt um's Eck noch möglich zu machen, bevor er sich in der Blumengasse in Hernals schlafen legte. Ende des Jahres ging er schon zu zweit; seine Braut trank nur Nichtalkoholisches. Zusammen träumten sie das zukünftige Leben und die große Welt herbei, die Josef St. Jahre später – allerdings als Soldat – kennenlernen sollte. Mitte 1923 brachen die Kinobesuche plötzlich ab: Die Geburt meiner Mutter ermöglichte den beiden Kinoenthusiasten keine weiteren abendlichen Vergnügungen außerhalb von Küche, Zimmer und Kabinett.

Ein anderes Kino um's Eck, ein anderer Billeteur, der Geruch des frisch gebohnerten Holzbodens, der gleiche Film, vielfach reproduziert wie die Träume der Zuschauer: „ein Stück vom Leben zu greifen, und es festzuhalten“, zumindest bis zum Ende der Vorstellung, bis die Lichter wieder angehen.

Mein Dank gilt allen jenen, mit denen ich offizielle Gespräche in Ämtern und Behörden, inoffizielle in Caféhäusern und Wohnungen führen konnte, bei denen oft alte Akten, Fotos und Erinnerungen zum Vorschein kamen. Alle diese Treffen hatten eines gemeinsam: die zunehmende Kinoeuphorie der Gesprächspartner, je tiefer es in die Vergangenheit zurückging. War es nur ihre Kindheit und Jugend, die dadurch wachgerufen wurde?

Die Arbeit konnte mit finanzieller Unterstützung des Kulturamtes der Stadt Wien, des Bundesministeriums für Unterricht, Kunst und Sport und der Hochschuljubiläumsstiftung der Stadt Wien erstellt werden.

Einleitung

Nachstehende Ausführungen stellen ein Stück Filmgeschichte Österreichs dar. Städtische Kultur im 20. Jahrhundert ist unmittelbar mit Kino und Film verbunden, da die Entstehung von Lichtspielhäusern wesentlich zur sich entwickelnden Urbanität beigetragen hat. Kinogebäude prägten das Aussehen von Straßen, Plätzen und ganzen Wohngebieten: Man denke an freistehende Kinoneubauten an den großen Straßen wie das WELTBILD-Kino in der Pragerstraße, das ZENTRAL-Kino in der Simmeringer Hauptstraße oder das EOS-Kino Ecke Ungargasse-Rennweg. Die Entwicklung des Kinos in Wien erfolgte – im Nachhinein besehen – in drei Phasen: Bis 1917 entstanden aus vielen kleinen Abspielstellen im Prater und in Gasthäusern in den Vorstädten feste Orte. Ab 1925 begann der Umbau von Theatern in große, komfortable Filmpaläste (Höhepunkte: APOLLO, SCALA), die – mit dem Filmangebot korrespondierend – die große Welt des Kinos in Architektur und Ausstattung repräsentierten. Gleichzeitig kam es auch zu einer Konsolidierung der Abspielstätten in den Vorstädten. Ab 1965 setzte das große Sterben in den Vorstädten ein, das unterschiedlichste Gründe hatte: Mobilität, Fernsehen, Verleihpolitik und technische Ausstattungsdefizite ließen zuerst in Kinos wie dem MARCHFELD, dem SCHÖNBURG oder dem ADRIA die Sesselreihen und die Projektoren verschwinden, um für Bank- und Lebensmittelfilialen Platz zu machen. Aktuell ist die Schleifung eines der ältesten Kinos Wiens, des SCHÄFFER-Kinos; da es zuletzt als Porno-Kino geführt wurde, wäre ein Wi-

derstand, ohne Kenntnis von dessen geschichtlicher und kinoarchitektonischer Bedeutung, lächerlich erschienen. (Vielleicht nützt dieses Buch, derartige kulturpolitische Sünden zukünftig zu vermeiden).

Der ‚Zustand‘ der Kinos kann als Indikator für die ‚Alltagskultur‘ einer Großstadt angesehen werden. Aber im ‚Ort‘ Kino spiegeln sich auch Filmgeschichte, die sich aus Starrummel, Regisseurnamen, Sujets und Plakatkunst formt, technische Erfindungen der Bild- und Tonverfahren und wirtschaftliche Entwicklungen, die in der Ausstattung der Kinos und nicht zuletzt in den Eintrittspreisen sichtbar werden. Verbote, Zensur und behördliche Maßnahmen bilden einen Maßstab für die jeweils zugelassene „Freiheit der Kunst“. Vom Filmkunstwerk bis zur Dutzendware, von der teuer hergestellten Großproduktion bis zur billigen Klamotte: Die Geschichte der Wiener Kinos repräsentiert den Hauch der großen Welt ebenso wie ein Stück Wiener Alltags- und Bezirksgeschichte.

Wiener Kinobesucher und -besucherinnen erlebten in den letzten hundert Jahren vier Phasen, die das Verständnis von Kino beeinflußten: Die erste Zeit war geprägt von einer Aufbruchsstimmung, in der das Sensationelle der lebenden Bilder das Publikum in seinen Bann schlug. Die weite Welt kam nach Wien, für jedermann erschwinglich. Das vielschichtige, kulturelle Klima der großen Reichshauptstadt zog Künstler und Gaukler ebenso wie Handwerker an, die ihr Glück in der neuen Unterhaltungsindustrie versuchten: Man wählte Filme aus, führte vor, konstruierte um und bewarb sich selbst in überschwenglichen Superlativen. Während des Ersten Weltkrieges wurde die in ihren Anfängen stehende Filmbranche für patriotische Ziele benutzt und erlebte dadurch ihren ersten Wachstumsschub.

Die Wirtschaftskrise Ende der 20er Jahre sah Kriegsgewinnler und Glücksritter, die produzierten, gründeten und billig gemachte Filme anboten. So manchem Zuschauer kamen die ersten Bedenken, ob Kino wohl auch Kunst sein könne. Nie vorher gesehene Brutalitäten und Obszönitäten, aber auch nie zuvor so lebendig inszenierte Melodramatik und Spannung faszinierten und lockten das Publikum. Das Kino war zu einer Massenindustrie geworden. Gaststätten und Kabaretts, aber auch Apotheken wurden adaptiert. Die Zulassung ausländischer Filmprodukte erweiterte das kinematographische Empfinden und ermöglichte die Unterscheidung von Können und Dilettantismus. Der österreichische Film arbeitete erstmals mit Lokalkolorit. Die ganze Familie ging „Film schauen".

Aber die Kinobesucher wollten sitzen wie im Theater und hören wie im Konzert. Publikumszeitschriften, Filmkritiken und Preisausschreiben begleiteten die Neuerscheinungen und lockten die Massen in die dunklen Säle, in denen Non-Stop gespielt wurde. Mit dem Aufkommen des Tonfilms wurde dem Theater auch der letzte Wettbewerbsvorteil, die menschliche Sprache, genommen.

Deutscher Humor und österreichische Musik wurden immer beliebter. Man beachtete vor allem die großen Filmschöpfer aus Österreich, die ihr Glück in Hollywood gemacht hatten. Bald wurden ihre Filme jedoch in Österreich verboten: Nur ‚reinrassige' Produktionen fanden noch den Weg in die Kinos. Der jüdische Nachbar durfte nicht mehr ins Lichtspielhaus.

Soldaten auf Heimaturlaub, Kinder und Frauen verloren sich in den Filmpalästen oder saßen frierend am Kohlenofen ihres Kinos im Bezirk. Auch die Wiener Kinowelt wurde strikt geordnet – solange bis sie zusammenbrach. So mancher Besucher fand während eines „volkserzieherisch wertvollen" Films den Tod durch einen Bombenangriff.

In den 60er Jahren begann der große Siegeszug des Fernsehens. Die weniger gewordenen Kinos mußten in Bild- und Tonqualität investieren, um den Zuschauer zu fesseln. Der Kinofilm und das Kino wurden zu technischen Wunderwerken. Heute gehören Kinocenter, Centerkinos und Multiplex, zu denen man mit dem Auto aus der Stadt pendelt, zum letzten Schrei. Auch wenn der Besuchertiefststand überwunden sein dürfte, zeigt eine genauere Betrachtung der Statistik, daß immer weniger Filme – jene, um die mit enormem Werbeaufwand geworben wird – das Publikum locken können.

Nicht zufällig erschienen in den letzten Jahren zahlreiche Publikationen, die die Geschichte der Kinos als Teil filmhistorischer Entwicklung beleuchten: Zu erwähnen sind hier deutschsprachige Werke wie Werner Michael Schwarzs „Kino und Kinos in Wien – bis 1934", Christoph Bignens „Kinos – Architektur als Marketing – Zürich", und Arbeiten über Kinos in Köln, München und Berlin. In den ausländischen Publikationen fällt die Fülle des Bildmaterials auf: „Cathedrals of the Movies: A History of British Cinemas" von David Atwell, „Movie Palaces" von Ave Pildas, „The Picture

Palace and other Buildings for the Movies" von Dennis Sharp und „Architectures de Cinémas" von Francis Lacloche. Auch ich bemühte mich, die für die Wiener Kinos wichtigsten Fotos zusammenzutragen. In der Gegenüberstellung von einst und jetzt wird der Verlust an wohligem Kinoambiente und die Veränderung der modernen Freizeitgesellschaft deutlich sichtbar. Drei Beiträger, Reinhard Tramontana, Florian Pauer und Karl Sierek, widmen sich ehemaligen Kinobezirken. Für den Textteil wurden, und das unterscheidet dieses Buch von anderen, auch zeitgenössische Stimmungsbilder aus Zeitungen, Literatur und Gesprächen herangezogen, die zu einer Verdichtung des Themas beitragen sollen.

OHNE PREIS-   ERHÖHUNG

SCHULDIG
VON RICHARD VOSS
SCHOTTENRINGKINO
VOM 31. OKTOBER BIS 6. NOVEMBER

Wie alles begann

1890 – 1914

Die Welt der ‚lebenden Bilder'

Die letzten Jahre vor der Jahrhundertwende waren von einer regen Reisetätigkeit geprägt: Vertreter ‚lebender Bilder' wollten überall in der Österreichisch-Ungarischen Monarchie Apparate zur Vorführung beweglicher Bilder vorstellen und verkaufen. Erfindungen wurden patentiert und einem technisch interessierten Publikum in Ausstellungen und auf Messen vorgeführt.

Gab es 1895 noch keine Kinovorführstätten, so wurden nun innerhalb von 20 Jahren auf der ganzen Welt mehr als 50.000 gegründet: Kinematograph, Kinetoskop, Bioskop oder Elektrotheater genannt; doch auch in Kirtagbuden konnte man sogenannte ‚Lichtspiele' sehen, auch in Ladenkinos und in Kellerräumen von Wohnungsneubauten oder in bereits bestehenden Theatern. Von diesem lukrativen neuen Geschäftszweig, der vor allem schnellen Gewinn versprach, zeugt ein Inserat einer gutsituierten Firma:

„Will ständiges Kinotheater als
Nebengeschäft einrichten, kaufe
Pathé-Apparat und suche
– leihweise – Filme."

Eck- oder Flohkino: rechts
der Kinoeingang.
bis 1926 EDELWEISS-Kino,
bis 1972 FELBER-Kino

Am Anfang war das Zelt

Heute noch ein Möbelhaus mit dem unverwüstlichen Charme der 50er Jahre; vielleicht bald, nach Eröffnung der U-Bahn, die Filiale einer Bank oder eines noblen Kaufhauses: das ehemalige WESTEND-Kino. Es wurde schon in einem historischen Rückblick aus den 30er Jahren als jener Ort genannt, an dem das erste Kino an einem festen Platz, mit einem überdachten Zuschauerraum, täglich und regelmäßig Vorführungen machte; seit 1896, wie es in dieser Auflistung heißt; weitere Kinos, die in der Chronologie genannt werden: der MÜNSTEDT-KINO-PALAST (1899), das ALBERT-Kino (1900), oder das BAUMGARTNER LICHTSPIEL-THEATER (1900).

Auch wenn der Expertenstreit noch lange weitergehen wird, wer wo und wann tatsächlich als erster ‚lebende Bilder‘ vorgeführt hat – dies hängt jeweils von der Definition des Begriffes ‚Kino‘ ab –, bleibt unbestritten, daß sich am Beispiel des WESTEND-Kinos die für Wien typische Entwicklung des Kinematographen – vom Zeltkino zum Kinobau – gut ablesen läßt:

Der Besitzer dieses Zeltkinos, der 1904 einer Elektrofirma in Wien einen Auftrag mit den Worten gab: „Richten Sie mir die Lichtanlage ein; zu der großartigsten Attraktion, die diese Stadt je gesehen hat," war Louis Geni.

Mariahilfer Gürtel / Wallgasse
Wien VI.

Mit einer eigenen Lichtanlage, bestehend aus einem Gas-, Benzin- oder Rohölmotor in Verbindung mit einem Dynamo, kann sich jeder Kinobesitzer um einige Heller in der Stunde die größte und schönste Effektbeleuchtung mit den kleinsten Barauslagen selbst herstellen.

Die Anlage kann in jedem Wohnhause und Lokal ohne jede Konzession installiert werden und benötigt, einmal in Betrieb gesetzt, absolut keiner Bedienung mehr bis zum Betriebsschluß.

Man kann im Durchschnitt rechnen, daß sich jeder Kinematographenbesitzer, der nur ein halbwegs größeres Theater für ungefähr 200 Personen Fassungsraum besitzt, monatlich zirka 150 bis 200 Kronen, bei größeren Theatern 200 bis 300 Kronen mit einer Eigenzentrale ersparen kann. Diese Ziffern sind durch eine einfache Rechnung und durch Zahlen aus der Praxis leicht zu beweisen.

Werbeanzeige, 1911

Auf diese Weise kam auch der kleine Straußky, Lehrling bei der beauftragten Firma, mit dem Geni-Kinematographen in Kontakt: Er mußte jene Anschlußkabel schleppen, die die neue Dynamomaschine mit dem alten Dampfapparat verband. Sieben Jahre später sollte Julius Strausky seine Kinooperateursprüfung im Technologischen Gewerbemuseum machen und damit zu den ersten Vorführern Wiens gehören.

Zeltkino der Familie Geni
um 1905

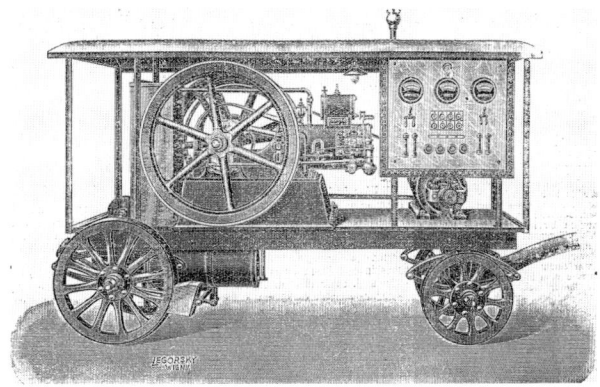

Lichtanlage, gezeichnet: Legorsky

Für Geni war das 140 Personen fassende Kino eine „richtige Goldgrube", wie Zeitgenossen neidvoll zu berichten wußten. „In jeder Vorstellung war er ausverkauft, das ging von morgens um zehn bis zur Sperrstund abends – um zehn; im halbstündigen Rhythmus." Die Passanten wurden durch laute Musik von einer elektrischen Orgel angelockt. Sie spielte Opernarien und Schlager aus zeitgenössischen Operetten. Abends kamen sogar Fiaker mit noblen Gästen an, die sich diese Sensation nicht entgehen lassen wollten.

Im Gegensatz zum kurze Zeit später gegründeten ELEKTRO-BIO am Margartengürtel war Genis Kinematographen-Zelt ein richtiges ‚Nobelkino'.

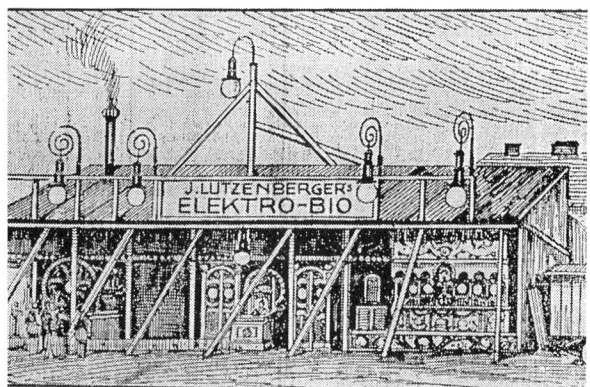

Wien V., Margartengürtel
um 1907

Das 1911 – auf dem Platz des Zeltkinos von Geni – gegründete WESTEND-Kino faßte 258 Zuschauer. Es war ein schmaler Schlauch, an dessen rückwärtigem Ende – 1916 – Logen eingebaut wurden. Das WESTEND spielte für das Grätzel – und für das Provinzpublikum. Man kann sich heute kaum mehr vorstellen, daß Zuschauer sogar von Amstetten anreisten, oft Schulschwänzer, die sich *Die Schlange am Busen, sensationelles Drama aus einer vornehmen Ehe – in drei Akten* und *Winterstürme an der jütländischen Küste* (1912) ansahen. Der Zulauf dürfte so stark gewesen sein, daß man ausdrücklich darauf hinweisen mußte, daß „schulpflichtige Kinder" keinen Zutritt hatten. Bis 1964, als das Kino – aus unbekannten Gründen – zusperren mußte, waren Filme wie *Die Schamlosen* oder *Teufel um Mitternacht* (1962) heißbegehrte Abwechslungen der Schuljugend, die aus Nah und Fern – der Westbahnhof liegt vis-à-vis – anreisten. Oft in Gruppen, wie zu einem Fußballmatch, besetzten sie den Kinosaal, um Filme zu sehen, die außerhalb Wiens noch lange nicht gezeigt wurden.

Wer ist dieser Mann, auf den der Pfeil zeigt:

Genis neues Zelt in der Wallgasse

Es ist, man beachte den Respektabstand, der Chef des Unternehmens, Herr Geni.

Über die Zeit der Anfänge des Kinematographen weiß sein Sohn, der das Foto auch markierte, zu berichten:

„1903 machte ich im technologischen Gewerbemuseum die Prüfung als Filmvorführer. Später war ich dort eine ziemlich bekannte Persönlichkeit, da verschiedene neue Kinobesitzer bei mir lernten, und ich immer mit zu den Prüfungen ging. Wirkliche Vorführer gab es zu der Zeit wohl noch nicht, denn die Kinobesitzer spielten alle selbst; Frauen wohl auch, wie Frau Gierke und Frau Öser.

Eines Tages kam eine große Kiste an, da wir einen neuen Projektor bestellt hatten. Eine kolossale, massive und schwere Maschinerie kam da zum Vorschein, ein Präzisionswerk. Keine Ketten wie früher, nur Zahnräder und Schraubengetriebe, alles aus Bronze, Messing und

Stahl. Das Fenster war wie eine Türe zu öffnen und außerdem ließ es sich um ein ganzes Bild durch ein Zahnstangengetriebe auf und ab bewegen.

Der Apparat arbeitete ganz einfach wunderbar. Natürlich wurde mit der Hand gedreht, 13 bis 14 Bilder. Motoren verwendete man damals noch nicht, obwohl das Schwungrad des Apparats schon eine Schnurrille hatte. Man war der Ansicht, daß durch den Motor der Film leiden würde.

Es war gegen Abend und die Leute warteten schon auf die Eröffnung. Ich richtete mir alles her und kaum wurde aufgemacht, war die Bude auch schon voll. Ich war wohl etwas aufgeregt, aber es dauerte nicht lange, nur bis nach dem ersten Bild. Dann ging die Sache schon so wie bei den Nebelbildern.

Mitten im Spielen blieb plötzlich die untere Spule stehen und der Film fiel auf den Boden. Die Ursache? Einer aus dem Publikum in der letzten Reihe war mit seinem Stuhl etwas nach rückwärts gerückt und da sich zwischen Kabine und Zuschauerraum nur eine trennende Leinwand befand, hielt er mir mit seiner Stuhllehne die Spule einfach auf.

Es gab damals auch schon 20 bis 50 m lange Lustspiele (damals komische Filme genannt) mit Max Linder und sogar mit Henny Porten. Bekamen wir einen Film mit Max Linder, so hieß es, ‚Ach, der verrückte Kerl spielt wieder mit‘, und kam einer mit Henny Porten, hieß es ‚ah, die fesche Gredl ist auch dabei‘, oder, ‚die hübsche Blonde‘. Jedenfalls wurde ein Film mit der „feschen Gredl" oder dem „verrückten Kerl" nie zurückgesandt."

Herr Arthur Geni, seit 1902 im Betrieb seines Vaters als Filmvorführer beschäftigt, schrieb später seine Jugenderinnerungen auf. Sein abwechslungsreiches Leben führte ihn von Triest über Zürich nach Wien. Er ließ sich schließlich in St. Pölten nieder.

Das Homes-Theater

Seit 1902 besaß auch Emil Gottlieb alias Homes eine Konzession für kinematographische Vorführungen. Diese fanden in einem eigenen Saal im „Homes Fey Theater" statt; in anderen Räumen wurden „ein Weltpanorama, Abnormitäten und Illusionen" gezeigt. So wurde z.B. „das größte musikalische Wunder der Welt" – ein selbstspielendes Klavier – angekündigt. Die ‚lebenden‘ Bilder waren nur eine von vielen Sensationen.

Wie die Tageszeitungen bei der Eröffnung des Homes-Fey-Theaters zu berichten wußten, tingelte Gottlieb Homes zuvor mit seiner Gattin Fey, bevor sie sich in Wien seßhaft machten, in den Ländern der Monarchie.

Aus den Erinnerungen von Robert Braun erfahren wir, wie ein Kind – um 1905 – die Wunderwelt im HOMES-Theater bestaunte:

Als Knabe hatte ich an Samstagnachmittagen freien Ausgang, und da führte mich der Weg meist zum Kohlmarkt, wo sich das erste Kino unserer Stadt eingerichtet hatte: es hieß Homes und Fey. Herr Homes, der Besitzer, stand in eigener Person vor dem Eingang zwischen den an die Mauer gelehnten Ankündigungstafeln und machte den Ausrufer. Er sah wie der Direktor einer Schmierenbühne aus, war groß, hatte ein rotes Gesicht, dessen Kinn zwischen den Spitzen eines Vatermörders stak, und seiner durchaus nicht übertriebenen Anpreisung der neuesten lebenden Bilder und anderer Merkwürdigkeiten war schwer zu widerstehen. So ging ich im Vorgenuß einige Stufen in ein Kellergewölbe hinab, wo mich, wenn ich zu spät kam, ein besonderer Raum aufnahm. Er hieß ‚Das Weltpanorama‘, und ich konnte, nachdem ich den hohen Sitz erstiegen, durch die Linsen eines Bioskops, die mannigfaltigsten Städte und Landschaften schauen. Dann ließ uns die laute Einladung des Herrn Homes den Kinoraum betreten, der nach leerem Theater roch. Und nun begann auf dem herabhängenden weißen Vorhang das knatternde Spiel der ‚Lebenden Bilder‘, das, damals noch ohne Musik, sich aus einem Regennetz wirr durcheinanderschlagender zuckender Stücke entwickelte. Herr Homes, der sich auf einem der Plätze des Mittelganges niedergelassen hatte, gab dazu mit hallender Stimme seine Erklärungen. Und da machten wir denn eine kurze Reise mit, wobei ein Omnibus so rasch zur Riesengröße anwuchs, daß man glauben mochte, jetzt und jetzt würde er mitten in uns hineinfahren. Dann gab es ein Märchen oder in wenigen kurzen Akten eine Wildwestgeschichte mit einem Blockhaus und mit Männern in Cowboyhosen, wobei im Geknatter des Filmablaufes ein lautloser Schuß fiel, der einen Rivalen fällte.

Leider verging dies all zu schnell. Doch erlebte ich immer noch eine letzte Überraschung, als ich wieder ins Freie trat. Es geschah durch einen rückwärtigen Ausgang, und so befand ich mich an einer andern Stelle der Straße als dort, wo ich eingetreten war, und mußte mich erst, benommen von all den Merkwürdigkeiten, einige Augenblicke lang wieder zurechtfinden. Als dann auf dem Nachhauseweg schon Laternen brannten, fühlte ich mich wohl im Genuße [sic] so vieler Fremdheit.

Neues Wiener Tagblatt, 20. 10. 1934

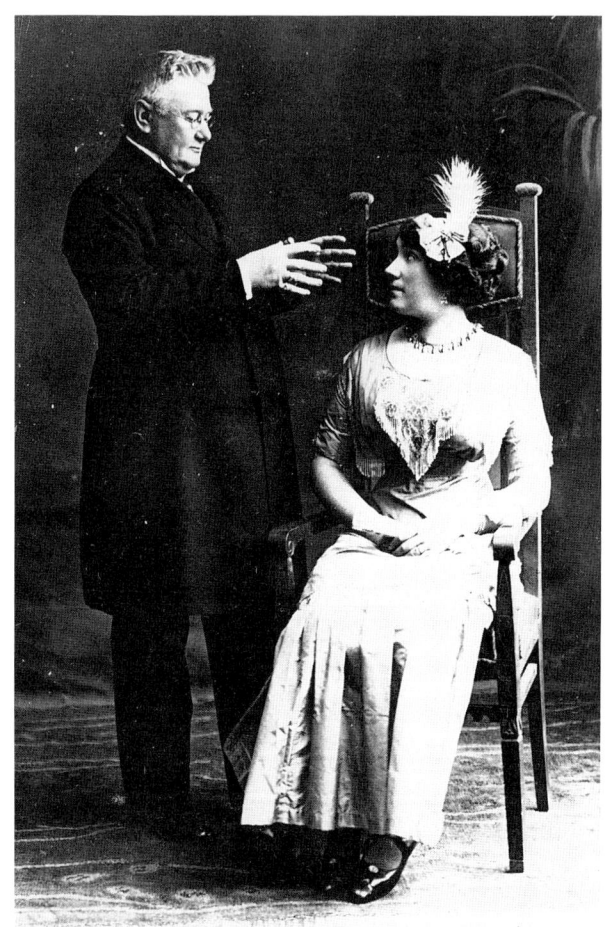

Das Wiener Bioskop

Das vornehmste Kinematographentheater Wiens, das Mitglieder des allerhöchsten Kaiserhauses, die Aristokratie und andere Spitzen der Gesellschaft zu seinen ständigen Besuchern zählte, war das unter der Direktion des Herrn Gustav Altschul stehende Wiener Bioskop.

Wiener Bioskop
Krugerstraße 5, Wien I.
Direktion: Gustav Altschul
vis-à-vis „Hotel Astoria"
Vorführung lebender Bilder!
nur Novitäten
unbedingt dezentes Familien-Programm
Vorstellungen ununterbrochen
an Wochentagen von 4 Uhr nachmittags bis $^{1}/_{2}$ 10 Uhr abends, an Sonn- und Feiertagen von 10-12 Uhr vorm. und 2-10 Uhr abends

Das seit dem Jahre 1907 bestehende Unternehmen hatte von allem Anfang an den größten Wert darauf gelegt, in jeder Beziehung dem Geschmack des besten Publikums zu entsprechen und alles zu vermeiden, was als Sensationsmacherei gelten könnte. Das Theater, dessen vornehmer Charakter auch in der stillvollen Einrichtung zutage trat, brachte natürlich seinem Publikum nur erstklassige neue Programme, in welchen stets die besten Marken des internationalen Filmmarktes vertreten waren. Selbstverständlich entsprach auch die technische Einrichtung dieses erstklassigen kinematographischen Unternehmens.

Wien I., Krugerstraße 5

Erwähnt sei, daß gerade in letzter Zeit das Wiener Bioskop durch die Besuche zahlreicher Mitglieder des kaiserlichen Hauses wiederholt ausgezeichnet worden ist, und daß in jüngster Zeit Erzherzog Leopold Salvator, Erzherzogin Blanka, der Herzog von Madrid mit ihren Familien, sowie Erzherzog Max im Wiener Bioskop erschienen und sich über die Darbietungen außerordentlich aussprachen.

1911/1912

Eine Erfindung setzt sich durch

Kinogebäude

Ein überholungsbedürftiger Vorführapparat, ausgeborgte Filme und ein Raum, in dem man möglichst viele Sessel reihen konnte, waren in der Regel ausreichend, um Publikum anzulocken: zuerst auf Jahrmärkten neben Ringelspielen, Kasperltheatern und Geisterbahnen, dann in Eckgasthöfen, wo schließlich gänzlich auf den Ausschank zugunsten des täglichen Kinobetriebes verzichtet wurde, um ab dem frühen Nachmittag Filme abzuspulen – oft hüpfende, zittrige Bilder aus der großen, weiten Welt.

Während in England und in den Vereinigten Staaten bereits kurz nach der Jahrhundertwende der Bau eigens geplanter Kinogebäude einsetzte, deren Äußeres an ägyptische Tempel oder chinesische Teehäuser erinnerte, und während in Paris die ersten Theater zu Kinosälen umgebaut wurden, verbreitete sich in Wien die neue Erfindung des Laufbildes vor allem in Form von Ladenkinos, die in kurzer Zeit – bis 1908 gab es bereits mehr als 25 davon – die Straßen Wiens zu prägen begannen; ideal war neben einer Gaststätte ein enges, langgestrecktes Straßengeschäft. Typische Beispiele – neben dem noch bestehenden BELLARIA-Kino – stellten das FELBER-Kino, das WILHELM- und das WOLFGANG-Kino dar.

Nur der Wiener Prater bildete in dieser Entwicklung eine Ausnahme. Dort entstanden freistehende Lichtspieltheaterbauten, das MÜNSTEDT-Kino, gegründet 1899, der aus dem Jantsch-Theater hervorgegangene FILMPALAST und seit 1907 das KRYSTALL, dem bis in die 30er Jahre ein Kasperltheater und eine Schaubude angeschlossen waren.

Eine zweite, für Wien überaus typische Kinoform war der Einbau im Keller – KOSMOS-Kino – oder im Erdgeschoß eines Wohnneubaues – HETZENDORFER-Kino oder APOLLO.

> „Über dem ganzen (der Praterbude) lagert ein Brodem, zusammengesetzt aus verbranntem Fett der Kartoffelpuffer, Stallgeruch und aus dem Gestank nach Azetylengas. Ein richtiger Großstadtjunge steigert je nach seinem Kassenbestand die Genüsse. Zuerst Ringelspiel, dann Luftschaukel. Darauf betritt man, bis in die tiefsten Tiefen seines Knabenherzens erschauernd, das anatomische Kabinett, wo Abnormitäten und Degenschlucker gebührend bewundert werden. Den Clou des Tages aber bildet der Cinematograph. Eintritt 80 Kreuzer, Militär die Hälfte, Jugendliche waren stets zugelassen.
>
> Das Theater selbst besteht aus einer langgestreckten Bretterbude, die mit roten Vorhängen und Zeltleinwand verkleidet ist. Davor spielt eine kunstvoll geschnitzte Orgel mit beweglichen Marionetten aus mir noch heute unerklärlichen Gründen meist die Ouvertüre aus „Dichter und Bauer". Schreiende Plakate versprechen tolle Wildwestkämpfe und Detektivdramen mit Verfolgungen und großen Sensationen. Klopfenden Herzens läßt man die Kreuzer auf einen Teller fallen und folgte dem im schönsten Dialekt konferierenden Erklärer in den dämmrigen Raum hinter dem Vorhang."
>
> *Jugenderlebnisse eines späteren Cineasten,*
> *aufgezeichnet 1928*

Floridsdorfer Biograph des Herrn Poppenwimmer, um 1909

Wien XXI., Hoßplatz 17, 1993

Eine dritte Form des Kinoneubaues entwickelte sich im Wien der 10er Jahre: der – in einen Wohnbau integrierte – im Hof freistehende Kinosaal (POPPENWIMMER).

40er Jahre

In Wien wurden bis Ende 1912 mehr als 100 Kinematographen für Filmvorführungen gegründet. In der gesamten Monarchie spielten mehr als 706 feste Kinos und 127 sogenannte ‚reisende' Kinos mit Kinozelt und Wagen zumindest jedes Wochenende Filme, die aus Dokumentarbeiträgen (wie *Eine Fahrt mit der Mariazeller Bahn*), aus einer heiteren Komödie zur Einstimmung, aus dem Hauptfilm und der großen Komödie zum Abschluß bestanden.

Kino-Konzessionen

Die Kinokonzessionen wurden anfänglich gerne an Volksbildungsvereinigungen (wie das Katholische Bildungswerk) bzw. nach dem Ersten Weltkrieg an Kriegsopferorganisationen vergeben, die Namen trugen wie „Verein der Intellektuellen-Kriegsopfer" oder „Weihnachtsgeschenkverband für Waisen und Witwen". Damit wurde von Amts wegen versucht, wenn schon die Ausbreitung der „Kinoseuche" trotz restriktiver Zensur nicht verhindert werden konnte, zumindest die Programmierung moralisch integeren Personen zu übertragen.

Die Bauten erreichten oft auch für heutige Maßstäbe atemberaubende Sitzplatzkapazitäten: 670 in Hernals, 850 in Floridsdorf! Die zu erwartenden Einnahmen erlaubten es z.B. 1911 dem Familienbetrieb POPPENWIMMER, im 21. Bezirk am Bismarckplatz, einen eigenen Saal – mit 16 Metern Länge und 11 Metern Breite – im Hofe eines Wohnhauses zu errichten.

Aus dem Bauverhandlungsprotokoll wird ersichtlich, mit welchen Auflagen 1911 gerechnet werden mußte: Die Pioniere hatten es noch relativ einfach, wenn sie einen eigenen Kinosaal erbaut hatten, der schon Rücksicht auf die strenge Wiener Kinobauordnung nahm, die aus den Erfahrungen mit dem großen Brand des Ringtheaters (8. 12. 1881) und aus der Tatsache, daß das Filmmaterial – übrigens bis in die 50er Jahre – leicht entzündbar war, zu erklären ist. Im vorliegenden Fall bemühte sich der Kinobesitzer vor allem darum, möglichst viele Sitzplätze im Raum aufzustellen; so bat er um Erlaubnis, 280 Besucher unterbringen zu können, während das Magistrat 215 Stühle als Maximum anführte. Man einigte sich schließlich auf 255, offensichtlich mit dem Versprechen gegenüber der Baubehörde, Klappstühle zu verwenden. Dies wurde aber, wie man aus späteren Unterlagen ersehen kann, aus Kostengründen nicht gemacht, was dem Kinobetreiber eine Rüge und die Auflage einer Änderung einbrachte.

Der direkt zu dem Ausgang führende Quergang soll eine Breite von 1.30 m erhalten. Vor der Bildfläche wurde ein vertieftes Orchester mit Holzeinfriedung hergestellt, welches 1.60 m in den Zuschauerraum vorspringt.

Die Herren Vertreter der Magistratsabteilung IV, das Kommmando der städtischen Feuerwehr und des k.k. Bezirks Polizei Kommissariates Floridsdorf sprechen sich dahin aus, dass nach ihrem Dafürhalten der Abstand ausreichend ist.
Neu zu bedingen wäre:
1/ Sämtliche Beleuchtungskörper müssen so angebracht sein, daß sie nicht umgestossen oder herabgerissen werden können, daß sie bei der Zugluft nicht verlöschen, und muß die Notbeleuchtung im Zuschauerraume und in den Kommunikationen derart angebracht werden, daß die Wege zu den Ausgängen auch beim Versagen der Hauptbeleuchtung noch gut beleuchtet und die Nottüren von Weitem zu sehen sind.
2/ Der vor der Linse passierende Filmteil ist vor zu großer Erwärmung und Entzündung durch ein geeignetes Kühlbad, im Ruhestande durch Zwischenhaltung von undurchsichtigen Scheiben oder in anderer geeigneter Weise zu schützen.
3/ Das Spuckverbot ist anzuschlagen und eine genügende Anzahl hygienischer Spucknäpfe aufzustellen.
4/ Die Heizöfen dürfen während der Anwesenheit des Publikums nicht mit Heizmateriale beschickt werden.

Auszüge aus der Verhandlungsschrift über Errichtung eines Kinematographentheaters im Hause, XXI, Bismarckplatz 20, zwischen dem magistratischen Bezirksamt für den XXI. Bezirk und Franz Poppenwimmer, 17. Oktober 1911

Auch bei anderen Eröffnungen von Kinos wurde einerseits um wirtschaftlich optimale Auslastung und andererseits um entsprechende Sicherheit gerungen. Was zu dieser Zeit noch völlig unbeachtet blieb, war entsprechender Komfort – für die Theatersäle der Zeit war dieser bereits selbstverständlich, das Kino wurde jedoch als ein ‚billiges‘ Arme-Leute-Vergnügen angesehen. Das Problem der mangelhaften Be- und Entlüftung wurde dadurch gelöst, daß vor einer Vorstellung alle Türen ins Freie zumindest zehn Minuten offen gehalten werden mußten – dazu gab es auch eine entsprechende Vorschrift des Magistrats. Im Winter kam das oft ungelöste Problem der Beheizung hinzu. Dafür stand oft ein großer „Kanonenofen" zur Verfügung, der an kalten Wintertagen das Ofenrohr, das oft schräg durch den Vorführsaal lief, zum Glühen brachte. So kann man davon ausgehen, daß im Winter Filmtitel wie *Die Fremdenlegion in der Wüste* oder *Zwei Gauner in der heißen Sonne* Zuspruch fanden – auch wenn sie nur zehn Minuten, damals die übliche Länge einer Filmepisode, dauerten. Außerdem fehlte dem größten Teil des Publikums oft Geld für eigenes Holz, da war eine Kinokarte schon billiger. Derlei ‚klimatische‘ Überlegungen wurden sogar bei der Kinoprogrammierung mitberücksichtigt: In der Diskussion um die Sommerkinoflaute wurde etwa hervorgehoben, daß Kinos mit Filmen aus dem hohen Norden bessere Erfolge verzeichnen würden.

Man war jedenfalls noch weit davon entfernt, im Kino jene Annehmlichkeiten zu bieten, die es in den Theatern zur gleichen Zeit bereits gab. Trotzdem bemühten sich Theater- und Varietédirektoren um Konzessionen für Kinovorstellungen – vorerst für Beiprogramme zu Varietéaufführungen, später auch für abendfüllende Programme.

Kinofilme

Bereits 1895, bei der ersten Präsentationsschau in der Krugerstraße, fanden die gefinkelten Praterbudenbetreiber einen Weg, der Abhängigkeit vom französischen Filmhersteller zu entkommen, indem sie vorschlugen, Filme auf Zeit auszuleihen. Nachdem ihnen dies vom Produzenten nicht bewilligt wurde, kauften sie Kopien, die sie in Tauschzentralen so lange untereinander austauschten, bis die Kopien völlig abgenutzt waren. So liest man wiederholt in Inseraten Filmtitel, deren beigefügte Längenangaben um bis zu 300 Meter variieren. Es ist anzunehmen, daß in Galizien oder in Czernowitz nur mehr Kurzfassungen eines in Wien präsentierten Films zu sehen waren. „Filmentregnungsanstalten" boten wiederholt und vermehrt ihre Dienste an.

Filmkopien wurden verkauft, nicht – wie heute üblich – verliehen. Gekauft wurde oft nach Gewicht und nach Genre: „Habt Ihr nicht noch 8 Kilo Humor, 3 Kilo Tragödien und die 17 Meter über den Flugversuch in St. Petersburg?" – so könnte ein Verkaufsgespräch zwischen zwei Kinobesitzern, die sich regelmäßig im Café Prückel trafen, verlaufen sein. Gespielt wurde diese Kiloware solange, bis das Publikumsinteresse nachließ.

Einer der ersten Filmvertreter in der Monarchie, Alexander Ortony, nannte als beste Kunden in Wien Frau Handl, die Besitzerin des 1. WIENER

BIOTHEATERS (das spätere HANDL-Kino), das MÜNSTEDT-Kino, das Kino STILLER, LUNDÉNS STUBENRINGKINO oder Rady-Mallers ELITE-Kino.

Wien XV., Mariahilferstraße 162, um 1952

Als der Kinounternehmer Rady-Maller, der schon bald darauf in vielen Bezirken Wiens Kinos eröffnete, dazu überging, sein Filmprogramm zwei Mal in der Woche zu wechseln, gab es eine Protestversammlung der übrigen Kinobesitzer, da sie den Ankauf von doppelt soviel Filmprogramm für ihre Kinos als ruinös ansahen. Aber kaum sechs Monate später hatte sich diese Art der Programmierung bereits eingebürgert.

Vom Film als „Kunstwerk im Zeitalter seiner Reproduzierbarkeit", wie es Walter Benjamin bezeichnet hatte, kann man in jenen Tagen noch nicht sprechen. Individuelle Rezitationstexte, die während der Vorführungen von möglichst „akademisch gebildeten" Sprechern deklamiert wurden, die unterschiedliche Abspielgeschwindigkeit von Vorführprojektoren, der Zustand der Kopien – all das ließ der Interpretationsphantasie der Kinobediensteten viel Raum. Es war in der Tat nicht möglich, zweimal den gleichen Film zu sehen. Der Zufall war der Autor. Heute kann man diese Erfahrungen nachvollziehen, wenn man etwa die Möglichkeit nützt, einen Stummfilm wie *Metropolis* zu sehen, von zwei unterschiedlichen Pianisten begleitet; der jazzige Anschlag des einen erzeugt das Gefühl von Erschütterung, während der andere, aus dem großen Repertoire der Romantik schöpfend, die Filmbilder trotz ihrer expressionistischen Ausdruckskraft vorbeigleiten läßt.

Manche Kinobesitzer spekulierten mit dieser Einmaligkeit der Vorführung, die die Nähe zum Theater und zum Praterspektakel nicht verleugnete. So ließ Karl Juhasz, einer der Pioniere der österreichischen Filmkultur, das Kinoplastikon patentieren und führte dieses im WIENZEILE-Kino bis Ende 1912 auf. Die Phantasiewelt der Sagen und die Romantik von Märchen wurden dabei in dreidimensionalen Bildern vorgeführt; bei dieser Art der

Vorführung, die auf optischer Täuschung beruhte, konnte die Nähe von Traum und Kino, die Entführung in eine andere Welt, unmittelbar spürbar gemacht werden.

KINOPLASTIKON

Theater künstlicher Menschen — WIEN, VI. Bezirk Magdalenenstr. 4

PROGRAMM

Preis 20 Heller.

Dezember 1911

Von amtlichen Stellen, Schulbehörden und vor allem konservativen Parlamentariern aller Parteien gab es eine Fülle von Vorbehalten gegen das Kino. Drei Argumente wurden dabei hauptsächlich angeführt: Es sei schuld an Kriminalfällen, an unehelichen Kindern, und es beeinträchtige die wirtschaftliche Situation der Familien.

Kino wurde vor allem als jugendgefährdend eingestuft. Wurde man als Schüler bei einem Kinobesuch entdeckt, etwa vom Lehrer, der zu bestimmten Zeiten wie zufällig an der nächstgelegenen Straßenecke stand, so war dies ein sicherer Grund, um im kommenden Zeugnis eine besonders schlechte Betragensnote zu erhalten. Noch Jahre später, 1921, war ein Kinobesuch Anlaß genug, jemandem die Sozialhilfe zu entziehen.

Ohne Roland Barthes Ausführungen über das „Schwarz des Kinos" gekannt haben zu können, der den Kinosaal als Ort der Ungebundenheit darstellt, an dem die ‚moderne Erotik' sinnlich erfahrbar wird, richtete am 14. 1. 1912 der Abgeordnete Dr. Scholz eine Anfrage an den Sicherheitsminister, in der er nicht nur sogenannte „Pariser Abende" („Spätabends: Nur für Herren") für verwerflich erklärte, sondern auch die „Kinoseuche" als Gefährdung der Sicherheit, der Sittlichkeit und des Anstandes bezeichnete. Er schloß mit der üblichen Frage: „Was gedenken Sie dagegen zu tun?"

Die Filme, auf die sich die Anfrage bezog, waren vorher bereits zensuriert worden. Die entsprechenden Stellen sprechen für sich: So wurde der Zwischentitel „Alte" statt „Alte Schachtel" vorgeschlagen und der Hersteller von *Die Brücke über dem Abgrund* aufgefordert, „die bildliche Darstellung des Brückeneinsturzes zu unterlassen". Damit war sicherlich die Sensation dieses Streifens dahin; ob er trotzdem aufgeführt wurde, ist nicht bekannt...

Kinotechniken

Innerhalb von 20 Jahren emanzipierte sich das Kino gegenüber Theater und Zirkus. Es war die Zeit der sprunghaften, technischen Entwicklungen: Strombeleuchtung statt Gaslaternen auf öffentlichen Plätzen, Auto statt Pferdewagen. Auch die Luft wurde durch den Menschen erobert: So wurden im Jänner 1913 zur Ehren der 300jährigen Zarendynastie demjenigen 10.000 Rubel versprochen, der die Strecke Moskau – St. Petersburg in einem Flugzeug zurücklegen könne. Die Kameraoperateure standen am Start in Moskau bereit; auch in St. Petersburg wartete man auf den Helden, der einen solchen Flug wagen wollte. Am Aufnahmegerät wurde gekurbelt, Film gewechselt und weitergekurbelt. Besonders gut gelang die Aufnahme der letzten Schleife des Flugzeugs über dem Zarenpalast und der Newabrücke im Hintergrund. Die Filme wurden entwickelt, vervielfältigt und Kopien davon in die ganze Welt verschickt. Schon eine Woche nach diesem Großereignis konnte man die Bilder von dieser einmaligen Leistung in einem der vielen „Elektrotheater", wie die Kinos in Rußland hießen, aber auch im MICHEL-BEUERN-Kino, im BIO oder im BAIER (dem heutigen ERIKA-Kino) bewundern.

Die Teilnehmerliste der 1912 in Wien durchgeführten „Internationalen Kinoausstellung" gibt einen Einblick in die Vielfalt der am Boom beteiligten Industriezweige: Möbelhersteller wie die Firma Thonet, die neben Klappfauteuils für Kinos vor allem auf ihre Bugholzmöbel verwies und spezielle Billettschränke zur Vereinfachung des Kinokartenverkaufs anbot; Firmen wie „Elite", die Projektionswände mit Namen wie „Diamantlicht" präsentierte, Firmen für Flüssigkeitszerstäuber und Luftbefeuchter, für Gasöfen und -radiatoren und die Elektrizitäts-Gesellschaft Sirius, die Gleichstromumformer, Bogenlampen und Lichtmotorenaggregate anpries.

In der Euphorie des Erfolges der neuen Unterhaltungsindustrie wurde sogar die Meldung kolportiert, daß der Stahlkonzern Krupp eigene Produktionshallen errichte, um in die Produktion von Kinoprojektoren einzusteigen. Kaum zwei Jahre später sollte dieser Konzern an mindestens zwei seiner Produkte gut verdienen: an den Maschinen, die die Siege und Opfer des Krieges in den Vorstadtkinos präsentierten, und an den im Krieg verwendeten Gewehren und Kanonen. Ein Mann der österreichischen Filmbranche, Alexander „Sascha" Kolowrat, der exklusiv mit der Produktion von Kriegsbildern beauftragt wurde, baute mit diesen Wochenschauproduktionen sein Filmimperium, die „Sascha-Film", auf, das Filmateliers, Verleih und Aufnahmeteams vereinigte.

Durch die Eröffnung einer Wiener Agentur der französischen „Eclair" zur Produktion von Wochenschaubeiträgen wurde das verstärkte internationale Interesse am – bislang brachliegenden – österreichischen Kinomarkt unterstrichen. Weitere Firmen wie Gaumont, Ernemann oder Pathé Frères zeigten Interesse am zukunftsträchtigen Filmentwicklungsland Österreich-Ungarn; die Präsentationsschauen erster Tonfilmversuche des Edison-Kinetophons in den Sophiensälen im September 1913 oder Gaumont-Vorführungen des „Sprechenden Films" fanden jedoch nicht jenen Anklang, den man sich erwartet hatte.

Drei Gründe sprachen dagegen: die hohen Installationskosten, der Mangel an entsprechenden Produktionen und schließlich der Ausbruch des Ersten Weltkrieges. Ab nun wurden fremdsprachige Kinoankündigungsplakate, die aus Kostengründen direkt übernommen wurden, als „demütigende Tatsache für jeden Deutschgesinnten" gebrandmarkt.

Für die neue Art der Unterhaltung war zu dieser Zeit neben dem Plakat die Mundpropaganda das wichtigste Werbemittel. Denn die seriösen Zeitungen wie die *Neue Freie Presse* schalteten neben dem Konzert- und Theaterprogramm lediglich das Kinoprogramm der Wiener URANIA und an Wochenenden auch das des BURG-Kinos.

Mit Kriegsbeginn wurden nicht nur Produktionen „aus Feindesland" nicht mehr aufgeführt, sondern es gab immer öfter – wie es in den Ankündigungen hieß – *Dramatische Szenen von österreichischen Kämpfen* oder *Freudenkundgebungen über den Fall Belgrads*. Das BURG-Kino zeigte in der ersten Dezemberwoche 1914 neben den obligaten *aktuellen Kriegsbildern*, die ebenfalls als überaus „dramatische" angekündigt wurden, die *Launen einer Weltdame*. Daß es den Kinos nicht besonders gut ging, bezeugt eine Anzeige, mit der ein Kino in bester Lage „Geldkraft" suchte – ob für den Ausbau oder für's Überleben, kann heute nicht mehr geklärt werden.

Bald erkannte man auch die Möglichkeiten der Massenbeeinflussung durch Filme. Pädagogen und Politiker, Schriftsteller und Schauspieler zeigten sich gleichermaßen von der Möglichkeit massenhafter Rezipierbarkeit beeindruckt.

Kinospaziergänge um 1910

Die Herbstsaison wird eröffnet

Der Verfasser der „Wiener Spaziergänge" zeigte sich beeindruckt von der Kinolandschaft, die er 1909 in Wien vorfand. Wie aus seinem Bericht hervorgeht, kannte er die Schwierigkeiten des aufblühenden Gewerbes und verteidigte vor allem die Seriösen dieser Branche. In einer Zeit, als viele das Kino als Quelle schnellen Geldes ansahen, wollte er mit seinem Artikel drei bekannte Kinobetreiber in der Öffentlichkeit besonders hervorgehoben wissen; sein Spaziergang führte zum GRABEN-Kino, zum SCHÄFFER-Kino und zum Kino MODERN:

„Das 241 Besucher fassende Graben-Kino bestand nur zwischen 1907 und 1914, da größere, von den Behörden vorgeschriebene Umarbeiten, die vor allem die Sicherheit und die Beschränkung der Sitzplatzanzahl betrafen, aus Platzmangel nicht durchgeführt werden konnten. Das Ehepaar Hermine und Julius Eckstein, die Direktoren des Kinos, betrieb jedoch bereits seit 1911 parallel dazu die Hernalser Lichtspiele, wodurch es leichter war, das Kino rasch aufzugeben... Als ich dieser Tage vor dem Grabenkino Halt machte, um unserem lieben Kollegen Direktor Eckstein einen Besuch abzustatten und ihn um sein Befinden fragte, da antwortete er schlagfertig: ‚Ausverkauft!' Das war auch die klarste Antwort, denn einem ‚ausverkauften' Kinobesitzer geht es immer gut."

Die Schwalbe, 16. September 1909

SCHÄFFER-Kino, um 1911

Unser flanierender Branchenkenner überquerte sodann den Ring und beeilte sich, um beim Kino SCHÄFFER auf der Mariahilferstraße noch „die wogende Menge" zu sehen, „die auf Einlaß harrt, denn ‚alle', die kommen, finden nicht sofort Platz und müssen ruhig warten".

1992

Bei der Saisoneröffnung im Herbst 1909 fanden die Zuschauer im SCHÄFFER-Kino 24 neue Logen vor. Der ab 1908 vermehrt zu beobachtende Einbau von Logen kennzeichnet recht gut das erfolgreiche Bemühen der Wiener Kinobesitzer, vom Vorurteil des Praterbudenvergnügens wegzukommen und es dem Theater in ‚Ansehen und Würde' gleichzutun. Auch wirtschaftlich hatten sich zu dieser Zeit die meisten Betriebe bereits soweit konsolidiert, daß sie Umbaukosten ohne große existenzielle Probleme auf sich nehmen konnten.

Gegründet wurde das SCHÄFFER 1906 von Mizzi Schäffer, einer der ersten Frauen in der Wiener Filmbranche. Dieses Kino gehörte zu den schönsten von Wien. Bevor es im Zuge der Errichtung eines Kaufhauses (siehe Abbildung) abgerissen wurde, fristete es ein Dasein als Pornokino.

Auch für die Neueröffnung des Kino MODERN, in dem in den 70er Jahren das erste ‚Alternativkino' Wiens, das FREIE KINO, Erfahrungen sammeln konnte, fand der Autor der *Wiener Spaziergänge* des Jahres 1909 nur lobende Worte:

„Ein Unternehmen, das uns ganz darnach angetan erscheint, in der ruhmreichen Geschichte der Wiener Kinematographentheater einen ehrenvollen Platz einzunehmen, ist übrigens erst jetzt eröffnet worden. Das Ehepaar Roschlapil, das durch eisernen Fleiß und durch tiefes Verständnis bereits deren Unternehmen in der Alserbachstraße (Weltbiograph, seit 1904) einen ungeahnten Aufschwung gegeben hat, eröffnete dieser Tage in der Porzellangasse 50 ein neues Theater, das, sowohl was Ausstattung des Theaters selbst als auch was Programm und Vorführung anbelangt, als erstklassiges Etablissement gelten muß. In schlichter Eleganz präsentiert dieses

Unternehmen eines der schönsten unserer Stadt, und wenn wir für gewöhnlich aus Rücksicht für die bestehenden Theater Neuetablierungen nicht allzu freudig begrüßen, so muß die Einrichtung dieses Unternehmens doch sympathisch berühren, denn mit dem Kino Modern ist ein der Großstadt würdiges Etablissement geschaffen worden."

Zwischen diesen Zeilen kann man unschwer lesen, daß Branchenkenner zu dieser Zeit davon ausgingen, mit den bestehenden 40 Kinos wäre der Bedarf für Wien gedeckt. Wer hätte damals gedacht, daß innerhalb von 20 Jahren (bis 1930) noch dreimal soviele hinzukommen würden?

Große Hochachtung hatte man zu dieser Zeit auch noch vor Kinodirektoren, die, ähnlich den Theaterdirektoren, ihren Unternehmen durch das angebotene Programm ein unverwechselbares Profil geben konnten. Das Programm konnte nämlich aus der Fülle der angebotenen Titel selbständig zusammengestellt werden. Die Kinobetreiber trafen sich im Café Prückel und tauschten noch ohne große Konkurrenzängste Erfahrungen aus. Diese Selbständigkeit wurde am Anfang der 20er Jahre durch die ersten großen Firmenzusammenschlüsse zunichte gemacht. Nur wenige Kinodirektoren konnten über die Jahre hin ihrer eigenen Kinophilosophie treu bleiben.

Wie etwa der Programmablauf im Kino MODERN ausgesehen hat, ist überliefert: Jeweils 10minütige Filme zeigten abwechselnd ‚Belehrendes‘ und kleine Geschichten. Das Eröffnungsprogramm des Kinos MODERN begann mit Marschmusik. Die ersten Bilder auf der Leinwand zeigten einen Rundgang durch St. Bonifacio. Der humor-

volle Teil wurde mit *Jochen macht Reserveübung* bestritten – ein Militärschwank zur Aufheiterung. In der Pause spielte die Salonkapelle des Kinounternehmens einen Walzer, währenddessen neue Gäste Gelegenheit hatten, ihre Plätze einzunehmen, um, nachdem es wieder dunkel geworden war, das ‚Wunder‘ aufblühender Tulpen zu sehen; zum

ersten Mal in Zeitraffer die Entwicklung von der Knospe bis zur vollen Blütenpracht – faszinierende Bilder, die auch heute ihre Wirkung noch nicht verloren haben. Der Filmbeitrag *Zum Kuckuck der Schwiegersohn* gehörte wieder zur heiteren Abteilung des Programms. In der anschließenden Pause konnte sich das Publikum vom Lachen erholen, um im dritten Teil Märchen und Träumen zu folgen, die schließlich musikalisch mit einem Schlußmarsch ausklangen. Das gesamte Programm dauerte knapp eine Stunde.

Theater im Kino: eine Faschingsidee?

Der Streit zwischen Theatern und Kinematographenbühnen nahm in den 10er Jahren einen erfreulichen Ausgang. Die Herren von der hohen Kunst sahen in den Kinematographentheatern keine Konkurrenz mehr, im Gegenteil: Sie strebten, angeregt durch den guten Geschäftsgang im Kino, interessante Fusionierungen an. Die meisten Wiener Bühnen entschlossen sich, mit dem Kino gemeinsame Sache zu machen, und als erstes öffnete sich das Burgtheater: das BURG-Kino wurde gegründet (1912). Im Parterre und im Keller des Wohnhauses Opernring 19 fanden 370 Besucher Platz. Die Lizenz besaß, wie so oft am Beginn des Kinozeitalters, ein gemeinnütziger Verein: der „Verein für Lungenkranke – Viritis unitis". Im Dezember 1912 wurde hier *Dämone der Tiefe* gezeigt, den die k.u.k. Polizei mit folgender Begründung kürzen ließ:

Der Fluch des Kinos
(interne Besprechung von Theaterdirektoren)

Direktor A: Lieber Kollege, ihre logischen Schlüsse sind bewundernswert. Jetzt sehe ich klar. Der schlechte Theaterbesuch ist darauf zurückzuführen, daß unsere Stücke zu gut und die der Konkurrenzbühnen zu schlecht sind!
Direktor B: Das Wichtigste vergessen sie aber alle, meine Herren. Der Theaterbesuch geht zurück, weil die Varietés Publikum wegnehmen...
Alle: Sehr richtig, sehr richtig...
B: Und noch mehr die Kinos!
Alle (einstimmig): Das ist es! Nieder mit den Kinos!
A: Ich habe da eine ganz eigenartige Idee...
C: Ich auch. Ich glaube, daß das Publikum von den modernen Komödien und Operetten nichts hören will, das stumme Spiel der Kinokünstler gefällt ihnen besser.
B: Wir müssen dagegen Stellung nehmen. Wir müssen eine Eingabe an die Behörden machen.
D: Aber mit welcher Begründung könnte man gegen die Kinos vorgehen?
A: Wegen unlauten Wettbewerbes.
(Ein Diener bringt einen Brief und übergibt ihn dem Direktor C. Während er den Inhalt eifrig studiert, erörtern die übrigen Kollegen die Abfassung der Beschwerde gegen die Kinos.)
A, B, und D: Herr Kollege werden vielleicht, als der Erfahrenste unter uns, das Memorandum verfassen...
C: Ich bedaure... ich kann mich dieser Aktion nicht anschließen, soeben wird mir mitgeteilt, daß mir die Behörde die Umwandlung meines Theaters in ein Kino gestattet hat. Hoch das Kino!

Wiener Sonn- und Montags-Zeitung, 10. Februar 1913, ‚mitgehört' von „Alpha" (Pseudonym)

„Der Hauptitel hat zu lauten ‚Der böse Dämon'. Im ersten Akt ist die Szene am Sofa zwischen Olaf und der Indierin wesentlich zu kürzen. Im zweiten Akt hat die Kußszene zwischen Olaf und dem Mädchen beim Erwachen zu entfallen".

Ein anderer Titel lautete *Wallenstein, der Schlager der Saison.* In den Zwischenakten des Theaterstückes liefen Filme, in denen die historischen Vorgänge illustriert wurden. Um die trübe Stimmung nach der Ermordung Wallensteins nicht anhalten zu lassen, kam der komische Schlager *Max will heiraten.* Besonderen Effekt versprach sich das BURG-Kino auch von einer der nächsten Aufführungen, die als *Faust* oder *Vom Teufel verführt* zur szenischen Darstellung gelangte: Während Mephisto davon erzählt, daß er in der Ferne den Schmuck gefunden habe, den er Gretchen brachte, sah man im Hintergrund den Raub; ein weiterer Film zeigte Mephistos Schandtaten; auch der Schluß, wie der Teufel verdrießlich in die Hölle zurückkehrt, war von besonderem Effekt (Farbenkinematographie).

Im OTTAKRINGER KINO, einem der beliebtesten Lichtbildertheater, wurde sogar in der darauffolgenden Woche, während zweier Filmszenen, ein Akt aus den *Fünf Frankfurtern*, in der Originalbesetzung des Burgtheaters, eingeschoben. In den Zwischenpausen gelangten echte Frankfurter Würstchen zur Verteilung.

Als die Faschingsausgabe der Österreichischen Volkszeitung im Februar 1912 erschien, gab es in Ottakring bereits 11 Kinos, die regelmäßig spielten. Obwohl im Text eher allgemein und heiter auf die Umwandlung von Theatern und Gaststätten in Kinos hingewiesen wird, sei eines der damaligen Kinoprogramme erwähnt, das des NEULERCHENFELDER KINO-THEATERS.

Schon im Mai 1912 wurden bekannte Wiener Theaterschauspieler als Mitwirkende genannt, die es sich nicht nehmen ließen, Kinematographische Aufnahmen für ihre Popularität, und umgekehrt, zu nützen:

In der Kirchenstetterngasse, auf Nr. 21, konnte man vom 14. bis zum 16. Mai ein Programm sehen, das aus „Bilder aus dem Tierreich, Teil I" bestand, das „hochinteressante Bilder" versprach und als Hauptattraktion „Der Unbekannte", bei dem in Hauptrollen „die Herren Kutschera, Lackner, vom Deutschen Volkstheater, Karl Blasel, der Nestor der Wiener Komiker, vom Karltheater und Gräfin Claire Wolff-Metternich-Wallentin" zu sehen waren.

In der damaligen Zeit, in der das Mitspielen in „kinematographischen Darstellungen" für Schauspieler bekannter Theater untersagt gewesen war, stellte dieser Film sicherlich eine Sensation für die Ottakringer Bevölkerung dar, der es kaum möglich gewesen war, die Darsteller auf der Bühne – weder am Carltheater, in der Praterstraße, noch am Deutschen Volkstheater zu – bewundern.

Spaziergang im Prater

Wo einst der Kaiserwurstel, ein ‚naher Verwandter' des Kasperl, seine Spitzfindigkeiten und Wahrheiten über die Wiener und die Welt in wohldosierten, zweideutigen Wortspielen und Situationskomiken von sich gegeben hat, wurden mit der Eröffnung des Kinematographen 60 Jahre später, ab 1905, Abenteuer- und Wildwestfilme gezeigt, die das Publikum aus seinem Alltag entführten. Die Besitzerin dieses Pratervergnügens, Theresia Klein, behielt das Kasperltheater (für Kinder) bei. Sie wurde in zeitgenössischen Berichten als diejenige gelobt, die

> „durch ihre Verträge mit ersten Pariser Lieferanten (...) allwöchentlich Neues und Sehenswerthes" brachte: ‚Eine besondere Anziehungskraft bilden jene Bilder, in denen die handelnden Personen nicht nur agiren, sondern wie Menschen sprechen und singen. Es ist das Vorzüglichste, was in dieser Art geboten wird und man glaubt thatsächlich, daß man einem lebenden Wesen und keinem Bilde gegenübersitzt."'
> *Illustriertes Wiener Extrablatt, 23. 3. 1908*

Es war die Faszination des ‚Tatsächlichen', die dem ‚Film' (so wurden die Laufbilder genannt), half,

sich von der Praterattraktion, die neben der Frau ohne Unterleib und anderen ,wüsten' Sensationen (dem stärksten Kettensprenger, dem kleinsten Menschen aller Zeiten, dem berühmtesten Feuerfresser) zu bestehen hatte, zu emanzipieren. In keiner anderen europäischen Großstadt waren die Anfänge des Kinos so eng mit einem etablierten Jahrmarktvergnügen verbunden wie in der Hauptstadt der Monarchie.

KRYSTALL, um 1905

Das letzte 1933 mit Tonfilm bestückte Praterkino, das KRYSTALL-Kino, wurde in den Kriegswirren 1945 völlig zerstört und nie mehr wieder aufgebaut. Heute steht die Prateruhr an der Stelle des KRYSTALL-Kino, am Eingang des Praters.

„Praterkino"
Joseph Roth

Vor dem Eingang sprudelt der Herr Portier. Breitgoldene Borte um das Kappenrund leuchtet ihn empor in Amtsregionen. Wäre er barhäuptig nur, erschiene er mir und den anderen sehr zu seinem Schaden als personifizierte Dienstfertigkeit. Denn kleingewachsen und untertan ist sein Wesen zahlenden Mächten der Umwelt gegenüber und lichterloh entzündbar an leisem Banknotenknistern. So aber, breitrandige Chargengloriole ums Haupt, erweckt er demütigende Ideenassoziationen, wie: „Amt und Würden", „Zucht und Ordnung", „Hintertürl und Bestechung". Dank dieser Amtskappe erhält er auch äußere Berechtigung, zwischen Nur-Jugendlichen und Schon-Sechzehnjährigen zu unterscheiden und der Bartlosigkeit verdächtige Besucher je nach der Höhe des Trinkgeldes in diese oder jene Kategorie mit beamteter Unerbittlichkeit einzureihen. Man kann der Minderjährigkeit entgehen, wenn man aus Rücksichten auf seinen Nebenverdienst zehn „Sporteln" verlangt und also durch Nikotinismus Kinoreife beweist.

Sein: „Prrrogrrrammm" ist ein kurzheftiger Trommelwirbel, den er jedem Besucher entgegenpoltert und verspricht schon Spannung, Sensation, Aufgeregtheit, täte er selbst nichts mehr dazu. Aber auf den Trommelwirbel folgen Fanfarenstöße, gesprochenes Feuerwerk: „Das rrrote Aß" und „Aß" fällt, wie zischender Funken aus Loderbrand, daß man glauben muß, ein Loch im Rock bekommen zu haben. „Das rote Aß" ist das unerhörteste Filmzauberwerk sämtlicher Kontinente, in Amerika herausgepulvert mit einem Aufwand an Munition, wie ihn der letzte Weltkrieg gebraucht hat und enthält in komprimierter Form zweimalhunderttausend Kriminalromanserien; ein Extrakt aus allen Greueltaten der Verbrechergeschichte, von der Stirn des Herrn Portiers rinnt Begeisterung in Schweißströmen, wenn er die Vorzüge des „roten Aß" mit polternden Zungenlauten vor den staunenden Zuhörern preist. „Das rote Aß" wird im Praterkino von den Zuschauern gegeben. Slowakische Arbeiter, kleiner Goldreif im linken Ohrläppchen, rotgeblümtes Halstuch, Soldatenhemd, grau-weiß geschecktes Gesicht und heraushängende Augenkugeln, gleichsam ohne Zusammenhang mit dem Hirn. Dirnen und Zuhälter, lärmende Schminke auf Backenknochenpolen, bandagierte Hände, verkommene Krüppel. Alle Menschen hier kommen von der Filmleinwand, kommen aus den berüchtigsten Slums, aus dem wilden Westen, „Das rote Aß" beginnt vor der Vorstellung.

Glöckchenbimmel, Türen auf, Kommandorufe: Rechts gehn, Fohtöhl links, Menschenfleischdunst krallt sich qualmend um Brust und Hals, Dunkel überrumpelt dich, wie ein übermächtiges Raubtier. Hinter deinem Rücken bereitet sich surrend Unheil vor, bleiches Lichtbündel zuckt aus quadratischer Augenöffnung, fährt scharf und pfeilschnell, Finsternis spaltend, über systemisiertes Gewirr von Köpfen, zeugt mit fahler Leinwand verruchtes Geschlecht verzerrter Schattenteufel. Unerklärliches geschieht, meine Nachbarin von links hält einen rauchenden Revolver, schießt besinnungslos, ist Kellnerin in einer Wildwestschenke, ihr Chef ist der Kinoportier, ja, dieselbe Tellermütze mit dem breiten Goldstreifen - steht er nicht draußen? Nein, Schankwirt ist er in der Nähe der Goldgruben, er verkauft keine „Sport", sondern lehnt an einem Bierfaß; ha! jetzt habe ich ihn erkannt: So ist er. Seine Augen gefielen mir nicht, noch, als ich eintrat, sie hatten so eine zwinkernde Bestialiät in Stellung und Ausdruck. Natürlich, jetzt weiß ich's: einen geheimnisvollen Menschen hat er in seinem Oberstüberl verborgen, einen Doktor Diaz, der um jeden Preis das Geheimnis der fabelhaften Munitionserzeugung wissen muß und nun den Detektiv beseitigen will, jenen glattrasierten Menschen mit der zynischen Mundfalte und dem Aha-weiß-schon-Blick, der sich vorhin bei der Kassa einen Fohtölsitz kaufte. Sein Freund aber ist der „kleine Bär", ein ungemein geschickter Mensch, der soeben noch, bürgerlich solide in Haltung und Winterrock, Plätze angewiesen hat und dem ich nie zugetraut hätte, daß er von dem Rücken eines galoppierenden Rappen auf den höchsten Zweig eines Baumes springen kann, um den Detektiv zu retten. Die Freundin aber, ich weiß schon, jetzt entspinnt sich ein Liebesverhältnis, jene Blondine, blaß, Lockenkopf, rührend-weiblich und männlich-mutig, die - sitzt sie nicht zwei Reihen hinter mir? Ach, die Arme hockt in einer Felsenhöhle, sie wird wohl erst bestenfalls im vierten Akt herauskommen können und bis dahin ist ihre Munition längst verpfeffert. Und das alles wegen des Schankwirts! Der Teufel hole den Kinoportier!

Ein blutlüsterner Indianer, braunglänzend, ich rieche seinen Juchtendunst, kriecht gewandt auf allen Vieren, duckt sich, lugt aus seinen Augen. Gott! wo hab' ich die schon gesehn? Das ist der slowakische Arbeiter mit dem Goldring im Ohrläppchen; wo der nur so schnell die Indianermontur her hat, möcht' ich wissen. So ein Vieh, von dem elenden Diaz gekauft! Ha! Jetzt hat sie ihn getroffen. Dieser Slowake stirbt wirklich, wie ein Indianer.

Ein wuchtiger Hieb auf ein Trommelkalbfell begräbt die restlichen Töne der Musik. Im Hintergrund zischt es, giftige Schlange, oder so. Licht bricht aus zehn Birnen in die Welt, neben mir die Kellnerin, vor mir der Detektiv, der „kleine Bär" ruft: „Nächste Vorstellung acht Uhr abends", sein Winterrock ist gar nicht beschädigt von der selbstmörderischen Kletterei. Aus aufgeplatzten Türen strömt Masse in zweitem Aggregatzustand, und draußen steht immer noch der heimtückische Schankwirt als Kinoportier verkleidet und trommelt Prrrogrrrammmwirbel…

Der slowakische Arbeiter verliert sich irgendwo im Pratergebüsch, wo er herumspionieren will. Heute Nacht noch stirbt er einen Indianertod.

Josephus, „Der Neue Tag", 4. April 1920

Joseph Roth zeichnete seine Artikel in der Tageszeitung „Der neue Tag" mit Josephus. 1919 und 1920 schrieb er regelmäßig für diese Zeitung.

Als Beispiel sei ein neuer „Mayerling"-Film erwähnt, bei dem er sich davon überzeugt zeigte, ausschließlich Spekulanten nähmen sich dieses Stoffes an. Als Konsequenz wünschte er sich eine bessere Kontrolle der polizeilichen Zensur.

MÜNSTEDT-PALAST, Wien II., Prater 142, um 1907

Der Prater als Feuilletonsujet

Joseph Roths einfühlsame Praterkinobeschreibung (1920), die das Wesen des Kinos und damit die ‚Modernität' dieses neuen Mediums treffend beschreibt, bildete nur einen von zahlreichen Höhepunkten der Berichterstattung über das aktuelle Vergnügungsangebot.

Als 1895 *Venedig in Wien* durch Gabor Steiner im Prater aufgebaut und präsentiert wurde, konnte man sich bereits ‚lebende Bilder' ansehen, deren besondere Attraktivität von den übrigen Praterbudenbesitzern nur ungern gesehen wurde. Schon bald mußte man den Betrieb jedoch mangels technischer Voraussetzungen wieder einstellen.

Erst im Jahre 1901 wurde die faszinierende Erfindung wieder mit dem Film *Das Leben und Leiden Christi* neu belebt und hatte so großen Zulauf, daß Herr Münstedt, ein Jahr später, seinen Betrieb völlig auf diese ‚lebenden Bilder‘ umzustellen gedachte. Eine Prachtfassade, vergleichbar mit den kinotypischen, ägyptischen Pyramiden- und chinesischen Teehausimitationen in den Vereinigten Staaten, lockte nicht nur in den Kinematographen, sondern auch in den Automaten-Salon. Münstedt hinterließ sein Unternehmen später seinen Mitarbeitern Nikolaus und André Martell, Liliputanern, mit den Worten, „Kleine Menschen mit großmütigen Herzen sind mir lieber...“.

KERN-Kino, Innen, um 1907

Daß 1903 im Kern'schen Unternehmen nicht nur die ‚Projektion' eingeführt, sondern auch schon kurz darauf das Karussell zugunsten des Kinos aufgegeben wurde, bezeugt den unaufhaltsamen Aufstieg des Kinos. Obwohl man sang, „Halloh, wir fahr'n am Ringelspiel, is a Hetz und kost' net viel", war der Eintritt in den Kinematographen nicht viel teurer.

KERN-Kino und Karussel, um 1905

Als 1920 der Zirkus Busch zu einem Kino umgebaut und nach Schließung des TEGETHOFF-Kinos die Angebotslücke durch den Umbau des schlecht ausgelasteten Lustspieltheaters in ein Kino wieder geschlossen wurde, hatte Kino schon einen festgeschriebenen Platz in der Wiener Unterhaltung.

Viele Berichterstatter von Zeitungen waren, wie im folgenden der Redakteur vom *Welttheater*,

Kino-Enthusiasten, „die von einem Kino ins andere wandern und mit dem gleichen Entzücken und ohne ermüdende Sehkraft Bilder besehen, als wären sie nicht eben zuvor schon in einem Kino gewesen."

Schon ein Jahr später beklagte sich Presto, Autor in der *Wiener Sonn- und Montags-Zeitung*, über die Vernichtung der Praterwiesen, „der heißgeliebten Dschungel und Urwälder der Jugend", durch die Ausbreitung des Häusermeeres:

> „Die Armut hatte hier einst ihre Spielplätze und Luftkurorte, ihre ‚Natur' und ihre Sommerfrische. Jetzt hat sie hier ihre Wohnstätten. Sozialpsychologen mögen entscheiden, ob das ein Fortschritt ist oder ein Rückschritt. (...) Wer heutzutage den Zauber der Natur im Prater genießen will, muß ins Kino gehen. Dort gibt es freilich landschaftliche Reize, herrliche Gegenden, Sommer- und Winterpracht. So kompensiert der Fortschritt die Schäden, die er anrichtet: – im Zeitraum einer halben Stunde mit einem Spesenaufwand von 60 Heller summasummarum erledigt, mit einer Portion Stickluft mit Perolin...".

Heute lockt anstelle des Lustspieltheaters ein großes Autodrom, und in der Nähe des MÜNSTEDT-Kinos erschießt ein kaum über das ratternde Maschinengewehr ragender Junge für die Zeitdauer einer Zehnschilling Münze seine wild dreinblickenden Gegner am Monitor. Die vornehm als Casinos bezeichneten Spielhallen werden heute von abweisenden Lebewesen heimgesucht, deren Dämmerleben nur durch den ohnedies selten aus der Slotmaschine herausklingelnden Münzenregen aufgeheitert wird. Wie anders die Praterstimmung 1912:

„Überall und allerorts sieht man lachende, heitere Gesichter, Menschenkinder, an welche nie eine Sorge oder irgendwelcher Kummer herangetreten zu sein scheint, oder wenigstens vergessen alle diese Fröhlichen inmitten der sie umgebenden Lustigkeit allen Gram, der sie bedrückte. (...) Welche sind aber die bestbesuchtesten Objekte, welche von groß und klein, jung und alt, von der Intelligenz genau so gern wie vom Arbeiter aufgesucht werden? Unstreitig die Kinotheater...!"

Welttheater, 15. März 1912

Am Programm:
„Zwei Herzen im 3/4 Takt"
Ende 1930

Die Blütezeit des Kinos

1919 – 1929

Vom Stummfilm zum Tonfilm

Nach dem Ende des Ersten Weltkrieges erlebte das Kinofieber in Wien mit der Liberalisierung der Zensurvorschriften im Zuge der Republiksgründung seinen zweiten Höhepunkt.

Obwohl es in den ersten Monaten nach Kriegsende noch aus Mangel an Heizmaterial zu zeitweiligen Einschränkungen des Kinobetriebes kam und sich die Gemeinde Wien durch die sogenannte ‚Spanische Grippe‘, eine seuchenartige Krankheit, veranlaßt sah, größere Menschenansammlungen wie die in Kinos zeitweise zu untersagen, konnte man schon bald aus einer Fülle neuer Filme auswählen. Durch die Aufhebung der Einfuhrbeschränkung stieg auch die Qualität der Filme an: „Wohl sind wir noch weit davon entfernt", schrieb der Direktor des ROTENTURM-Kinos Quittner dazu, „unserem Publikum nur ‚optische Symphonien‘ oder ‚kinetische Lyrik‘ zu bieten, (…) der einsichtige Kinoleiter hat jedoch das aufrichtige Bestreben, aus der Fülle der auf der Filmbörse vorgeführten Filme die Besten zu wählen." Dazu gehörte für ihn, sieht man sich sein Kinoprogramm im Jänner 1919 an: *Das Dreimäderlhaus – Schuberts Liebesroman in 5 Akten* und *Die Lieblingsfrau des Maharadscha – 2. Teil* mit dem Star Gunnar Tolnäss.

Ein im Juli 1917 noch verbotener Film *Liebe und Leidenschaft* wurde nach einer neuerlichen Einreichung mit einigen Kürzungen zugelassen: Alkoholexzesse und Liebeszenen wurden nun, wie der Prüfbricht unterstreicht, erlaubt.

Man möge doch bessere Qualität spielen, entgegnete der Kulturkritiker Paul Wengraf dieser Tendenz in der *Arbeiter-Zeitung*; für ihn stand als Heilmittel nur das ‚Staatskino‘ fest, mit ‚ordentlichen‘ Filmvorstellungen: „Tagesberichterstattung, drei- bis fünfaktiges Lustspiel und kleiner geschichtlicher Film oder großer geschichtlicher Film und kleineres Lustspiel, exotischer (belehrender) Film, Kinoschwank, amerikanischer Exzentrikfilm, Zaubermärchen". – Im Überschwang des neuen Republiksgefühls wurden dem Staat allerlei Maßnahmen und moralische Verbesserungsvorschläge überantwortet. Als 1921 jedoch ein neues Kinozensurgesetz im Gespräch war, gingen die Emotionen hoch. An zwei Punkten entzündete sich der Ärger: 1. am Verbot, „unwahre Darstellungen vom Leben zu zeigen", und 2. an der Anhebung der Altersbeschränkung auf 18 Jahre. Die Vertretung der Kinobesitzer stellte schließlich 70 Abänderungsanträge, bei einem Gesetzestext von 22 Paragraphen.

Mit zunehmender Verbesserung der wirtschaftlichen Lage entstanden neue Kinos: Erinnert sei dabei nur an das LÖWEN-Kino, das man noch heute – in einen Supermarkt umgewandelt – besichtigen kann. Ende Februar 1922 wurde es mit dem Sascha Monumentalfilm *Eine versunkene Welt* eröffnet. Als Vorprogramm wurde ein Chaplin-Kurzfilm gezeigt. Ein 40-Mann Orchester begleitete die Filmvorführungen.

Ein Rückblick auf die Zahl der ausgegebenen Kinolizenzen läßt die Aufbruchsstimmung nach dem Krieg auch in Zahlen fassen: So wurden 1917 nur vier neue Kinos gegründet, 1918 hatte nur ein Unternehmer den Mut dazu, 1919 bereits fünf, 1920 dreizehn, und 1921 sieben. Die meisten Kinos hatte 1922 Ottakring mit dreizehn, dann folgten Landstraße, Neubau, Leopoldstadt (ohne Prater) mit je zwölf Kinos. Alleine im Prater befanden sich damals acht Lichtspieltheater. Favoriten, Meidling und die Innere Stadt hatten je elf, die übrigen Bezirke jeweils weniger als zehn. Die Sitzplatzanzahl reichte von 5764 in Ottakring, über 4439 im Prater, bis zu Döbling mit 1010 an letzter Stelle. Fünf Jahre später, 1927, gab es 170 Kinos in Wien mit 67.000 Plätzen und – noch immer – 308 Stehplätzen. Nur vier Kinos hatten einen Fassungsraum für mehr als 1.000 Besucher. Die meisten Kinos verfügten über 200 bis 400 Sitzplätze und lagen in den Bezirken außerhalb des Gürtels.

„Kino jenseits der Donau"
Julius Siegfried Seidenstein, 1927

Man muß über die lange, lange Brücke, die über den breiten, ruhig in tiefem Nachtblau dahinströmenden Fluß geht. Die hohen Lampen werfen ihren hellen Schein in die leisen Wellen, die unter dem schwarzen Schatten der Brücke verschwinden.

Floridsdorf ist ein hübsches Städtchen. Es hat eine City mit breiten, eleganten Straßen, aber wenn du willst, kannst du gleich in der Wildnis sein, mit Häuserruinen und Baumstoppeln, und drüber hin saust der frische Donauwind, wie ein ungezogenes, launisches Kind, das spielend über die Flußufer läuft. Und schöne, lange Straßen gibt es, die führen weit hinauf nach dem Norden, nach Prag, nach Wagram, wohin du willst. Am Anfang eines solchen weiten Reiseweges steht ein Haus, auf das so

mancher Kinobesitzer der innersten Stadt stolz wäre. Es birgt einen hohen, freundlichen Saal mit ungeheurem Fassungsraum. Gewiß, es stehen nur primitive Klappsessel darin, aber man sitzt gar nicht so schlecht auf ihnen, weil der Kontakt im Publikum hier viel schneller als anderswo geschlossen wird und weil man im Ansehen des Films und im Einverständnis mit den Zuschauern schnell auf die Bequemlichkeit vergißt.

Arbeiter machen den Großteil dieser Kinofreunde aus. Da sitzt ein noch junger Mensch. Das schön geschnittene Gesicht zeigt die Härten und den Ernst der täglichen Arbeit. Man freut sich, wenn diese Augen sich an dem Film erfreuen, wenn er lächelt, wenn seinem müden Gesicht Erfrischung und Anregung geboten wird. Er hat gleich drei, vier Mädels bei sich. Nach jedem Akt müssen sie abwechseln, so daß immer zwei andere neben ihm zu sitzen kommen. Aber er spielt sich nicht auf, der Floridsdorfer Don Juan. Er ist zu ernst. Was er tut, ist sein gutes Recht. Am Tag Arbeit – am Abend die Mädeln. Es wird sich noch lange nichts ändern in seinem Leben. Es wird noch lange Jahre so fortgehen. Am Tage Arbeit und dann das Kino und immer ein Mädel am Arm. Das ist gut. Die arbeiten wie er und verstehen ihn.

Wenn ein Titel im Film erscheint, wiederholen ihn die beiden Frauen, die eine Reihe hinter dem jungen Arbeiter sitzen. Sie haben zwar schon gelesen, aber es gefällt ihnen halt so gut. Und sie verstehen ihn halt so gut – er ist halt eine so gute Beschreibung zu dem Bild, das man vorher gesehen hat. Nicht, Frau Nachbarin? – Gewiß, Frau Nachbarin. – Sie haben alle beide eine riesige Freude, daß sie das Bild vorher so gut verstanden haben –

sie sind also genau so gescheit wie der, der die Titel gemacht hat – er hat es ja auch nicht besser verstanden als sie. Oh, die Titel sind überhaupt sehr wichtig! Man folgt ihnen mit der größten Aufmerksamkeit. Sie sind es ja doch, die in die ganze Geschichte Zusammenhang bringen. Nur wenn irgend so ein raffinierter Witz im Text vorkommt, dann opponiert das ganze Floridsdorfer Kinoparlament gegen diese städtische Feinheit, hinter der ja doch nichts steckt, indem es sich gründlich ausschweigt und die Miene von Leuten aufsetzt, in deren Gegenwart man sich in einer fremden Sprache unterhält. Aber man ist nicht lange beleidigt. O nein! Da lacht schon wieder das ganze Auditorium und die beiden Frauen sind selig. „Hab'n S' das g'lesen, Frau Nachbarin?" „G'wiß hab' i's g'les'n! Und guat is a!"

Zeichnung von A.H. Waldner, 1927

Unterdessen hat sich der Junge neben mir – er zählt schon Siebzehn, sieht wie Dreizehn aus – nach langem Zögern doch entschlossen, sich auf meinen Arm hinaufzuschwingen, und jetzt hockt er eigentlich schon mit den Füßen auf seinem Sessel und mit dem übrigen Körper halb auf mir, halb auf dem Vordermann. Einen Moment sieht er mir ins Gesicht und erklärt mir blitzschnell mit den Augen, daß eine andere Position für ihn nicht denkbar sei, wenn er etwas sehen will. Dann aber hat er wirklich keine Zeit mehr und starrt mit glühendem Blick auf die Flimmerleinwand.

Wo ist das Kinoliebespaar? Dort sitzt es schon. Aber es ist nicht so interessant wie im Opernkino oder anderswo in der Innern Stadt. Natürlich ist die gegeneinandergeneigte Stellung die gleiche. Arm in Arm, Kopf bei Köpfchen, eng aneinandergeschmiegt. Aber sie erklärt nicht, wenn es licht wird, daß es so merkwürdig schwül sei, indem sie dem verdutzten Männchen die Hand entzieht. Hier draußen geht es keinen etwas an – sie sitzen ruhig weiter Arm in Arm, und wem's nicht paßt, der kann weggehen. Sie gehören zusammen – licht oder dunkel. Das ist die Freiheit der Armut, des Elends, der Masse. Man geniert sich nicht. Und wenn die Marie heut neben dem Karl sitzt und es allen zu verstehen gibt, daß sie ihm gehört, so sitzt sie übermorgen neben dem Schurl und damit basta.

Wenn es aus ist, so setzt das Orchester mit dem jeweils neuesten Schlager ein. Diesmal „Valencia". Und in hundert Tonarten pfeifen die aus dem Kino strömenden Leute „Valencia". Und der Wind draußen fängt es und wirft es über den Fluß, bis der fashionable Schlager wie ein armseliges Fetzchen an irgendeinem Stein zerreißt. Vorüber Kino und Film und Musik. Nacht in den Straßen.

Auf kreischenden Rädern fährt die Elektrische nach diesseits der Donau.

Geschmack und Qualität

Auch die österreichische Filmproduktion entwickelte sich: So wurden erstmals Heimatfilme in größerem Stil wie *Glaube und Heimat* (von Schönherr) mit Außenaufnahmen im Zillertal, *König Dachstein*, die Erstbesteigung mit einer Filmkamera, oder *Der Geigertoni*, das Wiener Lebensbild eines Musikers, produziert; Filmgeschichten, von denen man sich bis Ende der 60er Jahre nicht mehr trennen sollte.

Aber gleichzeitig mischte sich Skepsis in die neue Euphorie. So äußerte sich Anna Warniczek, die erste Frau, die in den eingesehenen Texten zu Kino und Film als Kulturkritikerin aufscheint, bereits kritisch über die parallele Entwicklung zur sogenannten „Internationalisierung" (ein Thema, das bis heute in regelmäßigen Abständen sogenannte Fachleute beschäftigt, und in den meisten Fällen in künstlerischen und finanziellen Pleiten endet):

> „Es werden dem ausländischen Geschmack weitgehende Konzessionen gemacht, so daß oft das typisch Österreichische dabei verloren geht. Nicht nur, daß die Aufmachung mit Vorliebe orientalische Pracht verwendet, werden auch die Namen fremdländisch gewählt und die Filmhandlung gerne weit weg von der Heimat verlegt. Somit bleibt also nur die Marke der Herstellungsfirma das einzige Erkennungszeichen für den österreichischen Film."

Für die ersten Fusionen von inländischen Filmverleihfirmen mit ausländischen wurde auf so manche Unabhängigkeit verzichtet; nicht verwunderlich, da das Überleben im kleinen Österreich überaus schwer geworden war: Pathé Frères-Filmag-Danubia etwa wurde als „interessante Mischung" dargestellt, „die es ermöglicht, daß die heimische, französisch-amerikanische und deutsche Produktion aus erster Hand auf den Wiener Markt gelangt." Im selben Maße unterlagen auch die Kinotheater einer Vertrustung, und Kritiker/innen zweifelten, ob dies „dem dargebotenen Programm zugute kommen wird" (Warniczek).

Wie aus den Diskussionen am Anfang der 20er Jahre ersichtlich ist, stand nun mehr und mehr die Frage einer Definition des „Kinodramas" als eigenständige Kunstgattung neben Theater und Literatur im Mittelpunkt. Die Diskussionsbeiträge gingen überwiegend davon aus, daß Kino „das Theater der Geschwindigkeit" sei, das Raum und Zeit überwinde; sie reichten jedoch bis zum „kinogemäßen Lichtspiel, das noch sensationeller, gruseliger", bis ins Groteske gesteigert zu sein habe. Ein zeitgenössisches Beispiel für die zuletzt genannte Haltung dürfte die Geschichte um einen Detektiv in den Dolomiten gewesen sein, der in den sechs Akten des Filmes, dessen Titel nicht mehr eruierbar ist, zweimal abstürzt und beim dritten Anschlag auf sein Leben, Gift, in letzter Sekunde gerettet wird.

Hatte z.B. Arthur Schnitzler immer seine Probleme mit den Verfilmungen seiner Theaterstücke, da sie ihm oft als zu oberflächlich erschienen (s. seine Tagebücher), so fanden sich andere österreichische Autoren wie Egon Friedell, Max Neufeld oder Hugo Bettauer viel besser im Metier des Kinos zurecht. Sie alle empfanden offensichtlich „jene Sehnsucht ihrer Zeit" und suchten nach Möglichkeiten, „das Kino durch das Kino zu veredeln"; ein Gedanke, der bereits 1913 in einer Wiener Zeitungskolumne ausgesprochen worden war.

Mit dieser „Veredelungsidee" könne das Wiener Kinopublikum nicht viel anfangen, glaubte ein Berichterstatter im Vergleich mit Amerika festzustellen: Dort (in Amerika) „spürt man eigentlich, wenn man in einem der großen Theater ist, nicht die bei uns typische Kinoatmosphäre. Das Publikum ist wohlgesittet und verfolgt mit Ernst, wie bei uns nur in der Oper oder im Schauspielhaus, die ganze Handlung".

Ein anderer Berichterstatter, der in Amerika weilende Roda Roda, wußte den staunenden Lesern der *Neuen Freien Presse* im Mai 1923 zu berichten, daß „der Film eine viel wichtigere Komponente des Lebens als bei uns ist. In einem Jahr beginnt um die Neuwahl des Präsidenten der Rummel: das Kino und Radio (das drahtlose Telephon) werden leidenschaftliche Agitation für und wider treiben. (…) Für dich aber, armes Europa, für deine Kämpfe und Qualen hat dann niemand ein Ohr."

Und trotzdem kam es auch hierzulande zu Überlegungen, Kino ernsthafter und ‚seriöser' zu machen: So sollte sich die Regierung überlegen, ein Kino einzurichten, in dem regelmäßige Vorstellungen „mit ausgesucht gutem Programm stattfinden könnten." Diese Forderung kam nicht von seiten der Literaten und Kunstkritiker, sondern von der Kinobranche selbst. Und über die Zukunftsperspektiven der Filmqualität wurde spekuliert: „Es wird bald eine neue Epoche anbrechen, in der das Publikum ausgesprochene Qualitätsarbeit von der Kinematographie fordert. Eine gründliche Ausmerzung des Kitsch wird nie erfolgen."

Jeweils am Freitag und am Dienstag erschienen die neuesten Filmkritiken in den Tageszeitungen. Es wurden bereits ernsthafte Kritiken verfaßt, die nicht nur in den Pressemitteilungen der Verleihbüros, sondern auch in der *Neuen Freien Presse* und in der *Arbeiter-Zeitung* abgedruckt wurden.

Die Kinoeuphorie bezeugte auch die Gründung einer Spezialbuchhandlung für Kinoliteratur in der Neubaugasse 29, die neben den Fotos von Filmhelden, Plakaten, Fachzeitschriften und -büchern auch Filmerzählungen in Form von Drehbüchern anbot; darunter Romane, die als Filmvorlagen dienten, und die bereits im Vorabdruck in Fortsetzung in den Tageszeitungen erschienen waren; ein Autor, der die Vermarktung seiner Romane bestens verstand, war Hugo Bettauer (*Stadt ohne Juden, Die freudlose Gasse*). Auch die Wiener Filmbranche wurde zum Objekt einer Fortsetzungsgeschichte gemacht und in der Ankündigung von *Die Diva von der Straße* von B. A. Ckad stand zu lesen: „… darin vorkommende Personen existieren wirklich in der Filmbranche und sind gleichsam nach der Natur gezeichnet worden."

Film und Kino standen im Mittelpunkt des Interesses aller gesellschaftlichen Kreise; ob man sich den gezeigten Luxus leisten konnte oder nicht, das Massenmedium Kino hatte sichtlich über das Theater gesiegt.

Als die Öffentlichkeit von den geplanten Umbauten des APOLLO-Theaters und des RONACHER erfuhr, kam es zu heftiger Kritik von Seiten der Wiener Kinobetreiber. Sie fürchteten um die Zuschauer um's Eck. Gleichzeitig mangelte es in der Stadt jedoch an repräsentativen Uraufführungskinos. Wie die weitere Entwicklung zeigte, setzten sich die großen, zentral gelegenen Kinos dann später auch tatsächlich durch: das APOLLO-Kino und die SCALA sind dafür beispielgebend.

Bevor diese beiden Kinos ihren Spielbetrieb aufnahmen, gab es als Großkinos das BUSCH-Kino im Prater, das GARTENBAU, das LÖWEN, das ZENTRAL, das EOS-Kino und das STAFA-Kino. Das KOLOSSEUM, ein weiteres Großkino, das aus einem 1898 erbauten Vergnügungszentrum mit Tanz- und Speisesälen entstand, wurde 1925 eröffnet und faßte 700 Besucher.

Mitte der 20er Jahre wickelten die Kinovorführer eine Vorstellung in $^5/_4$ Stunden ab. Die Beschwerden häuften sich, daß der Vorführer derartig rasch kurble, um an einem Tag, d.h. in 6 Stunden erlaubter Kinoöffnungszeit, möglichst viele Vorführungen unterzubringen, und die Zwischentitel kaum mehr lesbar seien:

„Die Zuschauer werden durch die sich überstürzenden Vorgänge auf der Leinwand nervös, sie vermögen Titel, insbesondere wenn dieselben etwas länger sind, nicht fertig zu lesen, so daß ihnen häufig die verbindenden Zusammenhänge entgehen und die Handlung des Films bei ihnen einen zerrissenen und unklaren Eindruck hinterläßt. Kein Wunder, daß eine solche Art eine nervöse Stimmung hinterläßt und oftmals Rufe wie ‚Langsamer‘, ‚Nicht so schnell‘ auslöst",

beschwert sich ein Besucher 1927 in einem Leserbrief an eine Tageszeitung. Dem wurde in dieser angeregten Diskussion, die sich über Monate hinzog, das Argument entgegengehalten, daß „der Film das schnelle Denken" fördere: „Eine Überschrift von 12 bis 15 Worten" werde heute von mehr als 95% der Zuschauer gelesen – und verstanden; vor dreißig Jahren seien es nur 10% gewesen, die bei einem Film mit Zwischentiteln den Inhalt hätten erfassen können.

Trotz „fachmännischer und künstlerischer" Kürzungsarbeiten, wie die Verleihfirmen es darstellten, sah das Wiener Publikum oft nur verstümmelte Fassungen ausländischer Filme, denn die Länge des Filmes wurde stets auf die übliche, inländische Länge von 75 min. gekürzt.

„Ich war gestern in einem Film, in dem ein Schneesturm so natürlich gezeigt wurde, daß mir kalt wurde." – „Das ist noch gar nichts. Ich sah mir einen Kriminalfilm an, in dem es so aufregend zuging, daß nach der Vorstellung meine Uhr und meine Brieftasche weg waren."

Darüberhinaus erforderten die oft zu dichten Sesselreihen der Vorstadtkinos eine eigentümliche, rhythmische Kopfbewegung und dies, wußte eine Fachzeitschrift zu berichten, auch in den Neubauten sogenannter ‚Kino‘-Architekten…

Mangelhafte Kinoarchitektur, nachlässiger Umgang mit Filmwerken oder ganz einfach eine allgemeine Kinomüdigkeit waren verantwortlich, daß die Umsätze stagnierten, und die Kinobranche sich erst wieder konsolidieren konnte, als auch in Europa der Siegeszug des Tonfilms begann.

Im SCHWEDEN-Kino kam es in der ersten Septemberwoche 1929 zur Tonfilmpremiere *Weiße Schatten* – mit synchronisierten Platten; ebenso ist Al Jolsons *Der singende Narr* im LUSTSPIELTHEATER und im FLOTTEN zu einem der ersten, in Wien aufgeführten Tonfilme zu rechnen; in dem auf UFA-Kino umbenannten ZENTRAL-Kino wurde das deutsche Tonfilmsystem vorgestellt, während man in der URANIA bereits Walter Ruttmanns *Melodien der Welt* (musikalisch bearbeitet von Wolfgang Zeller) zeigte, über die es in einer Würdigung in der *Arbeiter-Zeitung* hieß, daß es „diesem ersten deutschen Tonfilm gelungen ist, eine bildliche und klangliche Synthese der Kulturen und Rassen von allen Erdteilen herzustellen."

Das Interesse am Kinofilm wurde mit der Entwicklung des Tones neu geweckt. Die Theaterbranche glaubte vorerst, weiteres künstlerisches Terrain verloren zu haben. Im Jahre 1932 gab es nur noch sechs Kinos, die ausschließlich stumme Filme spielten: das DONAUSTADT-Kino, das KRISTALL im Prater, das LEHNER-, das FELBER-, das ARNETH- und das KOFLERPARK-Kino. Drei Jahre später konnte das KRUGER-Kino stolz ankündigen, am Mittwoch und Samstag um 23 Uhr „Spitzenfilme der Stummfilmzeit" exklusiv aufzuführen. In der *Wiener Sonn- und Montagszeitung* merkte man launisch an, daß das Café Filmhof, Treffpunkt der Kino-und Verleihbranche, „gähnend leer" sei; für den österreichischen Film, der aus dem großen Repertoire der Operette schöpfen konnte, begann jedoch eine große Zeit.

Das Publikum

Das Kinopublikum wurde an den Kinematographen durch Ausrufer, Lichtreklame, Werbeplakate und Zeitungsinserate herangeführt; es wurden auch wiederholt Versuche unternommen, Zeitschriften für das Kinopublikum, ähnlich dem heutigen *Skip*, zu gründen.

Die traditionsreichste Zeitschrift für Zuschauer war *Mein Film*, die von 1926 bis 1956 erschien. Andere Zeitschriften waren *Das Welttheater*, deren erste Nummer am 18. Jänner 1912 herauskam, *Die Kinowoche* ab 1919 oder das *Wiener Kino*, das zwischen 1923 und 1925 an den Wiener Kinokassen

um 1929

auflag. Obwohl die Herausgeber versuchten, die Käufer durch Fortsetzungsromane aus der Kinobranche, Starberichterstattung und Preisausschreiben bei der Stange zu halten, erschöpfte sich das Interesse an derartigen Publikationen jedoch nach einigen Jahren. Schließlich nahm in fast allen Fällen, eine Ausnahme stellte nur *Mein Film* dar, die unkritische, bezahlte Berichterstattung über aktuelle Filme überhand.

Beliebt bei Kino-Journalisten war die Erstellung von Regeln und Gebrauchsanweisungen für den Kinobesuch („10 Gebote"). Verfolgt man die persönlich gehaltenen, nicht sehr ernst gemeinten Publikumsbeobachtungen über die Jahrzehnte hinweg, so läßt sich daran doch einiges über die Entwicklung der Kinovorführpraxis und über den Wandel des Publikums ablesen. Die Texte beschreiben die sich verändernde gesellschaftliche Schichtung des Publikums und die zunehmende Selbstverständlichkeit, einer Filmvorstellung, die bis zu zwei Stunden dauern konnte, zu folgen.

Eine besondere Form, das Verhältnis zwischen Kino und Publikum zu beschreiben, bestand 1925 in der Unterscheidung von Zuschauertypen; vielleicht regte dazu die 1921 publizierte psychologische Typologie Kretschmers an, die vom Körperbau ausgehend verschiedene Charaktere, den Leptosomen, den Athletiker, den Pykniker usw. unterscheidet.

Waren es bei den „Kino-Typen" von 1912 noch Vertreter des Bürgertums, die hier hauptsächlich charakterisiert und gleichzeitig umworben wurden, so orientiert man sich 1925 in der „Naturgeschichte des Kinobesuchers" ausschließlich an dem Benehmen der nunmehr vorherrschenden Publikumsgruppen: Das Zuspätkommen, das Mitsprechen des Texts oder das Geknutsche während der Filmvorstellung wurden wiederholt zum Ziel von Gespött, letzteres konnte jedoch oft auch als indirekte Aufforderung verstanden werden. So waren der „Herr Major in Zivil" oder die in ihrer Privatsphäre beschriebene „Hofrätin" nicht nur typische Vertreter einer gesellschaftlichen Schicht, die an das Kino herangeführt werden sollten; die detaillierte Beschreibung des Verhaltens im Kinematographen läßt den heutigen Leser das Staunen über dieses „Wunderwerk der Technik" gut nachvollziehen.

„Die Naturgeschichte des Kinobesuchers"
Backard, 1925

Der Kinobesucher ist ein Herdenwesen; er läuft mit Vorliebe in ein Kino, in dem schon viele andere sitzen. Er haust in dunklen, im Winter möglichst warmen Kinos und nährt sich von mitgebrachten Dingen, wie Wurst, Käse, Orangen etc. Auch Süßigkeiten ist er nicht abgeneigt. Wenn er solche verzehrt, ist es meistens hörbar. Der Kinobesucher gedeiht hauptsächlich in Städten, doch ist er auch vereinzelt am Lande anzutreffen.

Es gibt verschiedene Abarten des Kinobesuchers, von welchen die folgenden die häufigsten sind:

I. Der Kinoläufer, auch Kinowanze genannt. Der Kinoläufer geht nur wegen des Films ins Kino. Manchmal geht er auch zweimal an einem Tag. Er nimmt nur billige Sitzplätze und kauft nie ein Programm. Im allgemeinen ist er harmlos, nur wenn er durch die Vorführung einer Box- oder Kampfszene gereizt wird, schlägt er wild um sich und wird so seinen Nachbarn gefährlich. Wegen seiner Anhänglichkeit wird er von manchen Kinobesuchern als Haustier gezüchtet.

II. Der Kinopapagei. Derselbe ist ein lästiges und bei den übrigen Kinobesuchern sehr unbeliebtes Individuum. Während der Vorführung spricht er. Spielt die Musik lauter, so spricht der Kinopapagei noch lauter. Wenn er nicht spricht, so ißt er. Manchmal spricht und ißt er gleichzeitig.

III. Das Kinopärchen. Dasselbe kommt nur paarweise vor. Diese Abart ist deutlich daran zu erkennen, daß sie mit Vorliebe Logen besucht. Er ist meistens sehr verliebt und kauft in diesem Zustand Programme und sondert Trinkgelder ab. Deshalb ist das Kinopärchen bei den Billeteuren sehr beliebt. Im Dunkeln hört man es schnäbeln. Beobachtungen durch das Auge sind wegen Lichtmangels nicht durchzuführen. Davon scheint es zu profitieren.

IV. Der Fachmann. Er weiß alles, kennt alles und erklärt sämtliche Filmtricks. Seine Kritik ist sehr scharf, doch trifft sie nicht immer zu. Seine Kenntnisse bezieht er von einem Freund, dessen Tante die Bekannte des Cousins eines Filmstatisten ist.

V. Der Kinoschläfer. Er ist ganz harmlos und erwacht nur in den Lichtpausen. Manchmal verschläft er auch diese.

VI. Der Rührselige. Derselbe ist meist weiblichen Geschlechtes und ist daran zu erkennen, daß er sich bei gefühlvollen Szenen sehr laut schneuzt und beim Verlassen des Kinos gerötete Augenlider hat. Fast immer sagt er dann: Es war wunderschön!

Das Fenster in die große Welt

Ein weiterer Kinotyp, die „Gouvernante", weist wiederum auf den Selbstbehauptungswillen der aufstrebenden kinematographischen Kultur: nämlich zum Träumen und zur Erziehung in gleichem Maße berufen zu sein!

„Die Gouvernante", 1912

Wenig Lohn, viel Plage und alle Woche einmal Ausgang! So verläuft ihr Leben. Sie genießt im Hause eine angesehene Stellung, das heißt, sie darf bei Tisch essen und kann sich tagsüber mit den Rangen herumbalgen. Schon das Lesen ist ihr verwehrt, denn wie leicht könnten Melanie oder Franziska, die schon sechzehn Jahre zählen, durch ihre Lektüre verdorben werden!

Einmal in der Woche ist die Gouvernante frei, da entfaltet sie ihre Schwingen, streift die Schürze ab, kämmt ihr goldnes Haar und aus dem Aschenbrödel wird die liebliche Prinzessin des Märchens. Die gnädige Frau benützt die Gelegenheit, um die Sachen des Fräuleins zu durchstöbern. Die Lektüre zieht sie an. Und da findet sie Schiller und Goethe und die Dickens'schen Erzählungen und Gedichte von Lenau. Der Herr Gemahl sagte, als ihm seine Gattin davon Mitteilung machte: „Ich wäre froh, wenn du in den verborgenen Fächern Melanies und Franziskas nichts Schlimmeres finden würdest als bei der Gouvernante.

Die Gouvernante benützt ihren Ferialtag, um sich im Kinematographentheater Zerstreuung zu verschaffen. Die Welt, die ihr sonst verschlossen ist, tut sich hier mit einem Zauberschlag auf. Ihre Mittel und ihre Zeit erlauben es ihr nicht, sich im Theater zu ergötzen, das Kino bringt ihr reichlichen Ersatz. Da gewahrt sie lenkbare Luftschiffe, von denen sie träumt, da sieht sie Berge, die ihr zu schauen verwehrt, da kann sie berühmten Schauspielern Beifall spenden. Mit leuchtendem Aug' folgt sie all diesen Wundern, und in ihren Träumen weben die Wunder fort. Nur sieben Tage hat sie zu leiden, dann ist ihr wieder ein solcher Abend beschieden.

Die gnädige Frau ist aber mißtrauisch: „Möcht' doch wissen, was das Fräulein mit ihren freien Abenden beginnt?" sagte sie zu ihrem Gatten. „Es wär' eigentlich unsere Pflicht, nachzuschauen, weißt du, es ist wegen Franziska und Melanie." Der Herr Gemahl ist ein folgsamer Ehemann. Er macht sich an die Verfolgung des Fräuleins, er geht ins gleiche Kino und nimmt einige Reihen hinter der Gouvernante Platz. Wie sie mit dem Lustspiel lacht und mit der Tragödie weint! Wie sie andächtig alle Landschaften an sich vorüberziehen sieht! Sie ist nicht Beschauerin allein, diese Bilder sind ihr Erlebnisse.

Beim Nachtmahl besprechen die Herrschaften eine Sommerreise: Wanderungen durch die sächsische Schweiz. „Dieses Wandern ist ein bissel fad," sagt Fräulein Franziska, „ich setz' mich viel lieber in Ischl nieder."

Die Gouvernante wird aber lebhaft: „O, Fräulein Franziska, wenn Sie eine Ahnung hätten, wie herrlich sich in diesen Bergen die schöne Gottesnatur offenbart." Die Hausfrau sendet ihr einen mißbilligenden Blick zu: „Was weiß denn die Gouvernante von der schönen Gotteswelt?"

Der Herr des Hauses aber sagt seinen erwachsenen Töchtern beim Schlafengehen: „Ich wünschte sehr, Kinder, daß ihr euch ein bißchen mehr an die Gouvernante anschließen würdet. Ich glaube, ihr könnt' vom Fräulein sehr viel lernen." Zu seiner Frau gewandt aber fuhr er fort: „Ich weiß jetzt, wo das Fräulein die freie Zeit verbringt, es wäre mir ein echtes Herzensbedürfnis, wenn du trachten würdest, daß Franziska und Melanie ihr auch in diesen freien Stunden Gesellschaft leisten würden."

um 1924

Frauen in Kino und Film

Frauen spielten in der Geschichte der Wiener Kinos eine wesentliche Rolle. Die vor und im Krieg übernommene Rolle als Frau Kinodirektor behielten sie auch in den 20er Jahren bei. Eine nicht zu übersehende Zielgruppe war auch das weibliche Publikum, das über den Erfolg eines Filmes mitbestimmte.

> Ist es denn nicht viel bildungsreicher und nützlicher, im Film, ebenso wie in einem guten Buch, das Leben kennenzulernen und sich zu bilden, als zum Beispiel in den Tanzschulen sich, an fremde Männer gepreßt, stundenlang umherschleifen zu lassen oder in rauchigen Kaffeehäusern zu flirten?
> *Leserbriefantwort, ob junge Mädchen in's Kino gehen sollen, 1925*

Frauen gingen mit ihrem Freund oder Ehemann ins Kino. Die Berichte darüber sind jedoch ausschließlich aus männlicher Perspektive geschrieben. Einer dieser Berichte, „Das Vorstadtkino", zeigt die weiblichen Besucher als jene, die zum Besuch animieren, die anlehnungsbedürftig dem Film folgen und die Dunkelheit für Verführung nützen. Glaubt man diesen zeitgenössischen Berichten, so lag die Attraktion des Kinos vor allem darin, daß man sich im Schutz der Dunkelheit ungestört berühren und küssen konnte.

Spricht man hingegen mit Frauen, die in den 30er Jahren junge Mädchen waren, so hört man – vielleicht gefiltert durch die Erinnerung –, daß sie ins Kino gingen, „um Geschichten und Sehnsüchten freien Lauf lassen zu können". Nur als Nebenaspekt gestehen sie ein, der Männer wegen ins Kino gegangen zu sein, allerdings wegen der Helden auf der Leinwand!

> „Das eine sag' ich Dir, Mausi, ich geh nie mehr mit Dir in einen Clark-Gable-Film" – „Ja, warum nicht?" – „Weil Du immerfort auf die Leinwand starrst. Glaubst Du, ich geh' deswegen mit dir ins Kino!"
> *1935*

Frauen gingen gerne ins Kino. In den 30er Jahren war es ihr liebstes Freizeitvergnügen, wie auch die Untersuchung von Käthe Leichter über Industriearbeiterinnen bestätigt. Motivation hierfür war sicherlich das billige Vergnügen, sich in eine Welt zu versetzen, die kurzfristig Glück und Erfolg, aber auch Liebe und Geliebtwerden suggerierte.

Die offiziellen Stellungnahmen von Frauenorganisationen zu Kino und Film, sei es der katholischen Kirche, sei es der sozialdemokratischen Partei, reichten von offener Ablehnung bis zu kritischer Akzeptanz; Kino wurde jedoch meist als Geschäft dargestellt, das die unbefriedigende Lebenssituation der Frau – als Hausfrau, Mutter und oftmals Erwerbstätige – nütze und Filme auf deren emotionales Defizit ausrichte. Einer der profiliertesten Filmkritiker der Zwischenkriegszeit, Fritz Rosenfeld, drückte als männlicher Experte den weiblichen Unmut über das eherne Gesetz des Films in der spitzen Formulierung aus: „Eine schöne Frau am Plakat, um die sich die Männer streiten."

Schönheitskonkurrenzen wählten die Miss Fox-Verleih oder nur einfach die „schönste, zukünftige Filmdarstellerin". Auch Berichte über die Exklusivität der neuesten Modetrends, die bestimmten Filmen nachempfunden wurden, füllten mehr und mehr die Seiten der Kinopublikumszeitschriften. So stellte sich etwa Mary Kid, der neue Star des Saschafilms *Die Lawine*, zur Verfügung, Mode vom „Cape aus schwarzem Crèpe-Maroquin mit Muffärmeln aus weißer Spitze" bis zum „aparten Pyjama mit Regenbogenstreifen" in einer Fotoserie in *Die Filmwelt* zu präsentieren. Schlankheit als Schönheitskriterium, Diätratschläge von beliebten Stars, kosmetische Mittel zur Reinhaltung des Teints,

selbst der ‚Bubikopf' wurden diskutiert und in eigenen Modefilmen vorgeführt.

Ein Wettbewerb über „die besten Antworten auf die Frage ‚Warum gehe ich ins Kino'" gab 1924 eine repräsentative Antwort auf die Frage nach den Beweggründen für den Kinobesuch. Es beteiligten sich überdurchschnittlich viele Frauen.

Der bis in die 50er Jahre wirksame „Schoßkinderparagraph", der allen Gesetzesverschärfungen zum Trotz unverändert blieb, erlaubte es auch Müttern, mit ihren Kleinkindern Filme zu besuchen. So erinnert sich heute noch eine fünfundsechzigjährige Frau, mit der ich gesprochen habe, an ihre Kinobesuche in den Armen ihrer Mutter. Eine andere Gesprächspartnerin, die damals mit ihrer Mutter einen Film sah, denkt bis heute an die im

Takt wehende, von unten beleuchtete Haarmähne des Dirigenten zurück, der „aussah wie der Leibhaftige". An den Film selbst kann sie sich nicht mehr erinnern.

Dem Vergnügen, um halb sieben Uhr abends ein Kino zu besuchen, gingen die Wienerinnen und Wiener der 30er Jahre vor allem in den großen Einkaufsstraßen wie der Mariahilferstraße, der Taborstraße oder der Wiedner Hauptstraße nach. Große Filmpaläste, oft Umbauten von Theatern, wie die SCALA oder das APOLLO, lagen hier neben kleineren, atmosphärischen Bezirkserstaufführungskinos wie dem Kino MARIAHILF oder dem JOHANN STRAUSS-Kino.

Während die Namensgebung in den 20er Jahren noch durch phantasieanregende Beifügungen wie GRAND, WELT oder AMERICAN gekennzeichnet gewesen war, dominierten in den 30er Jahren bereits Bezeichnungen, die dem Publikum bei der Auffindung des Kinos behilflich sein sollten. Eckbeisl, Eckgreißler oder Eckkino sollten den Wienerinnen und Wienern offensichtlich in einer immer größer werdenden Stadt Heimatgefühle sichern. Immerhin gab es im 9. Bezirk bereits dreizehn Kinos, im 4. Bezirk (Wieden) elf und im 5. Bezirk – in der Hochblüte des Kinos Mitte der 20er Jahre – sogar vierzehn Kinotheater. Man ging hier ins WIEDNER GRAND oder ins MARGARETNER GRAND und nahm nach einem herzzerreißenden oder nervenaufreibenden Filmerlebnis einen tiefen Schluck aus einem Krügel frisch gezapften Bieres beim „Gansl-Wirt" oder im „Gösser Stüberl".

Noch wurde Bezirksunterhaltung dem teuren und als snobistisch empfundenen Innenstadttrubel vorgezogen. Die Filmauswahl kam diesem Wunsch entgegen und das Bedürfnis, „seinen" Film um' s Eck sehen zu können, entsprach auch einer Programmgestaltung, die meistens Dienstag und Freitag wechselte, wodurch die Frequenz des Kinobesuchs auf zwei Filme pro Woche erhöht werden sollte. Obwohl das Kinovergnügen billig war, gab es für viele Kinoenthusiasten, und sie gab es in Wien in viel größerer Zahl, als man es sich heute vorstellen kann, eine finanzielle Grenze.

So erinnert sich ein heute 70jähriger, daß der Abschluß eines Sonntagsbesuches bei seiner ungeliebten Tante – bei Wohlverhalten – aus einem Kinobesuch der $^1/_2 7$ Uhr-Vorstellung bestand, bei dem auch seine Mutter oft und gerne mitging. Dadurch konnte auch schon mal der eine oder andere Jugendverbotsfilm ausgewählt werden; selbstverständlich nur nach eingehender Information im *Illustrierten Filmkurier*, der wöchentlich bis zu zehn verschiedene Filme in Wort und Bild beschrieb und bei der nahen Trafik erhältlich war. Bei Filmen, die ab 16 Jahren freigegeben wurden, besuchten Mutter und Sohn schon auch einmal ein weiter entferntes Kino, in dem man sicher sein konnte, daß der livrierte, schnurrbärtige Billeteur als Gegenleistung für ein kleines Trinkgeld ein Auge zudrückte, um den gemeinsamen Besuch des Gruselfilms *Nosferatu* zu ermöglichen.

Ein bestimmtes Kino, das MARGARETNER BÜRGERKINO, mußten Mutter und Sohn jedoch stets meiden: Hier hatte der gutbürgerliche Sohn einige Wochen zuvor mit einem aufgeklebten Bart und ohne seine Mutter versucht, Einlaß zu bekommen, und der, wie sich im Nachhinein herausstellte, strengste Billeteur von Wien durchschaute nicht nur wutentbrannt seine etwas läppische Verkleidung, sondern sprach für den Sohn auch ein lebenslanges Lokalverbot aus. Der heute 70jährige wohnte – eine Ironie des Schicksals – sein Leben lang neben diesem Kino, dem heutigen FILMCASINO. Nur einmal, Mitte 1933, ging auch der Vater ins APOLLO-Kino mit, nämlich in den Film *FP 1 antwortet nicht* mit Hans Albers. Danach besuchten sie alle drei gemeinsam die Gaststätte Ecke Wienzeile Pilgram-

gasse und besprachen den Film; erstmalig und leider auch letztmalig, wie der Sohn noch heute etwas wehmütig berichtet. Während den Vater der mögliche Wahrheitsgehalt des Films ansprach, bewunderte die Mutter den Mut von Hans Albers und erklärte ihn rundweg zu ihrem Lieblingsschauspieler.

„Gekurbeltes Schicksal"
Hugo Bettauer, 1923

Wie die übrigen Werke des illustren Autors, spielt auch unser neuer Roman Gekurbeltes Schicksal im ureigenen Wiener Milieu. Seine Personen sind bekannte Figuren des Wiener Alltags, Frauen und Männer, die wir jeden Tag, zu jeder Stunde im Kino, auf der Straße, im Vorzimmer der Filmgesellschaft, in der Garderobe des Filmateliers, usw. begegnen.

Gekurbeltes Schicksal ist im wahrsten Sinne des Wortes ein Wiener Filmroman und die bisherigen großen Erfolge unseres hervorragenden Autors bürgen dafür, daß Hugo Bettauer auch diesmal einen Roman geschrieben hat, dessen spannende Handlung hunderttausende von Lesern in Atem halten wird. Die wöchentlichen Fortsetzungen dieses Romanes werden binnen kurzem den einzigen Gesprächsstoff der Wiener Kinogemeinde bilden.

Ankündigung in der Publikumszeitschrift „Wiener Kino", Herbst 1923. Hier das 3. Kapitel dieses Romanes; Ort der Handlung: Fortuna-Kino
In der Rotenturmgasse Ecke Fleischmarkt gab es zu jener Zeit, in der der Roman spielt, das ROTENTURM-Kino, das 1910 gegründet wurde und 300 Sitzplätze und 40 Logen besaß. Ab 1930 wurde das ANKER-Kino in FORTUNA-Kino umbenannt.

Der Chauffeur kam und fragte, welche Dispositionen sein Herr für heute noch habe. Es war acht Uhr abends, zum Soupieren zu früh, zu spät, um nochmals in die Mobilienbank zu gehen. Wikunin ließ seinen Diener dorthin telephonieren, daß er nicht mehr komme und sein Sekretär Schluß machen könne, dem Chauffeur gab er den Auftrag, auf ihn zu warten. Er wechselte rasch seinen Anzug, ging hinunter, sagte dem Chauffeur, er möge zu irgend einem Kino fahren.

Plötzlicher Entschluß, da er irgendwie ein, zwei Stunden totschlagen wollte. Unterwegs überlegte er es sich anders, rief dem Lenker durch das Hörrohr zu, zur Oper zu fahren. Dachte, daß Musik seine Nerven beruhigen würde. Aber es wurde der „Fliegende Holländer" gegeben, und das Haus war total ausverkauft, die umherlungernden Agioteure hatten nur mehr Galeriesitze. Der Gedanke, zwischen fremden Leuten eingekeilt zu sitzen, schien Wikunin in seiner fatalen, zerrissenen Stimmung unerträglich und so führte ihn dann das Auto doch in ein Kino in der Rotenturmstraße, das sich Fortuna-Kino nannte.

Wikunin mußte im Vestibül warten, bis die Vorstellung zu Ende war. Endlich strömten die Menschen heraus, eine brünette, schlanke Frau am Arm eines nebensächlichen Herrn warf ihm einen koketten Blick zu, schon überlegte Wikunin, ob er dem Paar nicht folgen sollte. Aber nein, er wollte lieber allein in dem Halbdunkel des Kinotheaters sein, wollte lachen oder gerührt werden – je nachdem das Repertoire beschaffen war.

vor Lachen über die groteske, halsbrecherische Komik dieser amerikanischen Filmschauspieler, die vom Varieté, in dem sie Clowns und Knockabouts gewesen, ins Kino übersiedelt sind. Auch Wikunin fühlte sich belustigt, lachte herzlich auf, die trübe, weltschmerzliche Stimmung wich von ihm.

Dem kleinen Lustspiel folgte als zweiter Teil vor einem großen deutschen Gesellschaftsdrama

ROTENTURM-Kino, Wien I.
Rotenturmstraße 20
1912

Er hatte eine ganze Cercle-Loge genommen, war allein und unbelästigt, ließ die hübschen, modernen Lichtreklamen an sich vorbeigleiten. Ein amerikanisches Lustspiel *Dodo als Chauffeur* eröffnete die Vorstellung, das Publikum wälzte sich

eine sogenannte Gaumont-Woche, die die aktuellen Ereignisse der letzten Zeit brachte. Ein paar noch feste oder schon wackelnde Könige und Prinzen mit ihrem Gefolge, bejubelt von einer Menschenmenge, die sie morgen vielleicht steinigen würde, Überschwemmungen irgendwo in Asien, Bilder aus dem japanischen Erdbebengebiet, zum Schluß der Ringkampf zwischen zwei berühmten Weltmeistern im Londoner Hippodrom. Man sah alles in größter Deutlichkeit. Die beiden halbnackten Ringer, die Schiedsrichter, das erregte Publikum im mächtigen Raum. Die Bilder wechselten rasch, verschoben sich, folgten den beiden Ringern, ließen immer andere Teile des Parketts sehen. Jetzt höchste Spannung. Der eine der beiden Männer war niedergerungen, der andere lag auf ihm, preßte die Schultern des Gegners in den Sand.

Wikunin, den dieses Bild weniger interessierte als die anderen, da er Ringkämpfen keinen Geschmack abgewinnen konnte, sprang plötzlich in seiner Loge in die Höhe, schrie auf, daß die Insassen der Nebenlogen verwundert nach ihm sahen.

Was war das? Hatte ihn seine Phantasie genarrt? Träumte er? Hatte ihm nicht soeben im flimmernden Bild das blonde Mädchen mit den blauen Augen voll und ganz, fragend und bittend ins Gesicht gesehen?

Der Generaldirektor preßte die Hand an das klopfende Herz. Unsinn natürlich! Er mußte ausspannen, in ein Sanatorium gehen, sonst würde er noch verrückt werden. – Das Bild auf der Leinwand hatte wieder gewechselt. Der Sieger, von brausendem Beifall umtost, durch Hüte- und Tücherschwenken akklamiert, verneigte sich in der Arena. Und jetzt – jetzt gab es keinen Zweifel – im Zuschauerraum des Hippodroms, in der vierten oder fünften Bankreihe etwa, saß das Mädchen, saß fast bewegungslos, teilnahmslos, und sah ihn, Wikunin, mit großen, ernsten Augen an! Und neben ihr saß

der Kerl aus dem Café „Krone", hatte den Melonenhut ins Genick geschoben, klatschte wie besessen Beifall.

Ende. Erhellung des Kinotheaters, Ankündigung des Dramas.

Wikunin saß in sich zusammengesunken, zitterte am ganzen Leib, krampfte die Hände zusammen. War er doch verrückt? Hatten ihm doch die erregten Nerven genarrt? War es eine Halluzination gewesen? Er richtete sich auf, fuhr mit der Hand über die feuchte Stirne.

Nein, er war bei klarer Besinnung, er hatte tatsächlich im Bild auf der Leinwand das Mädchen mit den blauen Augen gesehen und neben ihr ihren Quäler, Bedränger, Sklavenhalter. Er genau so gemein und ordinär wie damals im Tanzcafe, sie genau so rein, so süß und unschuldig. Nur noch trauriger, noch ernster – – –

Eiserne Ruhe kam über Herbert Wikunin. Mit einem Ruck war er wieder der kalte, nüchterne Geschäftsmann geworden, der im Bruchteil einer Sekunde eine komplizierte Situation überblickt, Dispositionen trifft, Folgerungen zieht.

Schon stand er vor dem Besitzer des Fortuna-Kinos in dessen Büro.

„Mein Herr, ich habe ein Interesse daran, ein paar Meter aus der Gaumont-Woche, die eben gelaufen ist, sofort zu erwerben."

Der Besitzer machte große, verwunderte Augen.

„Da müssen Sie sich an die Film-Verleih-Gesellschaft wenden, von der wir den Film beziehen. Ich gebe Ihnen gerne die Adresse.

Der Besitzer wollte die Schreibtischlade öffnen, aber Wikunin unterbrach ihn.

„Zwecklos! Ich brauche das Stück sofort! Ich zahle jeden Betrag dafür."

„Der Kerl ist verrückt", dachte der Kinobesitzer, „aber was geht das mich an? Diese Gaumont-Woche ist ohnedies bald wertlos, ich kann außerdem ein paar Meter vom Operateur herausschneiden lassen, ohne daß man es bemerkt." Und laut zu Wikunin:

„Ein teurer Spaß, mein Herr, unter einer Million nicht zu machen!"

Qualvolle halbe Stunde, bis die Vorstellung ihr Ende gefunden hatte. Ein Hunderttausendkronenschein machte den Operateur gut gelaunt. Er ließ den ganzen Ringkampfstreifen an dem sonderbaren Herrn vorbeigleiten, bis dieser mit zitternder Stimme einmal und dann noch einmal ein Stück zum Herausschneiden bestimmte. Die Prozedur war bald erledigt, der Besitzer rieb sich vergnügt die Hände, der Operateur beschloß, die unverhofften Hunderttausend in eine Flasche Wein umzusetzen und Wikunin saß mit seinem Schatz im Auto, überlegte mit geschlossenen Augen und sah das Mädchen vor sich.

Als Wikunin seine Wohnung betrat, war es genau halb elf. Er nahm das Kursbuch zur Hand und stellte fest, daß in dreißig Minuten der letzte Schnellzug nach München vom Westbahnhof abging. Er mußte gehen.

(Fortsetzung folgt)

Geräusche oder Töne?
Musik im Kino

Die sogenannten Nebelbilder, die Laterna magica oder Projektionslebensräder als Vorläufer der ‚lebenden Bilder' kannten bereits die mehr oder weniger synchrone Musikbegleitung. Das Staunen über die projizierten Bilder überwog jedoch das Hörerlebnis. Zweck der Musikbegleitung war mehr das Übertönen der übrigen Geräusche, die durch Elektrogeneratoren hervorgerufen wurden, die jenseits der Zeltwand aufgestellt waren. Die in Wien so beliebten Walzerklänge waren an den unmöglichsten Stellen zu hören; inflationär auch die Benützung klassischer Musikstücke von Mendelssohn bis Mozart.

Wahrhaftig greulich finde ich ja auch die Musikbegleitung, die das Orchester entweder in unsinniger oder lächerlicher Weise zu den einzelnen Szenen verabreicht. Aber dagegen scheint man ja vorläufig noch absolut wehrlos zu sein. Meiner Ansicht nach wäre es eigentlich notwendig, die Musikbegleitung für jede Kinosache, wenn schon nicht direkt zu komponieren, so doch in einer die einzelnen Kinotheater bindenden Weise festzustellen. Erst wenn auch diese Forderung erfüllt ist, werden die Kinostücke möglicherweise in die Nähe von Kunstangelegenheiten zu rücken imstande sein.

Arthur Schnitzler, 1913

Neben der Musik waren die nachgeahmten Geräusche schon bald beliebter Bestandteil einer Filmaufführung: Bei der Präsentation der Filmaufnahme *Die Ankunft eines Zuges im Bahnhof*, eine der ersten Aufnahmen, die man sowohl in Frankreich (Lumière) als auch in Deutschland (Skladanowsky) gedreht hatte, soll bereits eine Geräuschapparatur zum Einsatz gekommen sein, die das Pfeifen und Zischen des Zuges nachahmte.

Musikkompositionen und Geräuschkulissen sollten bis zur Einführung des Tonfilms auch weiterhin den Stummfilm begleiten und noch heftige Kontroversen auslösen. Im Gegensatz zur Walzenorgel, die nur maximal 80 Marschtakte kannte, erlaubte die neueste Notenorgel, Musikstücke ganz durchzuspielen. Wie Herr Geni, einer der ersten Kinobesitzer, zu berichten weiß, machte diese Neuerung „großen Effekt. Die Leute standen stundenlang und hörten zu. Es gab da überall Stammgäste."

„Zehn Gebote für die Herren Kinobesitzer" wurde auch eine Werbeschrift der Hupfeld-Instrumente übertitelt, in der für mechanische Orgeln mit feststehendem Repertoire geworben wurde; der nicht unwesentliche finanzielle Vorteil wurde dabei besonders hervorgehoben:

Simmeringer Biographen Theater
Wien IX.
Simmeringer Hauptstr. 57
um 1914

„Überlege genau, ob du lebende Musik oder ein ‚Selbst-spielendes Instrument' anschaffen sollst. Wenn Du die niedrigsten Musikerhonorare eines Jahres mit den Anschaffungskosten des teuersten Hupfeld-Instrumentes vergleichst, wirst du letzteres wählen."

Die Musik kam ins Lichtspieltheater, weil die Kinovorführer zunehmend in Verlegenheit gerieten, die plakativen Bewerbungen von „urkomisch" bis „todernst" einzig durch das Bild und die Darsteller einzulösen. Geräusche, Lieder und Orchesterbegleitung wurden auch eingesetzt, um das Räuspern und Schnupfen, die Zurufe, das Geratter der Kinoprojektoren und der Stromgeneratoren zu übertönen. Außerdem konnten die ausgesuchten Filmdarsteller, in den ersten Jahren der Filmproduktion meistens Verwandte und Bekannte der Filmemacher, die Ansprüche einer entsprechenden Regieanweisung „sei jetzt traurig, sei jetzt komisch" nur selten erfüllen. Die Laien wiederum, und nicht nur diese, hatten Angst vor dem Filmaufnahmegerät und vertrauten kaum in ihre Ausdrucksfähigkeiten. Sie agierten so, als stünden sie auf einer Bühne, was sie ja auch tatsächlich taten, jedoch ohne ein entsprechendes Publikum, das sie anspornen hätte

Vielleicht ist die Musik dazu da, um den luftleeren Raum zwischen den Gestalten, den sonst der Dialog überbrückt, zu füllen. Auch wirkt jede Bewegung, die vollkommen lautlos ist, unheimlich. Noch unheimlicher wäre es aber, wenn einige hundert Menschen in einem Saal beisammen säßen, stundenlang schweigend, in absoluter Stille.

Béla Balázs, 1924

können. So geriet die Darstellung zu einer Stegreifaufführung, mit einem beängstigenden Kurbelgerät anstelle des Publikums.

Zwischen Darstellung und Publikum mußte ein Klangteppich gelegt werden, der – bekannte Melodien zitierend –, passende Gefühle vermitteln

auf ZENTRAL-Kino umbenannt, um 1919

auf OLYMPIA-Kino umbenannt, um 1935

konte. So wurde in der *Neuen Freien Presse* aus dem Jahr 1908 von den „schauerlichen Tannhäuserklängen" berichtet, die ein Drama mit zwölf Bildern in Genis GRAND BIOSKOP einleiteten; vom anderen Ende der Stadt, aus dem SIMMERINGER BIOGRAPHENTHEATER, wußte man von einem Märchenfilm zu berichten, dessen Anfangsbilder eine mythische, ganz in grünes Licht getauchte Gegend zeigten, die vom hauseigenen Leierkasten untermalt wurde; waren es nicht Mendelssohnsche Klänge, die man da heraushörte?

In den größeren Kinos bestand die Kino-Kapelle neben dem Klavierspieler aus einem Stehgeiger, einem Cellisten und einem Schlagzeuger, der gleichzeitig für die Effektgeräusche zuständig war. In den ganz großen Kinos, wie im BUSCH-Kino im Prater oder im EOS-Kino, engagierte man Anfang der 20er Jahre bereits ein 60-Mann-Orchester, das mit seiner Musikbegleitung den 800 Personen fassenden Saal beschallen mußte.

So war die Zeit bis zur Einführung des Tonfilmes die Epoche der Filmgeschichte, die schrittweise die Bedeutung der Musik für die dramaturgische Wirkung bewußt machte. Trotz Einbau der Tonfilmanlagen ab 1929 verzichtete man nicht auf eine mechanische Musikbegleitung.

So wurde im September 1929 die neue Christie-Unit-Orgel des neu adaptierten APOLLO-Kinos in ihrer Funktion ausführlich beschrieben. Die Orgel war im Orchesterraum aufgestellt. Bei Soloeinlagen wurde sie samt Organisten auf Bühnenniveau gehoben, sodaß dieser den Filmszenen folgen, aber auch vom Publikum gesehen werden konnte.

Die Faszination der Stummfilmbegleitung bestand nach wie vor darin, daß den stummen,

zweidimensionalen Lichtreflexen auf der Leinwand lebendige Musiker gegenüberstanden. Klavier- oder Harmoniumspieler improvisierten oder benutzten Zettelkarteien, in denen Operettenmelodien und bekannte Volkslieder bis hin zu Teilen aus klassischen Stücken unter Stichworten wie „komisch", „traurig", „einfühlsam" und „aufgeregt" geordnet waren. Während die musikalischen Übergänge zwischen unterschiedlichen Gefühls- und Stimmungslagen noch zu erlernen waren, ging die musikalische Begleitung der Bilder den in Biergärten und Caféhäusern erprobten Musikanten rasch von der Hand.

> ... ein wahres Wunderwerk des modernen Instrumentenbaues, das, von einem einzigen Künstler bedient, nicht nur die Klangeffekte eines großen Orchesters wiederzugeben, sondern von der Flöte bis zur Pauke, von den Silbertropfen einer Spieldose bis zum Wimmern des Saxophons, vom Trillern eines Vogels bis zum Wüten eines Orkans alle Einzelinstrumente, Tonstärken und Naturlaute hervorzuzaubern vermag.
>
> *Beschreibung der Christie-Unit-Orgel*
> *aus einer Tageszeitung, 1929*

Das Klavier wimmerte auch durch den Lichtschacht des IRIS-Kinos. Am Gespielten konnte man feststellen, welches der Filmwerke gerade projiziert wurde: hörte man „Ach ich bin so verliebter Natur", war gerade eine Liebeszene zu sehen, bei „A so a Weiberl is a Freud" konnte man davon ausgehen, daß die böse Schwiegermutter das erwartete Happy-end noch etwas hinauszögerte; waren die Darsteller bei einem Heurigen gelandet, spielte der Musikant am Klavier meistens „Trink ma no a Flascherl"; und bei Tramway-Szenen war das Lied „Ruckt's a wengerl z'samm" im Repertoire. So war auch das Mitsummen der Lieblingsmelodie ein fester Bestandteil der Publikumsunterhaltung im überfüllten Vorstadtkino.

Wie der Bericht eines anonymen Kapellmeisters aus dem Jahr 1912 zeigt, konnte der Musiker auch direkt zur Sicherheit im Kinosaal beitragen:

„In dem Theater, in dem ich beschäftigt war, geriet ein Film in Brand. Obgleich alle polizeilichen Vorsichtsmaßnahmen peinlichst befolgt waren, verlor der damals in Vertretung vorführende Operateur die Geistesgegenwart und vergaß, die eisernen Klappen an den Projektionsluken fallen zu lassen. Somit schlug eine kleine Flamme heraus, welche sich auf der Leinwand sehr deutlich zeigte und das Publikum erst recht in Angst versetzte. Nun hieß es Ruhe herstellen, und ich habe dies dadurch fertiggebracht, daß ich das eben beendete Musikstück mit großem Fortissimo weiterspielte. Meiner Geistesgegenwart, welche auch allerseits anerkannt wurde, war es zuzuschreiben, daß eine große Panik vermieden wurde. Es sei daher jedem Kapellmeister und auch jedem Klavierspieler auf's dringendste empfohlen, im Augenblicke der Gefahr meinem Beispiele zu folgen, denn die Musik übertönt zum größten Teil die Rufe und Schreie und beruhigt schließlich die Gemüter."

Das brennbare Filmmaterial war wiederholt der Grund für größere Katastrophen, von denen jedoch die Wiener Kinos nicht zuletzt infolge der rigorosen Sicherheitsbestimmungen der Baupolizei verschont blieben.

Einer der ersten nachweisbaren Versuche, Musik und Film adäquat zu verbinden und den Zufall der Interpretation auszuschalten, bildeten die sogenannten Kinoballaden – Singspiele mit dazugehörenden Bildern – die bis in die 20er Jahre aufgeführt wurden. Damit war ein neues kinematographisches Genre geboren, das in einfacher Weise auch Lokalkolorit miteinbezog; so zog etwa die Ballade *Die Tango Mieze* bereits 1914 durch einige Wiener Kinos. Die Filmbilder stellten eine Illustration zum gesungenen Text dar. Um die Leinwand herum befanden sich Dekorationsstücke, die im Raum eine dritte Dimension einführen sollten: ein Kastanienbaum, einige Gartensessel und das Dach eines Vorstadthauses. Schräg im Vordergrund trug eine Sängerin die Geschichte vor, die in der Tageskritik als „humoristisch" beschrieben wurde:

Sie war in der Vorstadt geboren,
Die kleine Anne Marie
Weit draußen vor den Toren
In der Weltstadtperipherie.
Zwei Tanzbeinchen hatte die Kleine
Geerbt... weiß der Himmel woher
Die waren niedlich und kleine
Als wenn sie ein Engelchen wär.
Und kam auf den Hof ein Drehorgelmann,
Fing Annemariechen zu twosteppen an,
Die Nachbarn schauten zum Fenster hinaus
Und alle sangen im Hinterhaus:
Marianne janne janne. Du bist so jung, so fein,
Marianne janne janne, was wird aus Dir noch sein?
Marianne janne, sei nicht wild, sei kühl,
Marianne Marianne Du hast zuviel Gefühl.

Marianne verliebt sich in einen Studenten, der nicht wiederkommt; ein Graf gibt ihr falsches Geld; ein Bankier bezahlt ihre Zuneigung mit einem falschen Scheck. Über ihre Enttäuschungen möchte sie mit immer mehr Männerbekanntschaften hinwegkommen. Sie wirft mit dem Geld nur so um sich (4. und 5. Strophe). Im 6. und abschließenden Teil warnt man sie:

Marianne werde solide,
Sieh zu, daß Du dir etwas ersparst
Die Tanzbeinchen werden einst müde,
Dann bist Du nicht mehr die Du warst.
Die holdeste Emballage,
Sie schwindet einmal dahin,
Und Du mietest Dir eine Etage, als Zimmervermieterin
Du ißt nicht mehr Austern, Du schwärmst dann für Klops
Und summst Dir am Abend mit Deinem Mops
Das Lied mit dem Du im Tango Dich schwangst
In seidnen Strümpfen da lachend Du sangst
Marianne – janne janne –
etc. ...

Außerfilmische Darbietungen sollten den Bildern auf der Leinwand die Dimension des konzipierten Tones mitgeben. Ein zeitgenössischer Kritiker sprach in diesem Zusammenhang sogar von einer „Veredelung und Hebung des literarischen Niveaus" der Kinematographie. Die Bemühungen, den beweglichen Bildern mit diesen Mitteln mehr Plastizität zu geben, reichten bis in die 20er Jahre. Vor allem zwischen 1921 und 1923 wurden in regelmäßiger Reihenfolge Singspiele herausgebracht.

Auch so mancher Kinobesitzer wagte sich ans Textieren. Das Ergebnis hieß dann *Menschen, Menschen, san ma alle*, das bekannte Operettenmelodien mit Bildern aus Wien zu kombinieren versuchte:

> „... sein schlicht einfaches Motiv wird jedem Wiener aus dem Herzen sprechen, und es bringt ein überquellendes Füllhorn gemütvollen, echten Wiener Humors, Musik und Gesang."

„Filmrevue von Bühne und Brettl mit Musik, Gesang, Kostümtänzen und heiteren Volksszenen aus dem alten Wien" hieß es in der Bewerbung. Die Verbindung von Kinobildern und jenen Liedern, für die Wien als Stadt der Operette berühmt geworden war, fand hier ihren ersten, entsprechenden Ausdruck. *Wien, die Stadt der Lieder* oder *Der Himmel voller Geigen* wurden zwar nicht zu wirklichen Erfolgen, aber es begann sich in Verbindung mit dem neuen Vermittlungsmedium darin etwas Neues zu formen, das später seinen bleibenden Ausdruck in den berühmt gewordenen Wiener Sängerfilmen und eigenständigen Operettenverfilmungen finden sollte; als Höhepunkte gelten die Filme von Willi Forst.

> "Vor den Augen des Publikums spielt sich, teilweise im Film wiedergegeben, teilweise im Zuschauerraum selbst, eine sehr lustige Komödie ab, die gleichzeitig einen ernsten ethischen Hintergrund hat, indem dem Publikum mit einem heiteren Beispiel vor Augen geführt wird, wie hoch an musikalischem und seelischem Gehalt die Wiener Musik, Wiener Tanz und Gesang über den fremdländischen Produktionen steht."
>
> *Zitat aus dem Werbezettel zu den beiden Vorführungen am 5. Februar 1923 im ZENTRALPALAST-Kino (später STAFA-Kino) und am 6. Februar 1923 im LÖWEN-Kino*

Die meisten der kleinen Kinos in den Vorstädten eigneten sich nicht für gleichzeitige Filmvorführungen, Gesangseinlagen und Musikbegleitungen in größerem Stil. Hierin lag auch der Grund, wieso diese Filmsingspiele schon bald wieder aus den Kinos verschwanden und man zu der altbewährten Klavier- oder Salonkapellenbegleitung zurückkehrte, obwohl etwa *Wien, die Stadt der Lieder* für drei unterschiedliche Aufführungsformen – für Film und Bühne, für Film und Podium und nur für Film – konzipiert worden war.

Als eines der ersten Beispiele für eine durchkomponierte Filmmusik – neben Erich Hillers Filmmusik zu *Der schwarze Traum* – im Wiener LICHTSPIELTHEATER, während der Direktion Julius Ecksteins, dem auch das GRABEN-Kino-Theater gehörte, kann man jene für den ersten *Girardi*-Film nennen, in dem Alexander Girardi, ein bekannter Schauspieler, mehr als 40 seiner Bühnenrollen ausschnittweise präsentierte. Als Rahmenhandlung

diente eine einfache Operettenhandlung. Für diesen Film erstellte Robert Stolz eine musikalische Texturierung, die bei der Premiere am 10. 9. 1913 im Beethovensaal von ihm selbst dirigiert wurde. Für die Uraufführung wählte man also weder eines der bestehenden großen Kinos im Prater noch z.B. das ELITE-Kino in der Innenstadt, beide von der Größe her zwar geeignet, aber mit einem viel zu kleinen Orchesterraum. Dies und das in Wien verbreitete Vorurteil, Kinoräume seien noch zu stark der Schaubude verhaftet, gaben den Ausschlag für die Wahl des Beethovensaales. Der *Girardi*-Film wurde nur in einem Kino, dem KÄRTNER-Kino, exklusiv und als Alleinaufführung gespielt.

> ... zu der kurzweiligen Filmkomödie hat Robert Stolz, der feinfühlige Musiker, ein amüsantes Potpourri aus Girardischen Operetten und Stolzschen Einfällen beigesteuert, dessen Vorführung durch die Salonkapelle Haupt er gestern selbst mit Verve dirigierte. Man wird also diesen wienerischen Film mit wienerischer Musik genießen."
>
> *Wiener Mittags-Zeitung, 11. 9. 1913*

Eine andere, ebenso denkwürdige Veranstaltung fand ebenfalls im Beethovensaal im September 1913 statt: Die Firma Gaumont präsentierte die ersten sprechenden Filme, u.a. *Das Erwachen des Negers*, ein altes Plantagenlied, begleitet auf einem Banjo; man lachte auch über die Geräusche eines zerbrechenden Telephonapparates, und es war „doch kein kleines Moment, sechs Löwen, in einem eleganten Ballsaal, wie es sonst der Beethovensaal ist, brüllen zu hören." (*Neues Wiener Tagblatt*)

Die Musiker verdienten 1922 gleichviel wie Billeteure, jedoch nur ein Drittel vom Lohn der Kinooperateure. Da sie sich jedoch ihrer Bedeutung bewußt waren, traten sie wiederholt in Streik, und es konnte vorkommen, daß man in der ersten Hälfte des Jahres 1923 in einem großen Kino die Nachtvorstellung besuchte, und die Siebenmannkapelle plötzlich, zwischen dem 2. und 3. Akt, zu spielen aufhörte, ihre Instrumente einpackte und unter dem Gejohle und Gepfeife der enttäuschten Zuschauer abging. Diese Streiks gingen sogar so weit, daß bereits an der Kinokasse hingewiesen werden mußte, daß „heute keine Begleitmusik" aufgeführt werde.

Mitte der 20er Jahre war Musik bereits ein nicht wegzudenkendes Element der Kinofilmvorführung. Ihr Fehlen durch die häufigen Streiks der Musiker machte die Notwendigkeit einer musikalischen Illustration der Bilder bewußt. Zumindest wurde verstärkt über die Qualität der Musikbegleitung gesprochen. Ohne entsprechende Partituren – die Kinobesitzer sparten oft bei ihrem Nachkauf – und ohne die Möglichkeit für die engagierten Musiker, die Filme vor der Vorführung sehen zu können, entwickelte sich jedoch keine eigenständige Kultur der musikalischen Filmillustration oder -interpretation. Nur in großen Kinos, wie im ZENTRAL mit dem Kapellmeister Karl Kroll oder

Apollo Jazz-Kapelle
Ende der 20er Jahre

im BUSCH-Kino mit Fritz Zeilinger, wo Zeit für Proben und Geld für die Beschaffung von Notenmaterial vorhanden waren, war die Begleitmusik, sei es als Filmillustration, sei es als eigenständiger Teil der Filmbilder, von höherem Niveau.

In Kinos, die keinen eigenen Orchestergraben hatten, wurde ein Holzpodium für eine kleine Muskikkapelle eingeplant. Dies läßt sich bei den meisten Bauvorhaben, die ab 1909 eingereicht wurden, nachvollziehen. So wurde z.B. beim Margaretner BÜRGER-Kino ein drei mal fünf Meter umfassendes Holzpodest seitlich vor der Leinwand plaziert. Der Geiger stand halb zur Leinwand gewandt und gab den Rhythmus an. Ein Piano fand sich dagegen auch im kleinsten Kino Wiens, im KINEMATOGRAPHENTHEATER. Trotzdem mußte dieses Kino schon bald sperren (1919), da die Eröffnung des WELTSPIEGEL-Kinos, fünf Häuser weiter, eine zu übermächtige Konkurrenz im Bezirk darstellte.

In den meisten Kinos Wiens war man jedoch noch weit davon entfernt – Ausnahmen, die besonders in der Fachpresse gewürdigt wurden, s.o., bestätigen die Regel –, die kurzen Kinodramen in immer gleicher Weise und Qualität zeigen zu können: Unregelmäßige Vorführgeschwindigkeit und unterschiedliche Musikbegleitung veränderten einen Film oft derartig, daß er im nächsten Kino nicht mehr wiederzuerkennen war. Die gleiche Liebesszene in *Königin der Lüfte* wurde in dem einen Kino mit Kapelle in verhaltenen Celloklängen untermalt, während der Pianist aus dem Vorstadtkino die gleiche Szene einige Tage später mit seinem bereits oft gehörten Standard-Repertoire begleitete.

Der Zuschauer, der den ersten Teil des Serienfilms *Die 2 Mädchen von Paris* (in 4 Folgen) aus dem Jahr 1921 am Dienstag in seinem Eckkino gesehen hatte, am Samstag jedoch mit seiner Freundin zum zweiten Teil ins ZENTRAL-Kino in die Taborstraße fuhr, konnte den Eindruck gewinnen, zwei völlig verschiedene Filminhalte zu sehen: dort ein Klavierspieler, der – mit vielen musikalischen Läufen dazwischen – von Szene zu Szene hastete, da eine wohlgesetzte Orchestrierung, die Bedacht auf die Filmerzählung nahm.

1. KAGRANER BIOSKOP, später KAGRANER TONKINO
Wien XXI., Wagramerstraße 126, heute

Richard Grünfeld, Wiener Kapellmeister, fragte deshalb auch, „Was ist eigentlich Kinomusik?", und gab darauf die Antwort:

„Kinomusik ist das, worüber die Allgemeinheit immer oder fast immer schimpft."

Er bezweifelte nicht, daß die Situation in Wien schlecht sei; aber er verteidigte seine Musikerkollegen, indem er einwandte:

„Man möge die Musiker nicht vergessen, die bis zu 6 Stunden höchst konzentriert vor der Leinwand arbeiten müssen."

Grünfeld schlug daher vor, musikalische Wegweiser aufzulegen, damit junge Kapellmeister Fehler wie eine „zu scharfe Illustration", wie er es nannte, vermeiden könnten. Das Zeitalter des reproduzierbaren Kunstwerkes war eben erst am Beginn.

Im September 1929 kam es im SCHWEDEN-Kino zur Premiere des ersten Tonfilms: Weiße Schatten, ein Film, der bis in den November hinein für einen vollen Kinosaal sorgte. Obwohl die Kinobesitzer skeptisch blieben, wurden bis zum Ende des Jahres bereits über 20% der Wiener Kinos für Ton adaptiert.

Während man bereits an Umbauplänen arbeitete, präsentierte das MARIA-THERESIEN-Kino in Lil Dagovers Csardas-Film als ‚lebendige' Toneinlage eine ungarische Zigeunerkapelle; das PALAST-Kino verpflichtete für den gleichen Film den Opernsänger Toth Kalmann. Für die drei Ton-

SCHWEDEN-Kino, ehemals FERDINANDSKINO ,
IFA PALAST-Kino, Wien II., Taborstraße 1-3, um 1935

1993

filme *Der singende Narr*, *4 Teufel* und den UFA-Film *Drei Freunde* waren die großen Kinos – LUSTSPIELTHEATER im Prater, das FLOTTEN, APOLLO und UFA-TON-Kino – bereits adaptiert. Bis zum Ende des Jahres 1929 kamen auch das MOZART-TON-Kino, das BUSCH-TON-Kino im Prater, das ELITE-Kino und das HAYDN-TON-Kino hinzu.

In den Filmkritiken wurde speziell auf die ausgezeichnete Tonwiedergabe hingewiesen. Heute gewinnt man bei ihrer Lektüre den Eindruck, daß diese technische Errungenschaft in den Kindertagen des Tonfilms die Oberhand über andere filmische Qualitäten gewann. Stolz wies man nun in den Benennungen des Kinos durch die Beifügung „Ton" auf die Neuerung hin.

Wie die Statistik ein Jahr später bewies, kam der Tonfilm gerade zur richtigen Zeit, um die konstatierte Kinomüdigkeit des Wiener Publikums, die bis zur „Flucht" aus dem Kino führte, aufzufan-

gen. Der Fußball wurde damals zum führenden Freizeitvergnügen der Wiener. Nachstehend ein Auschnitt aus einem der ersten Artikel in der Fachpresse (Kino Journal 1929), dessen Autor den Attraktivitätsschwund des Kinos zu begründen versuchte:

„Während früher neben dem Theater das Kino fast ausschließlich das Vergnügungsbedürfnis des Publikums ausfüllte, wirken heute zahlreiche andere Umstände mit, um dem Kino eine Nebenrolle zuzuteilen, weil jedes neue Bad auf den Kinobesuch beeinflussend wirkt. Wenn auf der Hohen Warte ein Fußball-Matsch ausgetragen wird, sind 50.000 Menschen dort, und da ist es ganz gleichgültig, ob an diesem Sonntag ein hervorragender Film gespielt wird. Man geht nicht ins Kino, denn das Matsch (!) geht voran."

Die immer seltener aufgeführten Stummfilme wurden nun in immer mehr Kopien gespielt: so der

Die Kinobesitzer stöhnten unter der Last der notwendigen Investition für Tonapparaturen, die zwischen 70.000 und 150.000 öS betrug; das entsprach dem Halbjahresumsatz eines mittelgroßen Kinos. Aus diesem Grund spielten Mitte 1930 noch immer mehr als die Hälfte der Wiener Kinos nur Stummfilme.

Weihnachtsferienfilm *Tempo, Tempo* mit Harold Lloyd, der in fünf Tagen in mehr als 30 Kinos präsentiert wurde.

Prominente Autoren äußerten starke Bedenken gegen die Einführung des Tonfilms. Jakob Fleck, einer der ersten Filmproduzenten Österreichs, sah die Gefahr, dem Film damit seinen internationalen Charakter zu nehmen; in gleicher Weise argumentierte auch G.W. Pabst, der sich zwar für den Tonfilm – das Hören-Können galoppierender Pferde –, aber gegen den Sprechfilm aussprach. Wie man weiß, war auch Charlie Chaplin ein vehementer Gegner des Sprechfilms – man erinnere sich an *Der große Diktator*, in dem nur Geräusche vorkommen. Die Schauspielerin Liane Haid sah bei den Tonaufnahmen die Schwierigkeit, nach langen Drehpausen immer wieder von neuem das gleiche Sprechniveau finden zu müssen.

Aber auch die Tonkinowelt war geteilt: auf der einen Seite Western-Electric-Apparaturen, auf der anderen Seite das Klangfilmsystem der UFA-Filme; letzteres wurde in Kinos wie dem UFA-, BURG- oder OPERN-Kino eingesetzt; nur dort war es technisch möglich. Den Western-Apparaturen standen wiederum deutsche Patente und Firmen wie Tobis-Klangfilm gegenüber. Da es noch keine Vereinheitlichung der Tonabtastung gab, war es nicht möglich, die Filme unterschiedlichster Produktionsfirmen mit ein- und demselben Tonsystem hörbar zu machen. So wurde *Weiße Schatten* im SCHWEDEN-Kino mit Hilfe von synchronisierten Platten vorgeführt; das UFA-Kino präsentierte seinen Ton ausschließlich auf Tobis-Klangfilm. Die meisten anderen Kinos Wiens wurden von der Firma Western Electric bestückt. Sie verwendete das Movieton-Verfahren, das den Ton in Lichtstreifen und diese im Kino durch Abtastung wieder in Ton verwandelte – ein System, das sich bis zur heute verwendeten Digitalmethode halten konnte. Ein drittes System, das Magnetton-System, erreichte zwar bald eine bessere Qualität, war aber gegen Abnützung anfälliger.

In der Hitze des Sommers:
Freiluftkinos in Wien

An Versuchen, Kino im Freien zu veranstalten, mangelte es nicht. Das erste Konzessionsansuchen wurde 1922 für den Garten des Kasinos „Zögernitz" vis-à-vis des IDEAL-Kinos gestellt. Der Plan zeigt, daß professionell geplant wurde. Mit einer Bildfläche von fünf mal vier Metern und mit 400 Sitzplätzen sollten ideale Vorführbedingungen geschaffen werden. Nur eine große Kastanie im Mittelgang störte. Aber wir können annehmen, daß bei Einbruch der Dunkelheit das Vogelgezwitscher langsam verstummte. Bei überraschendem Schlechtwettereinbruch war vorgesehen, in das

IDEAL-Kino zu wechseln. Am 16. Mai 1922 trafen sich die Behördenvertreter zu einem Lokalaugenschein. Aus den schriftlichen Aufzeichnungen ist zu ersehen, in welcher Weise die Projektion durchgeführt wurde:

> „Eine fahrbare Kabine mit Seitenwänden wird rückwärts beim Wirtshausgarten aufgestellt. Sie enthält einen Trichter aus Holz, der feuersicher ausgekleidet wird. Die Bilder werden durch die Projektionsfläche durchprojiziert".

Diese Hinterwandprojektion garantierte ein helles und klares Bild, da man mit der Vorführung aus

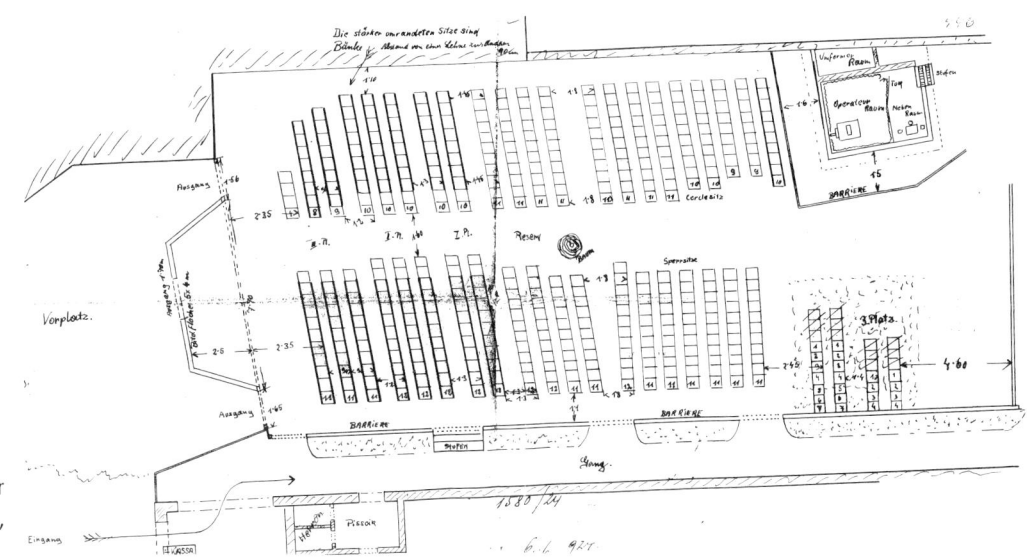

Grundriss des I. Wiener Freiluftkinos, Wien XIX., Döblinger Hauptstr. 76

polizeilichen Gründen bereits bei Einbruch der Dunkelheit – gegen 21 Uhr – beginnen mußte. Da sich diese Form der Projektion jedoch nicht bewährte, konstruierte man 1924 im rückwärtigen Teil des Gartens einen entsprechenden Projektionsraum.

Das im Volksmund so genannte „Freibadlichtluftnachtmückenkino" im Klosterneuburger Strandbad erfreute sich ebenso regen Zulaufs wie das sommerliche FLIEGER-Kino, das mit seinen

Vorführungen in den Clamm-Gallas Park auswich. Im Bad war alles frei: Freilicht, Freiluft, freies Entrée und freie Wahl des Platzes, falls man eine eigene Sitzgelegenheit mitgebracht hatte:

„Hallo, Sö, Heer, dö Sessel lassen S'da…" „I brauch's ja nur fürs Kino, i stehl s' ja eh net…", so begann im August 1929 in der Zeitschrift *Mein Film* die Schilderung einer sommerlichen Kinonacht in eben diesem „Freibadlichtluftnachtmückenkino" im Klosterneuburger Strandbad:

„Ein ideales Kino, in dem alles frei ist: Freilicht, Freiluft, freies Entrée, freie Wahl der Plätze und der Nachbarin."

„Natürlich könnte er sich auch in den Sand legen, das wäre bequemer; aber dann sieht er schlechter, nicht wahr?

Manchmal ist es manchem auch recht gleichgültig, was man heute abend spielt. Man ruht dann unter den Bäumen an der Peripherie des Kinos, ruht zu zweit und projeziert seine Träume in die Augen, die zum Küssen nahe im Sommer glühen...

Auf zwei Stangen versucht eine Fahne hochzuklettern. Eine weiße, etwas faltige Fahne: Die Leinwand (...)

Endlich ist's soweit.

Man sieht schon, wie der Operateur einstellt. Was sollte sonst der lichte Fleck in der rechten Ecke, nicht wahr?

Aber der Fleck bleibt auch, wenn das erste Bild auf-flammt und Greta Garbo (offenbar wegen des Licht-flecks) nachdenkliche Augen macht...

„Die sollen ihr Licht auslöschen, da drüben...“

Wer? Jetzt kennt man die Lichtquelle: Eine Türe zu einem Weekendhaus steht sperrangelweit offen und wie aus einer Traufe fließt das Licht grell und schreiend in die Nacht. Trieft ausgerechnet auf die Leinwand...
(...)

Endlich erlischt der Fleck, es leuchten nur mehr die Augen der Garbo... sie sieht uns an... „Garbo's sehen uns an...“
(...)

Jetzt erst fällt es mir auf: es spielt keine Musik.

Nur die Mücken, die um die Leinwand summen, sich der Garbo mitten ins Gesicht setzen...

Jetzt doch Musik. Keine Blasinstrumente, Summinstru-mente: Nicht nur seinen Sessel hat sich jeder mitge-bracht: auch seine Instrumente...

Da sieht man, wie verschieden die Melodien – der Herzen und des Mundes – die der Film auslöst. Vor mir summt man zweistimmig (die zweite Stimme ist hell-blond und hat einen braunen Leib, der im Düster ganz exotisch aussieht und der Teufel mag die erste Stimme

holen, die sehr darnach klingt, als rufe sie wochentags auf dem Naschmarkt aus...)“.

Während die Kinobesitzer unter der alljährlich wie-derkehrenden Sommerflaute stöhnten, hatten die Besucher der Freiluftkinos ihre Hetz. So begannen die Kinobesitzer die Vorzüge der Stadt-Kinos anzu-preisen: die hier gezeigten Reprisen und – da sich viele Kinos in Kellern befanden – die hier herr-schende Kühle.

Wer ging eigentlich im Sommer ins Kino? Die Kinobesitzer meinten, auf ihre Umsätze schielend: Niemand! Die Böswilligen riefen „Liebespaare“, und der Verfasser der nachstehenden Zeilen kam zu dem Schluß: nur „der Kinofreund“.

„Jene legendären Liebespaare werden also, zumindes-tens in den Sommermonaten, Gottes freie Natur einem Kinotheater vorziehen, und es ist gewiß falsch, sie als den Grundstock sommerlicher Kinobesucher zu bezeichnen.

Das Kino, besonders das Wiener Kino, das ja meist ein adaptiertes Kellerlokal ist, bietet im Sommer einen denkbar angenehmen Aufenthalt. Ich finde es viel ange-nehmer, auf einem bequemen Kinosessel zu sitzen, um eine Naturaufnahme vor meinen Augen abrollen zu lassen, denn dann ist mir bestimmt nicht heiß, wie wenn ich mich höchst persönlich bemühe, einen Berggipfel zu erklimmen.

Wir freuen uns, wenn es draußen 40 Grad hat, auf der flimmernden Leinwand eine Winterlandschaft zu sehen ist und sich dann vorzustellen: ‚Bei diesem Sommer hat man es wirklich nicht notwendig, irgendwohin zu fahren, wenn uns der Film in irgend eine freudige Landschaft entführt, die den Sommer atmet.‘

Wer geht also im Sommer ins Kino? – Und nun wage ich es auch zu sagen! – der wirkliche Kinofreund.“

Im gleichen Jahr, 1927, griff die Sozialdemokratische Partei die Freiluftidee auf und verwendete einen freien Platz am Naschmarkt für die Projektion ihrer Propagandafilme: *Das alte und das neue Wien: Mietskasernen gegen die Neubauten/Deutschmeister gegen Schutzbündler.* In der für die damalige Zeit typischen Montagetechnik wurde das Alte dem Neuen gegenübergestellt; und das auf einer 60 Quadratmeter großen Leinwand, die von mehr als 10.000 Menschen eingesehen werden konnte. Wie überzeugend diese Großprojektion gewesen sein muß, zumindest wenn man dem Berichterstatter in der *Arbeiter-Zeitung* Glauben schenkt, zeigt der folgende Dialog:

> „Das ist aber wirklich eine gute Propaganda", sagt neben mir (dem Journalisten) ein gut bürgerlich aussehender Herr:
>
> „Aber das alles machen sie halt mit den Breitner-Steuern, die uns zugrunde richten."
>
> – „So, hab'n S' denn die Aufschrift nicht gesehen, die grad war? Dreimal so viel als alle Wiener Gemeindesteuern ausmachen, ersparen die Wiener durch den Mieterschutz!"
>
> „Das ist wahr", gibt der Herr zu, „das hab' ich auch erst heute erfahren."
>
> Und wie der nächste große, schöne Häuserblock auf der Leinwand erscheint, da klatscht er mit allen anderen begeistert Beifall.

Doch Anrainer, einige verregnete Sommer und die Weigerung der Filmverleiher, für derartige Veranstaltungen auch zugkräftige Filme anzubieten, beschränkten die Laufzeit der Sommerfreiluftkinos auf einige Saisonen. Die Faszination aber, wie sie ein Zeitgenosse 1927 beschrieben hat, ist wohl bis heute ungebrochen:

> „Leider gibt es in Wien noch immer keine Freiluftkinos, die die Illusion vollständig machen könnten. Auf der Leinwand die blaue Küste der Riviera, ober uns der dunkle Nachthimmel, dessen Sterne ja überall gleich leuchten, und die kühle sanfte Abendluft. Wer denkt da noch an Urlaub."

Am Bacherplatz wurden 1979 in Verbindung mit anderen Kulturveranstaltungen wieder Freiluftkinoaufführungen – eine Retrospektive von Hans Moser Filmen – präsentiert; auch im Donaupark, wo schon bei der Planung der Internationalen Blumenaustellung derartige Freiluftvorführungen eingeplant worden waren, fanden Filmveranstaltungen statt; zuletzt wurden im WUK und am Rathausplatz Videogroßbildprojektionen gezeigt.

Die Künstler/innen des Kinos

Auf dem Foto vor dem Eingang des Kino KERN im Prater ist eine große Anzahl von Personen zu sehen: ein Kleiner für die Kühlung der Motoren, die Zuckerlverkäuferin in ihrem besten Kleid, der Lange rechts für die Kassa, die Vorführer mit ihren ernsten Gesichtern, wohlwissend, daß der Herr Direktor – in der Mitte der Aufnahme, jener mit der Uhrkette, – nichts ist ohne sie, und der Ausrufer…;

alle haben ihre Aufgaben, auf die sie stolz sind, da sie beitragen, das Kino zu einem Erlebnis zu machen, das man nicht so schnell wieder vergißt.

Man schrieb den 22. Juli 1924, als die genannten Personen für dieses Foto zusammengerufen wurden. Zu dieser Zeit war das KERN-Kino bereits ein großer Betrieb. Auch wenn die nachstehenden Erlebnisberichte und Notizen nicht von den Ange-

stellten persönlich stammen, geben sie doch ein eindrucksvolles Stimmungsbild jener Zeit wieder, in der das Kino zum wichtigsten Freizeitvergnügen der Wienerinnen und Wiener wurde.

Obwohl die flimmerfreie und sonstiger Mängel behobene Vorführqualität des Filmes und die professionelle Geschicklichkeit des jeweiligen Operateurs über so manches Kinoschicksal mitentschieden, sollte man nicht auf jene Berufsgruppen vergessen, die das Image der ‚Nähe‘ und ‚Heimeligkeit‘ des Lieblingskinos am Eck mitgeprägt haben. Der Ausrufer vor dem Kino und der Erklärer im Kinosaal wurden zwar kaum 20 Jahre nach Beginn des Siegeszuges des Kinos durch Plakat und Stummfilmzwischentitel abgelöst, aber die Beliebtheit der Vorstadtkinos beruhte auf dieser liebgewonnenen Tradition aus der Frühzeit des Films.

Der Ausrufer hatte die Aufgabe, die Vorbeischlendernden zum Kinobesuch zu animieren: einmal laut, dabei die unwahrscheinlichsten Sensationen verkündend, dann wieder leise, mit poetischem Ausdruck:

„Auf dieser weißen Leinwand,
da lebt’s, da schwebt’s,
da kribbelt’s, da krabbelt’s...“

Der Ausrufer war das lebende Aushängeschild des Kinematographen.

„Hereinspaziert! Hier zu sehen, der Film: ‚Napoleon von Austerlitz bis Waterloo‘. Herr Bonaparte hat sich extra für ein verehrungswürdiges Publikum so um 1809 herum kinematographieren lassen!“

An der Kassa
Vera Bern, 1921

Die Kassa war jener Ort, wo ein erster, möglichst freundlicher Eindruck auf die Besucher gemacht werden sollte. Das wußten auch die Jugendlichen, die hier ihr Glück versuchten. Meistens kamen sie alle auf einmal. Es blieb keine Zeit für längere Gespräche, niemand hatte entsprechendes Kleingeld, und jeder Besucher konnte sich empören, daß der Kartenkauf so schleppend voranging.

1919

Heutzutage, nach der Computerisierung der Kassa, werden freie Sitzplätze nicht mehr erfragt, sondern vom elektronischen Monitor abgelesen. Um die Zulassung von Jugendlichen kümmert sich – obwohl vorgeschrieben – schon längst niemand mehr.

Die folgenden Beobachtungen aus der Zeitschrift *Kinowoche* (1921) erzählen also von einer Zeit, in der es Jugendlichen unter 18 Jahren verboten war, bestimmte Filme zu besuchen. Doch es erforderte einiges Geschick der Angestellten, um die von den Jugendlichen angewandten ‚Schmähs‘ zu durchschauen:

DER BÜRGER
„Zwei erste Plätze! Schnell!
    Der Kassier räuspert sich:
    „Wie alt, bitte? – –“
    Der ‚Achtzehnjährige‘ streckt sich, als beabsichtige er einen Fußspitzentanz aufzuführen:
    „Bißchen schneller – ja hör’ einmal!“
    Drohend erhebt sich der Kassier. Sein Arm greift heraus, sein Zeigefinger weist auf ein außen neben dem Kassenfenster hängendes Plakat: Jugendlichen unter 18 Jahren ist der Zutritt ins Lichtspiel-Theater auch in Begleitung Erwachsener untersagt!
    Der Achtzehnjährige blinzelt, als sei er kurzsichtig, und wendet sich mit aufwieglerischer Gebärde an das ungeduldig nachdrängende Publikum:
    „Also. Das ist nun die neue Ordnung! Kein Betrieb rollt sich mehr richtig ab! Wenn der müde Bürger sich’n Abend n’ bißchen erholen will, dann muß er sich schikanieren lassen für sein sauer verdientes Geld – – aber die Steuern, die darf er bezahlen!“
    Die hinten anstanden, vernahmen nur: „Bürger!“, „schikanieren!“, „Steuern!“, und zu-

ASTORIA-Kino, Wien XVII.
Hernalser Hauptstr. 156
1942

stimmendes Gemurmel erhob sich, drohende Stimmen:

„Wie lange sollen sich die Bürger das noch gefallen lassen? – –"

Blutrot wird der Kassier, sieht sich hilfesuchend nach dem Geschäftsführer um, entschuldigt sich und händigt zögernd zwei erste Plätze aus.

Der Achtzehnjährige spuckt aus, laut, ausgiebig, befriedigt – winkt einem im Hintergrund harrenden, um zehn Zentimeter noch kleineren Gefährten und – – im Galopp und mit Gekicher verschwinden beide hinter der roten Samtportiere.

Der Diplomat

Springt herauf, mit hochrotem Kopf. Drei Stufen auf einmal:

„Fräulein, ist's schon dunkel?? – Schon angefangen?"

„Ja, eben."

„Na, dann geben Sie mir mal einen zweiten Platz!"

Die Kassierin zögert:

„Sie sind doch noch nicht achtzehn?!?"

Da klingt's entrüstet zurück:

„Was –? Ich –? Allemal!"

KOLOSSEUM-Kino, nach 1945 kurzfristig YANK-Kino genannt, Wien IX., Nußdorfer Str. 4

Das Publikum lacht. Die Kassierin lacht. Nur der ‚Achtzehnjährige‘ bleibt todernst.

Das Fräulein, das diesen Posten erst seit acht Tagen bekleidet, zuckt unsicher die Achseln, reicht zögernd den geforderten Platz.

Der ‚Achtzehnjährige‘ lacht auf, ein frohes, helles Kinderlachen, das allen Ernst, allen Schweiß und Schmutz eines harten Arbeitstages wie durch Zauberei von seinem Gesicht wegwischt:

„Also, Fräulein Kassierin, merken Sie sich's für die Zukunft: ich bin allemal achtzehn – – bis zum 24. August 1926 bin ich achtzehn – – dann werde ich neunzehn!!“, sprach's und entsprang ins Dunkle.

DER LEBEMANN

Eine blutrote Nelke im Knopfloch, steckt er von außen den Kopf in die Kasse:

„Zwei Logen, bitte, mein schönes Fräulein!“

„Mein schönes Fräulein“ mit dem Zwicker auf der Nase und dem angegrauten Haar blickt ärgerlich auf:

„Kindern ist der Zutritt verboten!“

Der ‚Achtzehnjährige‘ wendet sich um:

„Portier! Ist meine Braut schon da? – – Die Dame sagte mir an der Ecke, sie kommt nur, wenn ich eine Loge nehme!“

Die Stimme klingt tief, und um den Mund liegt etwas Welkes. Die Kassierin zögert, dann reicht sie langsam zwei Logenplätze heraus.

Von der Straße kommt etwas mit weißem Federhut und blitzender Brosche.

Der ‚Achtzehnjährige’ zupft an seiner orangefarbenen Krawatte:

„Meine Braut!“

Er wirft ein paar zerknüllte Scheine auf den Marmor, tänzelt auf das Dämchen zu, hängt sich in ihren Arm:

„Na, Fräulein, is’ nett, daß Sie Wort gehalten haben. Im Kino kann man sich doch am schönsten unterhalten, finden Sie nicht?“

Federhut und Strohdeckel verschwinden, einträchtig aneinandergelehnt, im sich verdunkelnden Saal.

DER KAPITALIST

Die Zigarette „schief ins Gesicht geklemmt". Aus der gefleckten Brieftasche blättern 50- und 100-Markscheine.

„Einen Balkon!"

„Ihr Alter?"

„Sie, mein Herr – –, wenn Sie mir die Einreise erschweren mit Ihren dummen Paßvorschriften, dann können Sie mit'n D-Zug in die ewigen Jagdgründe hinunterrasseln! Ich verdien' am Tag meine 50 Schilling, und werde mir von Ihnen nicht vorschreiben lassen, ob ich mir mein Amusement in der Bar oder in Ihrer Spelunke besorge. Also, ein bißchen schnell! –"

„Verzeihen Sie, mein Herr, aber nach der Vorschrift mußte ich mich erst vergewissern. Bitte, hier Ihr Billett –."

Dem ,Achtzehnjährigen' zuckte es um den Mund wie nach einem gelungenen Streich:

„Na, is' gut, mein Herr! Die zehn Schilling können Sie behalten als Pflaster für die Aufregung. Aber das nächste Mal sehen Sie sich Ihr Publikum besser an, damit man vor Belästigungen sicher ist.

Und schob sich, eiliger, als es sich mit seiner Kapitalistenwürde vertrug, am Geschäftsführer vorbei durch die Bänke.

DER LAUSEJUNGE

Das letzte Programm hat schon begonnen.

„Zwei gute Plätze!"

„Bedaure! Der Große von Ihnen kann rein, der Kleine bleibt draußen! Das ist Gesetz! Unter 18 Jahren kein Eintritt!"

Der „Große" beißt sich auf die Lippe:

„Also, machen Sie doch keine Geschichten! Was dem einen recht ist, ist dem andern billig! Der Kleine ist mein Bruder – und wenn ich rein kann –"

Das alte, verärgerte Männchen springt auf und schreit heiser:

„Also ich werd' mir doch wegen dem Lausejungen da nich um meine Stellung bringen!!

Hier haben Sie eine Karte und nun lassen Sie mich zufrieden! Wenn abends der Polizist dasteht, will ich keine Schererei haben".

Der „Kleine" pufft den „Großen" in die Rippen. Tuscheln, Lachen.

Der „Große" verschwindet im Saal, der „Kleine" pflanzt sich am Ausgang auf – – –.

Schluß der Vorstellung. Der Kassier schließt nach beendeter Abrechnung seine Kassentür hinter sich zu, wirft einen Blick auf den Kriminalbeamten, der das Publikum scharf im Auge hat, und sieht plötzlich, wie der „Lausejunge" sich dicht an den Beamten herandrängt.

Von ungewisser Ahnung gepackt, tritt er hinzu. Hört gerade, wie der „Kleine" mit kindlich-bescheidenem Lächeln erklärt:

„Nein, Nein, Herr Wachtmeister, wo denken Sie denn hin? Ich war nicht im Kino. Der Kassier hat mich nicht reingelassen, ich bin doch erst sechzehn. Nein, nein – ich wart' bloß auf einen, der drinnen war."

Selbstgefällig, über den eigenen Pflichteifer entzückt, tauschen der Kassier und der Beamte einen Blick des Einverständnisses. Dann sagt der Polizist mit gutmütigem Lächeln:

„Na, mein Kleiner, dein Vater wird ja nun wohl bald rauskommen."

Der „Kleine" verdreht die Augen und entgegnet mit unschuldsvollem Lächeln:

„Nein, Herr Wachtmeister. Vater ist im Bett! Aber mein – Zwillingsbruder, der is' im Kino."

Sprach's, winkte, und vier Beine in langen Ziehharmonikahosen flitzen um die Ecke.

BÜRGER-Kino
ehemals FAVORITNER-Kino
Wien X., Reumannplatz 10
1967

Auf der Suche nach dem ältesten Billeteur von Wien
Backard, 1923

Ich fand ihn, Herrn Seidl, umgeben von bunten Plakaten der „neuesten Schlager", das Haupt mit einer goldbetreßten Kappe bedeckt, die jugendlich straffe Gestalt in einen blauen Mantel mit Goldknöpfen gehüllt.

Wahrscheinlich vermutete er in mir einen neugierigen Kinobesucher, denn er teilte mir mit freudigem Augenzwinkern mit, daß ich eben zum Anfang zurechtkomme und nur einzutreten brauche, um das Sensationellste vom Sensationellen zu sehen.

Auf meine Frage nach seiner Meinung über das Wiener Kinopublikum begann er:

„Seit 14 Jahren bin ich Türsteher und habe die Beobachtung" (zu einem Herrn gewendet: „Herr, treten Sie nur ein! Gerade ist Beginn, Sie kommen eben zurecht!") –

„habe ich die Beobachtung gemacht, daß das Publikum sich verschlechtert hat." („Jawohl, meine Gnädigste, wir fangen gleich an. Der letzte Akt ist soeben zu Ende. Programm gefällig?") – „Es ist anspruchsvoll geworden, will immer neue Sensationen sehen und geht doch eigentlich nur deshalb ins Kino, weil's da finster ist, und zweitens, weil's im Winter da warm ist. – Wollen's noch was wissen?"

„Welche Art von Publikum ist Ihnen am liebsten?"

„Am liebsten sind mir die halbwüchsigen jungen ‚Herren', die sich jeden Abenteuerfilm anschau'n kommen und jedesmal ein Programm kaufen. Die sind viel nobler als die anderen und lassen sich nie auf einen Tausender herausgeben."

Mit diesen Worten wandte sich Herr Seidl wieder einem Herrn zu und versicherte ihm, daß er gerade zum Anfang zurechtkomme.

Der Erklärer

Er verband mit Worten die Filmbilder. Eigene Interpretationen des Geschehens, Zwischenanmerkungen für das Publikum und eigene moralische Wertungen interpretierten (und veränderten) die erzählte Filmgeschichte. In der Stille des Saales sorgte er oft für – auch unfreiwillige – Heiterkeit. Als Teil der Vorführung von ‚lebenden Bildern' war er unverzichtbar und provozierte Rede und Gegenrede im Publikum.

Zwischenrufe der Zuschauer waren erwünscht. Durch die beliebte Mehrfachconférence zwischen Erklärer und Publikum belebten sich die stummen

Bilder. Schon allein dafür lohnte es sich, einen Kinematographen zu besuchen.

In den Zeiten verschärfter Zensur waren die Erklärer bei den Behörden nicht sehr beliebt. Alle Erklärer mußten ihre Texte bei der Zensur abgeben. Aber ein guter Erklärer war auch gleichzeitig ein Stegreifschauspieler. Nachstehend eine Mitschrift der Polizeizensurbehörde aus dem Jahre 1912:

„… Der Sarg aus schlichtem Holze, in dem die teure Mutter zum letzten Male darinnen ruht, er ist es, der hier unter den Bäumen wandelt… Die grausame Hand des Schicksals hat Lotte zum Waisenmädchen gestempelt, die grausame Hand aber auch des Schicksals nun führt sie in die Fremde hinaus, wo kalte Menschen ihr nun täglich zurufen: – „den Hut müssen Sie abnehmen, Fräulein!“ – – Und sie tat willig ihre Pflicht… Von Früh' spät bis tief in die sinkende Abendröte… es ist Hans, des Gutsbesitzers einziges Kind, sein Sohn. Darum wird er zum Bächlein des Verhängnisses, welches Lotte in das Meer der Sünde fortreißt… Erst war es den beiden jungen Menschen ein Wohlgefallen, das sie an einander gefunden. Doch als der alte Gutsbesitzer sie überrascht, da ist es zu spät. – – Er soll in die Gudrunstraße fahren, da spielt man den zweiten Teil von: „Wer ist Zwiebelbaum?“ – Was ruft er ihr in drohendem Zorne zu, welch einem schrecklichen Vorwurf beugt sie den Nacken schuldbewußt? – – „Hier darf nicht geraucht werden!“ „Danke sehr, ich rauche sie später weiter!“ – Keinen Schutz, keine Hilfe kann Hans ihr bauen, er hat genossen, er hat geliebt, und sie, die Betrogene, verläßt das Gut mit einem Bündel im Arme, mit einem Pfand unter dem Herzen…

Die Großstadt! … Kein Leihhaus, kein Trödler opfert ein paar Heller für das dürftige Hab und Gut, die Großstadt breitet ihre furchtbaren Arme aus, um sie zu verschlingen. – Wollt Ihr das Kindchen mir in Pflege nehmen? Hier, meiner Mutter teuerstes Gedenken, ihre Uhr, bis ich wiederkomme, und Euch bezahle… Wir aber wenden uns gespannt dem nächsten Teile zu. – „Zweite Türe links, ja, aber beeilen Sie sich, gleich kommt der zweite Akt. Niedersetzen, Sie da hinten!“ … Die Beine versagen ihr den Dienst. Ihr seelisches Gleichgewicht ist längst – „Ruhe da hinten! Was? Was geht denn das Ihnen an? Wann sie das Kindlein erhielt? Dazu war doch die Pause da! Jetzt stören Sie nicht weiter!“ – – „Ihr müßt hier in der Brauerei die Flaschen spülen“, sagt der Oberaufseher, es ist eine harte, beschwerliche Arbeit. Er kommt öfter als nötig, und öfter als nötig greift er ihr unter das Kinn. Dem frischen, schönen Landmädchen. Nun kommt er. Nun steht er hinter ihr, jetzt, da fällt er dem Oberaufseher in den Arm, der Graf, es ist ein Graf aus dem Aufsichtsrat der Brauerei… Ihn zieht ihre strahlende Jugend, und der andere muß, untergeben das Feld räumen. „Oha“, denkt er nachdenklich, und der alte Herr Aufsichtsrat: „Müssen Sie denn ewig Pedale treten? Ich schraub' sie nächstens ab!“ Mit diesem Worte können wir den Herrn ebenso bezeichnen. Denn schon sehen wir, wie Lottes strahlende Jugend seinem verlebten Gesicht einen Inhalt gegeben… „Herr Graf, ja, ich will die Ihre werden, wenn Ihr nicht forschet, denn ein Geheimnis berget mein junges Leben.“ – –

„Das hab' ich doch erklärt, das Kind ist in Pflege, kostet 10 Heller, das Programm mit Rabattmarken von Jandorf.“ – – Wie rasch vergißt der

Mensch, wenn der leiseste Wink jedem Wunsch willfährt. Ist dieses noch Lotte? Nein, sie wird nun bald Gräfin St. Halani. – „Salami? – Jawohl, mein Herr, nebenan ist der Roßschlächter!" – Ein Morgen. Es ist des Grafen Schwester. Kein Haß kann stärker sein als dieser, der von Standesrücksichten und Übervorteilung erfüllten Dame. – „Ein liebes Kind," flötet die Ungewünschte, „es ist ein Mann da, der Sie zu sprechen wünscht..." Die Uhr des Schicksals. – Fortsetzung folgt. Morgen, geehrtes Publikum, haben wir mit großen Kosten den Film erworben: *Die Zügel des Verhängnisses* in zwei Abteilungen; Entrée auch bloß zwanzig Heller. Prost! Die Brauerei braucht Geld! – Achtung, wir machen gleich Licht! Ausgang rechts, bitte schön!"

Die Zuckerlverkäuferin Toni
Otto Stoessl, 1911

Vierzig Gulden mußte man monatlich für jede Pachtung (Erlaubnis im Kinematographen zu verkaufen) bezahlen, und wenn das Geschäft gut ging, warf es einen Überschuß in der doppelten Höhe ab, die Spesen der Ware nicht eingerechnet.

Da kam sie nun in die große Welt. In einem verdunkelten Raume zog an einer leuchtenden Wand ein unerhörtes Leben mit prasselnden Bewegungen vorbei, Wagen und Reiter schienen mitten unter die Zuschauer hineinzufahren, laufende Leute, Hunde, aufgeregte Menschenschwärme bewegten sich mit Hast und zuckenden Rissen, bis ein rätselhafter Augenblick sie gleichsam abbrach, eine kurze Finsternis wechselte, und von neuem das stumme Treiben und Jagen begann, wozu ein Klavier unablässig den Lärm besorgte, der in dem Ganzen lag und gespenstisch unterdrückt schien, denn diese Pferde, die über Hürden sprangen, taten es lautlos, die Stürzenden schrieen nicht, die Polizeihunde, die Verbrechern nachjagten, bellten nicht, die Mädchen, die in kurzen Röcken und unanständig angezogen tanzten, glichen Geistern in ihrer hastigen Beschäftigung. Jähe Unfälle zogen kein Kreischen nach sich. Die ganze Welt tobte stumm vor einer weißen Wand und nur das Knattern einer unsichtbaren Zaubermaschine besorgte das unzulängliche Geräusch des Daseins.

Hier ging Toni umher und verkaufte Zuckerwerk. Anfangs schien sie vom Glück begünstigt, obgleich sie nur schüchtern umher schlich. Der Operateur – so hieß der waltende Geist beim Apparat – machte ihr zuliebe größere Pausen, damit sie ihre Ware bei Licht verkaufen konnte, galante junge Männer verzichteten auf den Rest von Zehnhellerstücken und überließen ihr für eine Sechsertüte großmütig vier Heller, auch versuchte sie die Zahl der gebrannten Mandeln, die sie für fünf Kreuzer lieferte, abzukürzen und statt zehn nur acht Stück zu geben. Aber bald lernte sie die Schwierigkeit und den Nachteil des Geschäftes kennen. Denn namentlich die Frauenzimmer bestanden darauf, die richtige Anzahl der Zuckerl für ihr Geld zu bekommen, ferner vermochte sie nicht, den Korb über die Brüstung zum Stehpublikum hinaufzuheben, sondern trug ihn an einem Band um ihren gebückten Nacken. Da kam es vor, daß in der Dunkelheit der und jener ohne weiteres in den Korb griff und unbezahlte Süßigkeiten raubte, während sie sich nur langsam aus dem Bereich des stehlenden Publikums fortbewegen konnte. Auch brachte sie es nicht über sich, wie sie es gesollt hätte, mit verlockender Stimme auszurufen: „Zuckerl, gebrannte Mandel, Bonbons, Erfrischungen gefällig?", da sie glaubte, einem Mädchen müsse man schon um seiner selbst willen mehr abkaufen als einem Manne, und da sie sich ihrer Anpreisung der Ware schämte, als hätte sie sich selbst damit angeboten; so brachte sie bald weniger nach Hause, als nötig war, diese Pachtung zu bezahlen.

Die Zuckerlverkäuferin wurde durch Automaten im Foyer ersetzt; zusätzlich lädt eine Bar vor und nach dem Kinofilm ein.

Aber es ist doch etwas anderes, während einer spannenden Szene einen tiefen Schluck aus einer Flasche Limonade zu machen, die Hand seines Sitznachbarn vor Aufregung so fest zu drücken, daß dieser selbstvergessen fünf Bonbons auf einmal verschluckt. Die beiden Köstlichkeiten, die im dunklen Kinosaal noch einmal so gut schmekken, kaufte man, angeregt durch die vorgeschaltete Diawerbung, in der Lichtpause nach der Wochenschau, zwischen Kulturfilm und Hauptfilm. Der Geruch von abgestandenem Fett der Kartoffelpuffer und heißer Würstel durchzog oftmals, wie Zeitgenossen zu berichten wissen, bis zur Unerträglichkeit die Kinoräumlichkeiten. Da half dann nur noch die große Perolinspritze, mit der der Billeteur in den Lichtpausen durch die Reihen ging.

Das laut knackende Popcornessen fand erst neuerdings wieder seine Anhänger und damit Einzug auch in den Cineasten‚tempel'. Die Versenkung in das neueste Filmkunstwerk wird dadurch jedoch kaum erleichtert…

Der Kinooperateur

Das Geld kommt aus der Kabine. – Diesen Stehsatz, der die Wichtigkeit der technischen Ausstattung hervorhob, konnte man immer wieder hören. Gleichzeitig unterstrich er aber auch die Bedeutung, die einem gutausgebildeten Kinooperateur innerhalb des Kinobetriebes zukam.

Herr Julius Strauß (WESTEND-Kino) war als Elektrikerlehrling zum Kino gekommen. Herr J., seinen vollen Namen will er uns nicht nennen, wurde zuerst als Klavierspieler engagiert, wo er als Zuschauer einer Projektion der ‚lebenden' Bilder folgte. Da der vorgesehene Klavierspieler nicht erschien, fragte der durch diesen Ausfall in Not geratene Kinobesitzer ganz einfach ins Publikum, wer Klavierspielen könne. Als Belohnung für die Rettung dieses Kinoabends stieg Herr J. schon bald zum zweiten Vorführer auf. In der Hierarchie war der Kurbler, wie der Operateur auch genannt wurde, dem Besitzer gleichgestellt.

Sowohl als Operateur wie auch als begleitender Pianist brauchte man viel Fingerspitzengefühl. Auf alle Fälle mußte den Wünschen des zahlenden Publikums Rechnung getragen werden. Dieses verlangte Wiederholungen von actionreichen Verfolgungsjagden, aber auch das langsame Vorführen von Kußszenen; der Operateur mußte den Film dementsprechend zurückspulen und langsamer kurbeln.

Für den Klavierspieler hieß dies, musikalische Überleitungen bei Pausen zu erfinden bzw. die Tempi der vorbereiteten Stücke zu verlangsamen; wie dies alles geklungen haben mag? Mehr als einmal ist es dabei, wie erzählt wird, dazu gekommen, daß der überforderte Pianist während einer auf Publikumswunsche verlangsamten leidenschaftliche Szene verzweifelt rief: „Was wollt's denn, Leutln? Von wo soll i denn die Musik hernehmen?"

Eine gute Projektion ist Voraussetzung für ein zufriedenes Publikum: War diese Arbeit in der Frühzeit des Kinos eine körperlich sehr anstrengende und oft lebensgefährliche Tätigkeit, so änderten sich die Arbeitsbedingungen bis in die 90er Jahre dahingehend, daß heute ein exakter, feinfühliger, mit der neuesten Kinoentwicklung vertrauter Techniker erwünscht ist. Der Beruf ist heute wie damals ein sehr einsamer. Bis zu 8 Stunden und mehr stand und steht der Operateur in der Kabine, sieht auf mehrere verschiedene Monitore, die oft nur schwarz-weiß sind, um Geld zu sparen, regelt den Ton, bessert schadhafte Kopien aus und muß jederzeit imstande sein, Fehler möglichst rasch zu korrigieren, damit das Publikum im Saal nicht unruhig wird.

Oft bis zu sechs Tage in der Woche bediente der Operateur den Projektor. Am siebten Tag arbeitete er vielleicht noch als ‚Springer', als Aushilfe, in einem anderen Kino. Soziale Kontakte gab und gibt es kaum. Bis zu Mittag schläft der Operateur. Gegen 16 Uhr geht er dann wieder in sein Hauptkino, wobei er vorher vielleicht noch in seinem Stammbeisl vorbeigeschaut hat. Seine Freunde wird er am Nachmittag jedoch nur selten dort antreffen. Über die neusten Fernsehshows kann er auch nicht mitreden, die werden ja vormittags nicht wiederholt. So ist er oft froh, seine Zeit auch am siebten Tag der Woche sinnvoll, im Kino, zu nützen. Der Operateur ist ein ausgesprochener Männerberuf.

Hahn Goerz-Projektor
mit aufgesetztem Tobis-Tonfilm-Zusatz-Apparat
1929

Die erste Frau, die sich in der Domäne der Filmvorführer behaupten konnte, war Sophie Nehéz, die 1908 die Zulassungsprüfung im Technologischen Gewerbe-Museum absolvierte, um sich im eigenen Betrieb auch technisch zurechtzufinden. Die Männerwelt war von ihr überrascht. Doch sie blieb lange Zeit die einzige Frau in diesem Beruf. Erst während des Zweiten Weltkrieges wurden in Wien wieder Frauen als Filmvorführerinnen herangezogen.

Wie wichtig die von Sophie Nehéz wahrgenommene Unabhängigkeit von einem Vorführer gewesen sein muß, beweist auch ein Aufruf des Gewerbe-Museums einige Jahre später, das eigene Operateurkurse für Kinodirektoren mit der Begründung ausschrieb, „nur mit der Kenntnis der Technik sind Sie Herr im eigenen Hause."

Heutzutage gibt es in Wien wieder vereinzelt Frauen in den Kinovorführräumen, deren Bilder ‚natürlich' doppelt so scharf sein müssen wie die ihrer männlichen Kollegen.

Einer der längstgedienten und erfahrensten Kinovorführer Wiens war Rudolf Satran. „Mit 15", so berichtet er, „hörte ich, daß Julius Erhart das ‚Skioptikon und kinematographische Unternehmen' in Wien Meidling im Jahre 1901 eröffnen wolle, nachdem er drei Jahre zuvor anläßlich der Jubiläumsausstellung in der Rotunde die ersten ‚lebenden Bilder' gezeigt hatte. Ich ging zu Meister Erhart, und er nahm mich als ‚Kurbler' auf, denn damals wurde der sehr primitive Apparat noch mit der Hand bedient. So wurde ich der erste Kinooperateur in Österreich. Meist waren die Vorführungen überfüllt, und viele mußten sich mit Stehplätzen zufrieden geben. Das Kurbeln war sehr ermüdend. Nur in den Pausen, die vom Klavierspieler mit Schlagerliedern ausgefüllt wurden, konnte ich mich etwas ausruhen. Wochentags kurbelte ich drei Stunden, an Sonn- und Feiertagen von zehn Uhr vormittags bis halb elf Uhr nachts. Abends hatte ich das Gefühl, meine Hand falle mir vom Körper. Aber trotzdem war es damals schön. Die Zeitungen schrieben von ‚Bildern, die sich wie Menschen bewegen'."

Wie schwer und schwierig die Arbeit hinter der Kinovorführmaschine gewesen ist, zeigt auch der Artikel *In der Hölle des Kinooperateurs* aus dem Jahr 1923, der erschien, um die Forderung nach Lohnerhöhung für Kinobeschäftigte, Musiker, Billeteure und Vorführer zu unterstützen:

„Was ahnen die zehntausenden Besucher, die täglich in den 183 Wiener Lichtspielbühnen mit wohliger Spannung den Film vor sich abrollen lassen, von der Schauerlichkeit des Berufes des Kinooperateurs, der, versteckt in seinem Operationskasten, die lebenden Bilder auf die Leinwand zaubert?", fragt der Autor des Artikels und erzählt plastisch von den täglichen Mühen und Gefahren:

bezeichnet werden. Die Eisentüre muß nach der Vorschrift immer geschlossen sein, damit nicht Stich- oder sonstige Flammen, die nur zu leicht beim Abrollen des Films infolge der Erhitzung durch das starke Licht der elektrischen Bogenlampe entstehen, ausbrechen können. Die Bogenlampe und das Zelluloid entwickeln fürchterliche Dünste; dazu die Hitze, die ebenfalls die Bogenlampe ausstrahlt. Im Winter ist die Hitze der Bogenlampe ebenso groß wie im Sommer, sie bleibt aber oben, während der Boden der Zelle eisig kalt ist, so daß der Operateur schwitzt und an den Beinen friert. Die Bogenlampe beleuchtet den Film in einem kleinen Rahmen. Die Augen des Operateurs müssen unermüdlich auf diesen kleinen Rahmen geheftet sein, durch den der Film rollt, eine Qual für die Augen. Ein bißchen stärkeres Licht der Lampe oder ein alter Film und schon ist die Entzündung da. Brennendes Zelluloid – der Sensenmann für den Operateur! Da heißt es hurtig mit der Hand zugreifen, den Film herausreißen und die verderbenbringende Flamme ersticken. Auf der Leinwand wird

Projektorraum des SCHOTTENFELD-Kinos
Wien VII., Schottenfeldgasse 22

es eine Weile dunkel. ‚Oje, der Film ist gerissen,' meint der ahnungslose Zuschauer. Nein, der Kinooperateur hat unter dem Einsatz seiner Gesundheit einen Brand verhütet. Solche Filmentzündungen passieren jedem Operateur im Monat durchschnittlich ein- bis zweimal. Daß es so wenige Katastrophen gibt, haben die Kinobesucher lediglich der Unerschrockenheit und Kaltblütigkeit des Operateurs zuzuschreiben, der sehr oft, ohne daß die Kinobesucher es weiter merken, mit Brandwunden weggetragen werden muß. Daneben muß der Operateur aber gleichzeitig durch sein Guckloch das Spiel auf der Leinwand verfolgen, um die Maschine entsprechend schnell laufen zu lassen." Nur selten hört man das Urteil: ‚Die Vorführung war tadellos!'"

Neun Jahre später (1932) wurde der Vorführraum des neuen APOLLO-Kinos vorgezeigt. Drei Vorführer teilten sich hier die Arbeit.

„Das Auge ist auf das Bild gerichtet, die eine Hand liegt fast unausgesetzt an dem Hebel, der die Kohlenstifte der Bogenlampe erneuert, denn ihre Verbrennung ist ungleichmäßig und kann daher nicht auf automatische Weise versorgt werden. Das Ohr aber lauscht nach dem Lautsprecher, denn das Wichtigste beim Vorführen von Tonfilmen ist natürlich die Tonregulierung. Während eine Filmrolle in dem ersten Apparat abrollt, trifft ein anderer Operateur in dem zweiten bereits die Vorbereitung zum Start der nächsten. Wenige Meter vor dem Ablaufen weist der Filmstreifen auf der Leinwand eine winzige, nur dem Vorführer kenntliche Markierung auf. Von diesem Augenblick an zählt er bis fünf – ruft seinem Kollegen das Signal ‚Start' zu und mit einem winzigen, dem Zuschauer unmöglich wahrnehmbaren Zucken wird das Bild von dem zweiten Apparat und der neuen Rolle fortgesetzt. ‚Wir haben ja Zeit gehabt, uns (auf Tonfilm) einzuarbeiten', sagt der Haupvorführer. ‚Bedenken Sie, gleich den ersten Tonfilm, nämlich *Atlantic*, haben wir einhundertneunzigmal vorgeführt. Da kommt man schon auf den Vorteil…'"

Der Pendler

Er war jene Person, die zwischen den Aufführungsorten hin- und herfuhr, damit mehrere Kinos mit einer Filmkopie bespielt werden konnten. Sobald der erste Akt des Filmes zu Ende war, fuhr der Pendler mit der Straßenbahn, später mit dem Motorrad, oft von einem Ende der Stadt zum anderen, wo das gleiche Filmprogramm um eine Viertelstunde zeitversetzt beginnen sollte. Damit wurden Kosten für Filmkopien gespart – Arbeitszeit war allemal billiger – und trotzdem konnten so manche Filme in mehr als 15 Kinos Wiens parallel aufgeführt werden.

In dieser Zeit erzählte man einander wahrhaft halsbrecherische Geschichten von den Pendlern und ihren Maschinen:

„… mit laufendem Motor wartete man vor der Vorführkabine auf der Straße. Kaum war der Film durch die Maschine durchgelaufen, zurückgespult, schon schoß er auf seinem Motorrad davon. Achtete nicht auf Verkehrsregeln, übersprang Straßenkanten, kurvte gegen Einbahnen, und kam mit glühendem Motor vor dem nächsten Kino an, wo soeben die letzten Meter durch den Projektor liefen. Mit einem schwungvollen Wurf wurde die Filmspule geschleudert, vom Hilfsoperateur aufgefangen, mit den letzten Metern des vorgeführten Filmaktes provisorisch gekoppelt. Ein kleiner Ruck, kurzzeitig eine schwarze Leinwand vielleicht, und der nächste Teil des Filmes konnte beginnen; unbemerkt von den Kinozu-

schauern wurde der vorgeführte Filmteil entkoppelt, zurückgespult und dem Pendler vor dem Eingang zugeworfen. Und die Jagd gegen die Zeit durch die Straßen von Wien begann von Neuem."

Diese Arbeit war, wie es schien, nur etwas für ganze Männer. Ihr Image glich dem der Helden auf dem transportierten Filmband. Die ‚Wichtigkeit' des Transportes setzte jede Vorsichtsmaßnahme außer Kraft. Anfang der 20er Jahre, als die Pendler noch die Straßenbahn benützen mußten, wurde daher sogar eine Verordnung der Wiener Verkehrsbetriebe herausgebracht, die den Transport der leicht brennbaren Filmteile in öffentlichen Verkehrsmitteln einschränkte. Zuviele Pendler waren damit unterwegs.

„Er (der Kinodirektor) muß die Auswahl seiner Programme mit dem Herzen eines Künstlers, den Augen des Publikums, doch auch – und das wird ihm niemand verargen – mit dem kühlen Verstand des Unternehmers treffen."
Isidor Goldblatt, Direktor EOS-Lichtspiele, 1923

Der Direktor

Nur selten findet man heute noch einen den Besuchern bekannten Kinodirektor, der, wenn es sein muß, auch ein Auge auf die Toiletteanlage wirft, weil er weiß, das die Konsumenten, einst Gäste genannt, dort Reinlichkeit erwarten.

In der Frühzeit des Kinos war der „Herr Direktor" der Garant für ein ausgewähltes Programm, für eine flimmerfreie Projektion und für den Komfort des Publikums. Sein Ziel war es, ähnlich

FLOTTENVEREINS-Kino, jetzt FLOTTEN-CENTER
Wien VI., Mariahilferstraße 87, um 1925

den Theaterdirektoren, in seiner Leitungsfunktion anerkannt zu werden. Auch dort, wo Ausrufer, Film‚kurbler‘ und Kinodirektor eine Person waren, begegnete man dem „Herrn Direktor" mit Hochachtung: er kannte die große weite Welt, und sei es auch nur aus den vielen Filmen, die er schon gesehen hatte.

Einer dieser Direktoren war Stefan Perlmann, in der Mitte des Fotos vor dem KERN-Kino zu sehen; Perlmann, ein geborener Budapester, verbrachte als 14jähriger – die Familie war nach Wien übersiedelt – Tage und Nächte vor dem Kinobetrieb des Herrn Kern, gebannt von diesen neuen ‚lebenden Bildern‘, bis er den Mut fand zu fragen, ob er nicht gebraucht werde. Dies geschah im Jahr 1906. Perlmann mußte fortan aufräumen, Filme aufspulen, billettieren, plakatieren und vor dem Eingang ausrufen.

Am Tag der Fotoaufnahme, am 22. Juli 1924, war er bereits das sechste Jahr Mitbesitzer dieses Kinounternehmens. Über sein Leben als Kinodirektor befragt – später führte er das ZENTRAL-THEATER – wird er enthusiastisch: „Ich habe eine Liebe, meine Frau – eine Geliebte, den Film."

Julius Goldschläger, Kinodirektor des FLOTTENVEREINS-Kino, stellte 1920 resümierend fest, daß sich die Filmproduktion und der Publikumsgeschmack (oder umgekehrt!) „veredelt" hätten: Vor dem Ersten Weltkrieg, betonte er,

„waren besonders Detektivdramen und Wildwestfilme im Schwange. Sie waren alle nach einem Schema gearbeitet. Der Detektiv war zu einem Typus erstarrt, der kein individuelles Leben besaß. Der Detektiv, der heute im Film auftritt, ist ein Gentleman, der nicht so krampfhaft arbeitet, er arbeitet als ein Künstler seines Faches, elegant und leicht, ohne dämonische Mätzchen und die berufsmäßige Starrheit. Der Wildwestfilm interessierte das Publikum durch die Darstellung körperlicher Gewandtheit und starker freier Bewegung. Die Cowboyromantik entführte den Kinobesucher in ein Milieu, wo sich die Menschen, frei von allem Zwange der Gesellschaft, ungebunden der Befriedigung ihrer ursprünglichen Triebe hingeben."

Neben der sichtbaren Weiterentwicklung der beiden Genres sei auch die „erotische Note" der neuesten Produktion unübersehbar: „Das entspricht", so unterstreicht er, „der allgemeinen Zeitstimmung und kommt ebenso im Theater, Cabaret und Varieté zum Ausdrucke".

Reklame

Die immer größer und heller werdenden Elektrobogenlampen, deren Strom von Dynamos erzeugt wurde, die seitlich der Kinokassa und sichtbar für alle Eintretenden vor dem Zelt plaziert wurden, waren das erste ‚Aushängeschild‘ der Kinokultur. Stolz präsentierten die ehemaligen Wanderschausteller die neuen technischen Finessen. Jugendliche Wasserträger kühlten die lauten Aggregate. Als Belohnung erhielten sie freien Eintritt zu den Vorstellungen.

Von fest eingeplanten Schaufenstern bei in Neubauten integrierten Kinosälen (s. OPERN-Kino), über kunstvoll geschwungene Lichtreklametafeln mit dem Namen des Kinos und Großplakaten (APOLLO, SCALA oder FORUM) bis hin zu Kurzfilmtrailern auf Bildschirmen (in der Art von Hinterwandprojektionen) für die Vorbeigehenden (VOTIV-Kino) reichten und reichen die Werbemittel der Kinos. Zusätzlich wurden liebevoll gestaltete Handzettel-Programme mit Inhaltsangaben und Fotos aufgelegt, deren immer gleichbleibende Deckblätter ‚Ansehen und Würde‘ des Hauses ins rechte Licht rücken sollten. Dazu kamen ab 1925 Berichterstattungen und Werbespots über neu anlaufende Kinofilme im Radio, und später, in den 70er Jahren, im Fernsehen.

Geschenke zu gelösten Eintrittskarten reichten, je nach wirtschaftlicher Lage, von kostenlosen Zuckerltüten im gegenüberliegenden Süßwarengeschäft oder Freibierausschank im benachbarten Eckbeisl bis zu Charlie Chaplin- und Bambiaufsteckern. So mancher Konkurrent vermutete „un-

lauteren Wettbewerb" hinter derartigen Maßnahmen. Die Ehrung des 200.000sten Besuchers im PHÖNIX-Kino oder später, als das Geschäft wieder einmal schlechter ging, des 50.000sten im SCHWEDEN-Kino gehörte ebenfalls zum Standardrepertoire der Filmwerbung.

Eine zusätzliche Methode der Bewerbung, die den Filmverleihern willkommen, weil praktisch kostenlos, war, stellten die Werbemaßnahmen mancher Kaufhäuser dar, die ihre Produkte mit Schauspielernamen umgaben, etwa in der Art: „So begehrenswert wie Ingrid Bergman", „so hübsch wie Margaret O'Brian" und „so bekannt wie Tyrone Power" – sind unsere Schuhe.

Die Ausrufer vor den Schaubuden und später vor den Kinematographentheatern bekamen als erste persönlichen Kontakt zum Publikum. Was sie verkündeten, und dies geschah meist in Superlativen, sollte die Flaneure in die Kinos ziehen. Neben Ankündigungen über „die behaartteste Frau der Welt" oder über den „kleinsten Liliputaner" suchten sie

auch für die „Sensation der lebendigen Bilder" zu begeistern. Sie waren vorerst nur eine Attraktion von vielen, die jedoch schon bald so manches Ringelspiel übertreffen sollte.

Wie weit die Überredungskünste gehen durften, wurde immer wieder diskutiert: ob mehr versprochen werden durfte, als man halten konnte, oder die Frage, ob blutrünstige und sexistische Bilder (Plakate und Fotos) Verwendung finden sollten, um das Publikum anzulocken, standen dabei im Mittelpunkt.

Wie auch in anderen Bereichen des Kinowesens, etwa bei der Entwicklung der Projektoren oder der Ausgestaltung der Innenräume, war die rasante Entwicklung dieser Unterhaltungsform, die schon bald zur Industrie werden sollte, auch bei den Werbemitteln unaufhaltsam. Spazierte man im Herbst 1916 durch Wien, während auf den Schlachtfeldern der Krieg tobte, so fiel die vermehrte Reklame für Kinofilme deutlich ins Auge; in Zeiten wie diesen wurde die künstlerische Gestaltung der Filmplakate besonders gewürdigt. Die Produktionsfirmen gaben Entwürfe für Plakate bei renommierten Künstlern in Auftrag. So arbeiteten etwa Karl Josef Paul Leni oder Theo Zasche für die Wiener Filmverleihanstalten; zwei Männer, die heute zwar wieder in Vergessenheit geraten sind, aber damals mit ihren Plakaten das Straßenbild prägten.

Auch die Zeitungsinserate nahmen an Umfang und Größe zu. Eine der ersten Verleiherinnen, Frau Anna Christensen, erregte Aufsehen, indem sie für den Film *Todesschiff* einige große Inserate in den meistgelesenen Tageszeitungen plazieren ließ.

Da jedes Kino ohne Absprache mit anderen für ein- und denselben Film warb, kam es zu sehr unterschiedlichen Bewerbungen, und in der Frühzeit der Inserierung ergab sich ein ähnliches Bild wie bei den Ausrufern vor den Kinos: So wurde

mancher Film in einem Kino als „amerikanisches Sensationsdrama" angekündigt, daneben – auf der gleichen Zeitungsseite – als „ein ergreifendes Lebensbild", und in der dritten Anzeige – einige Zeilen darunter – als „hervorragendes Sittendrama". Im Grunde genommen machte sich jeder

Leser – wohl oder übel – sein eigenes Bild vom tatsächlichen Inhalt.

Recht früh existierte in Fachkreisen ein konkretes Bild vom anzusprechenden Publikum; der typische Kinobesucher sei derjenige, der spazierengehend an einem Kino vorbeikomme, dort – über dem hellerleuchteten Kinoportal – die Reklamezeichen sehe und sich angesprochen fühle. Da er vor seiner nächsten Verabredung zwei Stunden Zeit habe, wolle er die Zeit überbrücken. Fazit: Kinobesuche seien im Gegensatz zu einem Theaterabend, bei dem Karten besorgt werden müßten und die Abendtoilette zu stimmen habe, wo also gezielt entschieden werden müßte, eher von spontanen Zufallsentscheidungen abhängig. Der ideale Kinobesucher komme später zufrieden aus zwei Stunden guten Films, gehe zu Freunden, treffe den Geschäftspartner oder gehe mit etwas schlechtem Gewissen, da er zulange geblieben ist, nach Hause und erzähle voll Enthusiasmus vom Gesehenen; die beste Reklame sei nämlich „die Mundpropaganda für einen guten Film."

ASTORIA-Kino, Wien XVII. Hernalser Hauptstr.163, 1928

1993

CAPITOL-Kino, Wien III., Erdbergerstr. 86, 1936

Bereits 1911 ist die Filmplakatauslieferung großflächig organisiert. So kann die Wiener Filmzentrale, ein etablierter Verleih, „Plakate in schönster, vielfarbiger Ausführung" anbieten. Die geläufigen Formate waren damals 100 mal 140 cm, 120 mal 160 cm und 78 mal 108 cm.

„Zuviel Reklame" meinten in einer Rundfrage im Oktober 1916 Kinobesitzer und Verleihvertreter; da jede Firma schriftliche Reklame mache, und man mit den Werbegeldern von Firmen wie „Abadie", „Odol" oder „Delka" doch nicht mithalten könne, ergebe sich durch die Fülle des Reklameangebotes eine entgegengesetzte Reaktion: „Man sieht den Wald vor lauter Bäumen nicht".

Gegen die Filmwerbung auf Plakaten, wie sie in Wien zu dieser Zeit üblich war, sprach sich auch ein ausländischer Fachmann aus, als er nach Überprüfung der Werbeeinschaltungen in den Zeitungen zu dem Schluß kam, „man nütze damit in erster Linie den Zeitungen", die ihre Einnahmen erhöhten.

Auch die „Plakatwerbung auf der Straße sei nicht sinnvoll, ob man denn nicht wisse, daß der Film nur ein Augenblicksprodukt ist". Bis die Plakatwerbung auf den Straßen zur Geltung käme, sei der Film schon wieder aus den Kinos verschwunden. Man möge, so schloß der Fachmann seine Überlegungen, mehr der Fachpresse und dem Publikum vertrauen: „Nicht durch künstliche Züchtung von Sensationen, sondern durch gute Filme" überzeuge man mögliche Kinobesucher. Die gute Qualität der Filme werde für sich selbst sprechen.

Gleichzeitig sah man sich zu dieser Zeit noch immer in Konkurrenz zum Theater; „das Kino gehe und lerne die würdige Reklame – vom Theater" meinte zu diesem Thema der Direktor der österreichisch-ungarischen Kinoindustriegesellschaft. In allen Umfragen und Diskussionsbeiträgen ging es um die zunehmende Etablierung des Kinos als Kunstprodukt, das den Theatern ihren Rang als erstes Abendvergnügen streitig machen sollte.

Viele wohlmeinenden Fachleute übersahen jedoch, daß es noch immer an einer sachkundigen Filmkritik mangelte, die Filme inhaltlich beworben hätte können.

„Warum gibt es in Wien keine Kinokritik? Warum wird aus jeder Operette ein Kulturereignis gemacht und warum kümmert sich von den berufenen Kunstrichtern niemand um den Film? Warum kümmert sich niemand um die Kunst des Volkes?

Denn da mögen die Ästheten ihre feinen Nasen rümpfen, wir können daran nichts ändern: das Kino ist die Kunst, die Poesie, die Phantasie des Volkes geworden, ein ausschlaggebendes Element der Volkskultur. Ob das ein Glück oder Unglück ist, darüber zu reden, ist eitel, denn in Wien allein spielen schon 180, sage hundertachtzig Kinos allabendlich. 180 Kinos, mit durchschnittlich 450 Plätzen, geben zwei bis drei Vorstellungen jeden Tag. Das macht, mit dreiviertelvollen Häusern gerechnet, täglich 200.000 Menschen. Bitte nachrechnen.

Vor allem ist aber der Film eine von Grund aus neue Kunst einer anhebenden neuen Kultur. Mag sie vielleicht in ihren Anfängen noch so unzulänglich sein, sie verdient wohl unsere ganz besondere Aufmerksamkeit. Ein Ausdrucksmittel des Geistes, das durch die grenzenlose Verbreitbarkeit seiner Technik so allgemein und so tief auf die Menschheit einwirken muß, hat sicherlich eine ähnliche Bedeutung wie seinerzeit die technische Erfindung Gutenbergs.

Das Kino ist heute für die städtische Bevölkerung der ganzen Welt das, was einst Volkslied und Volksmärchen waren. Und wie Volkslied und Volksmärchen Gegenstand der Folklore sind, Probleme der Kulturgeschichte vergangener Jahrhunderte, so wird man von nun an nie mehr eine Kulturgeschichte oder Völkerpsychologie schreiben können, ohne ein großes Kapitel dem Kino zu widmen. Und wer diese Tatsache als eine große Gefahr ansieht, der hat erst recht die Pflicht, mit ständiger, systematischer, ernster Kritik beizuspringen.

Solch einer sachgemäßen, systematischen Kritik wollen wir von heute ab unsere Spalten eröffnen."
Béla Balázs, Der Tag, 1. Dezember 1922.

Nach dem Erscheinen dieses Artikels wurden der Filmkritik in Wien neue Maßstäbe gesetzt, da die Fachblätter über Inhaltsangaben und Werbeinserate nicht hinauskamen, und die Tageszeitungen dieser Zeit sich dem Kinofilm – mit Ausnahme der lukrativen Inserate – noch immer verschlossen.

In den Vorstädten sah die Kinowerbung jedoch anders aus: Wie stolz präsentierten sich die Besitzer und Angestellten vor dem SCHWENDER-Kino oder vor dem KERN-Kino im Prater, umgeben von den neuesten, liebevoll gezeichneten und geschriebenen Filmankündigungen.

Hatte man einen gutmütigen Hausbesitzer und verständige Mitmieter, erweiterten sich die Werbeflächen: Die Hauptpersonen der Filmhandlung konnten lebensgroß – sie wurden aus Sperrholzplatten angefertigt – auf den Vordächern oberhalb der Portale für den Film werben. So gab es 1935 am KOLLOSSEUM-Kino einen deutschen Soldaten, der mit erhobener und weit sichtbarer Faust eine Granate in die Nußdorferstraße warf; dies sind die ersten Kindheitserinnerungen eines Wieners, der schon bald danach emigrieren mußte.

Später, anfangs der 50er Jahre, zeichnete Herr Paryzek, einer der vielbeschäftigten Kinoplakatmaler Wiens, für eine riesengroße Krake verantwortlich, die von der URANIA aus bis weit über den Donaukanal Ausschau nach Publikum hielt. Assoziationen zu den Geisterbahnfassaden des nahegelegenen Praters waren erwünscht. Mit seinem Künstlernamen „Pary" begleitete Herr Paryzek die Kino-Außenwerbung seit den 30er Jahren. In seinen Ateliers, zuerst in der Neubaugasse, später in der Museumsstraße, neben dem BELLARIA-Kino, zeichnete er Woche für Woche, je nach Auftrag, bis zu drei mal sieben Meter große Plakate, rollte sie ein und brachte sie zur Werbefirma Gewista, die sie an großen Stellwänden, an Holzwänden vor Baulücken (etwa vor der Oper), oder an ausgedienten Straßenbahnwaggons (so bei der Remise im 15. Bezirk) publikumswirksam anbrachte. Wien war Ende der 40er Jahre eine zerstörte Stadt, zwischen deren Trümmern das Traumkino mit farbigen Plakaten bereits wieder warb. Auch der über vier Meter hohe Kopf des Pancho Villa, die Holzplanke vor der Oper überragend, wird viele Passanten zu einem Kinobesuch im nahen OPERN-Kino animiert haben. Herr Paryzek legte Wert auf den Schriftzug, der variantenreich das emotionale Grundmuster des Filmes nachzeichnen sollte, während Herr Mezzey, für das APOLLO-Kino zuständig, bei seiner Gestaltung auf die ausdrucksstarken Gesichter der Darsteller vertraute und die Luftpinseltechnik anwandte. Beide Plakatmaler zauberten mit ihren Fertigkeiten bunte Tupfen in das Grau des zerbombten Wien und bestimmten das Lebensgefühl der zur Arbeit eilenden Städter wesentlich mit.

Besonders spannungsgeladene Szenen, vor allem Konflikte, wurden werbewirksam umgesetzt: Da war die attraktive Frau und der männliche Held, der um sie kämpft; und im Hintergrund wurden zwei Szenen als Schlüssel zum Film angedeutet. Über die Jahre hinweg verfeinerten die Zeichner ihren Strich, die Gesichtszüge lösten sich aus ihrer Erstarrung, und mit wenigen Linien wurde Atmosphäre geschaffen.

Von zehn Filmplakaten zeigen neun das Bild einer Frau. Ein armes hübsches Mädchen blickt mit unschuldsvollen Augen in die Welt, eine verführerische, geschminkte, wissende Frau in eleganter Toilette zeigt sich in eleganter Pose, eine weinende Mutter hält ihr Kind im Arm. Diese Plakattypen entsprechen den drei Rollen, die die Frau im Film spielt.

Fritz Rosenfeld, 1933

Mit dem Attraktionsverlust der Kinos zitterten auch die Spezialisten der Kinoplakatmalerei um ihre Aufträge; für Paryzek gehören die 4 mal 2,5 m großen Plakate für das FORUM-Kino zu den schönen, letzten Erinnerungen an die große Zeit des Kinos in Wien.

FORUM-Kino
Wien I., Stadiongasse 11

Rätsel

Die Zeitschrift *Das Welttheater*, eine der ersten, die systematisch über das Film- und Kinogeschehen berichteten, lud die Leser ein, Filmrätsel zu lösen. Als Preis wurden 10 Kronen ausgesetzt.

Die P.T. Löser des Preisrätsels werden ersucht, Lösung, Name und Adresse auf eine offene Korrespondenzkarte zu schreiben und an die Redaktion des „Welttheater", Wien VII, Stiftgasse 15-17 zu senden. Aus der Reihe der Einsendungen wird eine Karte gezogen. Der Gewinner erhält per Post den Preis von zehn Kronen. Schluß der Einsendungen Freitag, den 1. März.

SCALA-Kino, Wien IV., Favoritenstraße 8, 1910

1931

SCALA-Kino, 1931

SCALA-Kino: Buffet, 1931

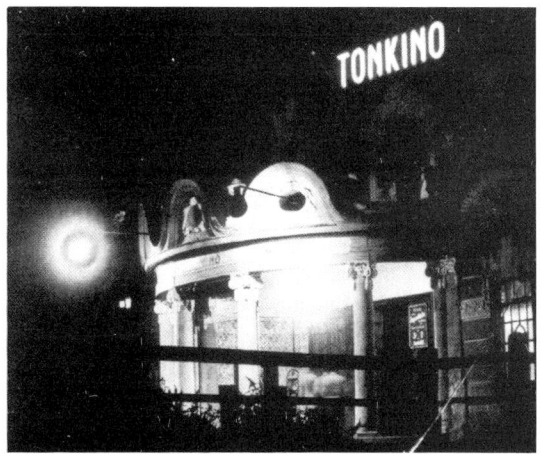

WELTBILD-Kino
Wien XXI., Pragerstraße 27, 1931

WELTBILD-Kino, 1961

Gruß aus Simmering,
Wien XI

LICHTBILDBÜHNE
Wien XI.
Simmeringer Hptstr. 105
um 1910

nach 1920

Wien XI., Hauptstraße

Hotel HIETZINGER HOF
Wien XIII., Hietzinger Hpstr. 22
vor 1911

PARK-Kino
Wien XIII., Hietzinger Hptstr. 22
1930

Das Kino als Bauwerk

Die ersten Kinoarchitekten

Artur Baron (ROTENTURM-Kino), Julius Richter (KOFLERPARK-Kino), Hans Prutscher (PHÖNIX-Kino), Carl Wittmann (PARK-Kino; APOLLO-Kino; SCALA) oder Wilhelm Koch (Umbau des MARGARETNER BÜRGERKINOS) sind heute als Kinoarchitekten in Vergessenheit geraten. Bekannt geblieben sind sie als Architekten für Villen, Wohn- und Geschäftshäuser (Elsahof, Wien VII.; Domcafé, Wien I.) oder, wie Hans Prutscher, einer der vielbeschäftigten Architekten seiner Zeit, der jedoch immer im Schatten seines Bruders Otto Prutscher stand, als Erbauer einer Gruftkapelle der Familie Stiedl in Hoheneich im Waldviertel. Ihre Arbeiten prägten jedoch das Wiener Straßenbild, sei es, daß sie in Wohnhausneubauten Kinosäle einplanten, sei es, daß sie vorhandene Theater (APOLLO, SCALA) in den 20er Jahren umgestalteten. Eines der aufsehenerregendsten Projekte war der Umbau des ehemaligen k.u.k. Reitlehrinsitutes 1921 in das EOS-Kino, das damals großzügigste Kinotheater außerhalb des Praters.

EOS-Kino
Wien III., Ungargasse 60, um 1922

Gebäude der Postautobetriebsleitung
nach 1945

„Wer in den kuppelartig gebauten riesigen Theatersaal tritt, mit dem versenkten, lichtabgedeckten Orchesterraum, mit seiner in Wien einzigartigen indirekten Saalbeleuchtung, die, in den harmonisch abgetönten Farben der Wände sich spiegelnd, wie ein gewaltiger Licht- und Flammenrausch über uns zusammenschlägt und tausendfältige Reflexe wie aus geschliffenen Schalen zurückwirft, meint wirklich in einem Tempel der Lichtgöttin zu verweilen. Alles ist sinnfällig und wohltuend dem lebendigen Bild untergeordnet. (...).

Der Augenzeugenbericht spricht jene Probleme an, die sich den Kinoarchitekten jener Zeit stellten:
a) eine optimale Projektionsfläche zu schaffen, die ein helles, flimmerfreies Bild gewährleisten konnte;
b) eine Ausleuchtung des Raumes zustande zu bringen, die sowohl die Sicherheit des Publikums gewährleisten, als auch die Stimmung eines dem Theater gleichwertigen Kulturtempels garantieren sollte;
c) Be- und Entlüftung derartig großer Räume zu sichern, in denen sich mehr als tausend Menschen über zwei Stunden lang vergnügen konnten.

Auch für die schnelle Räumung der Säle mußte Vorsorge getroffen werden. Der Ringtheaterbrand, 60 Jahre zuvor, bei dem es mehr als 300 Tote gegeben hatte, saß allen Verantwortlichen noch in den Knochen; nicht zu Unrecht, da Filmkopien aus dem leicht brennbaren Nitromaterial bestanden.
   Bei finanziell großzügigen Umbauten war all dies kein Problem. Hingegen konnten bei kleineren Kinos oft nur Notlösungen gefunden werden, die manchmal langwierige Streitereien mit den übrigen Hausparteien wegen Lärm- und Geruchsbelästigung nach sich zogen.
   Den Beleuchtungskörpern und der Farbgebung der Teppich- und Wandbespannungen wurde große Aufmerksamkeit geschenkt. Die zwei beliebtesten Farben, die den Theaterinterieurs abgeschaut waren und die die Einstimmung des Publikums in das ‚Erhabene' des Kunstereignisses fördern sollten, waren Damastrot und Dunkelblau.

Die automatisch verstellbare Projektionswand sichert durch ihre konkav gebauchte Form ein allseitig plastisches Bild. Eine 60 Quadratmeter große Vortragsbühne ermöglicht infolge eines neuen Beleuchtungssystems einen vielfachen Dekorationswechsel auf offener Bühne, so daß die Verbindung von Lichtbild und lebendiger Darstellung vollkommen gefunden ist.
Die Luftreinigung zum Theatersaal besorgen 4 Propellerventilatoren und ein automatischer Klappenschacht.
Vorbildlich ist für die Sicherheit des Publikums gesorgt. 15 Ausgangstüren führen direkt in die freien Gartenanlagen, die das Theater umgeben und für die schöne Jahreszeit einen erquickenden Aufenthalt verheißen.
Im ersten Stock befinden sich geräumige, lauschig gelegene Büfette mit einer großen Terasse.
Auch gegen jede Filmbrandgefahr ist das Publikum durch sinnreich angelegte Brandschalterrelais geschützt."

APOLLO-Kino, Wien VI., Gumpendorferstraße 63, um 1910

13. Juni 1929

um 1910

Das APOLLO-Theater wurde 1929 von Witzmann in
großzügiger Weise mit allen Schikanen der damals
bekannten Kinotechnik in einen Filmpalast umgebaut. Bei dieser Gelegenheit wurde – wie so oft
zuvor – Klage darüber geführt, daß es zwar eine
Anzahl von Kinos in Wien gebe, aber keines der
bestehenden tatsächlich den Anforderungen der
Zeit entspräche. Die Verblüffung der Wienerinnen
und Wiener über den Umbau war groß, und nur
allzu gerne kamen sie, um die ehemalige Varieté-
bühne zu besichtigen. Nicht nur, daß eine die
gesamte Außenfront umrahmende Lichtröhre installiert worden war, wodurch das bis heute bekannte, großdimensionierte Filmplakat über dem
Kinoeingang jedem, auch den Kinogegnern, ins
Auge stechen mußte; die selbstbewußte Präsentation der noch jungen Kinokultur setzte sich auch im
Inneren fort: Kristalluster und Wandarmleuchter
kamen, wenn man auf der durchgehenden Galerie
saß und auf die riesengroße Leinwand blickte, so

richtig zur Geltung. Gebraucht wurden sie jedoch nur selten, denn der 1500 Sitzplätze fassende Raum wurde durch indirekte Lichtkörper, die in wechselnden Farben auf das Filmerlebnis einstimmen sollten, ausgewogen und sanft bestrahlt. Die vorherrschende Farbe war auch hier Rot:

„Rote Damasttapeten reichen bis zur weißen, gewölbten, stuckverzierten Decke. Rot sind die samtbezogenen bequemen Fauteuils, die Läufer und der Fußbodenbelag, mit denen Stiegen, Gänge und der ganze Boden des Zuschauerraums überzogen sind."

APOLLO-Kino, 1929
Foyer Gumpendorferstraße

APOLLO-Kino, 1929
Foyer Kaunitzgasse

APOLLO-Kino, 1929
Buffet   Saal

Carl Witzmann, der sich bereits 1917 durch seine Gestaltung eines Kinoraumes auf der k.u.k. Kriegsausstellung einen Namen als Kinoarchitekt erworben hatte, kannte natürlich alle Tricks bei der farbigen Ausleuchtung der Säle: etwa die heute lächerlich wirkende vielfärbige Bestrahlung einer Kaiserskulptur (1911) im MICHELBEUERN-Theater oder das Spiel der Farben im REX-Kino in Paris, das noch heute bestaunt werden kann.

Eine k.u.k. Bauverordnung sah vor, daß bei Kinoneubauten auch Wohneinheiten miteinbezogen werden mußten. Damit versuchte man, der großen Wohnungsnot in Wien abzuhelfen und gleichzeitig der finanzkräftigen, aufstrebenden Kinoindustrie soziale Maßnahmen aufzuzwingen. Durch steuerliche Begünstigungen von Nutzbauten wurden zusätzliche Anreize für Bauherren geschaffen.

BURG-Kino, Wien I., Opernring 19, um 1914

Daraus ist auch die für Wien charakteristische Eigenheit zu erklären, daß die Mehrzahl der Kinos im Verbund mit einer Wohnhausanlage entstanden ist.

Denken wir nur an die noch bestehenden Kinos wie das TUCHLAUBEN, das STADTKINO, das VOTIV-Kino, das FLOTTEN-Kino oder an das FILMCASINO (ehemals MARGARETNER BÜRGERKINO), so können wir überall die Nutzung des Kellers und des Parterre als Kinoräumlichkeit erkennen. Dies war auch im Falle des von Eugen Ritter von Feigel geplanten Wohnhauses des BURGKINOS der Fall, das bereits 1914 zwei Stockebenen – Galerie und Saal – mitberücksichtigte.

PHÖNIX-Kino, Wien VII., Lerchenfelder Str.35, um 1913

Der „Elsa-Hof" (Wien VII.), in dem sich über Jahre hinweg die wichtigen Männer der Kino- und Verleihbranche trafen, um Geschäfte anzubahnen und abzuwickeln, wurde 1913 ebenfalls von Hans Prutscher geplant.

OPERN-Kino, Wien I., Friedrichstr. 4, um 1913

Ein anderer, wichtiger Architekt aus der Frühzeit des Kinos, dessen Wohn- und Kinogebäude man heute noch sehen kann, war Hans Prutscher.

So wurde etwa das OPERN-Kino-Haus oder das PHÖNIX-Kino-Haus nach seinen Plänen erbaut. Auffällig bei all seinen Wohnhäusern sind die an der Frontseite sorgsam eingeplanten Geschäftsräume, die durch große Rundbogenfenster eine vielgestaltige Fassadennützung ermöglichten. Bei seinen Außenfassadengestaltungen weist noch nichts

darauf hin, daß hier Kinos mit möglichst großen Werbeflächen intendiert gewesen wären. Seinen Plänen lag noch nicht die – für die 20er Jahre so wichtige – marktschreierische Bewerbung mit für den tatsächlichen Kinoeingang überdimensionierten Plakatflächen und Fotoaushangvitrinen zugrunde.

Von zeitgenössischen Architekturkritikern wurden Prutschers klare Linienführung und die wuchtige Betonung der Horizontalen der Vorder-

PHÖNIX-Kino, 1913

front, oft durch einen durchgehenden Balkon im obersten Stock betont, besonders gewürdigt.

Für Prutscher war Kino in erster Linie ein Raumerlebnis, das durch das Interieur mitbestimmt werden sollte. Dies ist insofern wenig überraschend, da er, von der Innenarchitektur kommend, der Ausgestaltung der Kinoinnenräume besonderes Augenmerk schenkte. Dabei plante er wohlüberlegt ein, daß das zukünftige Publikum vom Theater erst abgeworben werden mußte. Dazu dienten die Logenplätze, die oft seitlich oder im rückwärtigen Teil eingeplant wurden. Obwohl sie oft nicht die beste Sicht auf die Kinoleinwand garantierten, waren sie vor allem bei Liebespaaren beliebt, die sich hier ungestört fühlen konnten.

Oft wurden beträchtliche Filmerfolge nur dadurch erzielt, daß Filme in beliebten Logenkinos, wie im MICHELBEUERN-Theater, im SCHÄFFER-

KAMMERLICHTSPIELE,
SCHWARZENBERGKINO
heute: STADTKINO
Wien III.,
Schwarzenbergplatz,
1962

Kino oder in den KAMMERLICHTSPIELEN uraufgeführt wurden. Leider wurden diese Säle früher oder später, oft aus feuerpolizeilichen Gründen, umgebaut.

NUSSDORFER-Kino, Wien XIX., Diemgasse 6, 1936
Saal

Buffet

Den Wiener Kinobesitzern kann man den Vorwurf nicht ersparen, nur wenig für Renovierungs- und Neuadaptierungsarbeiten investiert zu haben – dies ist einer der Gründe, weshalb die Bezirkskinos Mitte der 60er Jahre nach und nach ihren Betrieb einstellen mußten. Dennoch gab es Ausnahmen: so stellte das NUSSDORFER TONKINO, das innerhalb eines Hausneubaus realisiert wurde, mit seinem parabolischen Grundriß ein auf die Tonfilmakustik fein abgestimmtes Raumgefühl her. Der Blick konzentrierte sich auf die sich zur Leinwand hin bündelnden Linien, und der sachlich zweckbestimmte Charakter des Saales wurde nur durch einen großen, 36-flammigen Kristalluster aufgelockert, dessen Licht von runden Seitenlampen unterstützt wurde, die sich auch im klar strukturierten Foyer wiederfinden. Die für heutige Begriffe kleine, fast quadratische Leinwand, die vor Beginn der Vorstellung mit einem (rostroten) Vorhang verdeckt wurde, entsprach dem damaligen Bildformat von 1:1,33. Dies hatte jedoch beim Aufkommen des Breitwandfilmformats bzw. des Cinemascope den unaufholbaren Nachteil, daß bestimmte Filme nicht mehr in vollem Format projiziert werden konnten.

1936 war das NUSSDORFER TONKINO jedoch, geplant von den Architekten Kurt Klaudy, Anton Liebe und Georg Lippert, eines der letzten vorbildlich gestalteten Kinos in Wien. Hinter einer in Goldton gehaltenen Stoffbespannung verbargen sich Heraklithplatten, die die Qualität des Filmtons zur Geltung bringen sollten. Der funktional gestaltete Vorraum und die Fassade aus Carrara-Marmor erlaubten dem Kinobesitzer eine zweckmäßige und die Blicke der Besucher bzw. der Passanten auf sich ziehende Bewerbung der Filme. Alles war hier vereint: die optimierte Tonqualität, das zweckgebundene Raumgefühl und große Filmplakate, die dem Publikum das aktuelle Angebot sinnlich anpriesen.

> „Wenn ein paar gutangelegte und gepflegte Gärten und eine Anzahl stattlicher Gebäude hinzukommen, heißt man die Stadt eine schöne Großstadt. Sind Sportplätze und Spitäler und ein paar große Kinopaläste vorhanden, so nennt man eine solche Stadt modern."
>
> *Aus einer Studie zum Thema „Was fehlt Wien zur Großstadt", Ende der 20er Jahre*

Abgesehen vom BUSCH-Kino im Prater gab es Ende der 20er Jahre in der Wiener Innenstadt noch keine Paläste der Filmkunst; das BUSCH-Kino oder das EOS-Kino lagen außerhalb des ersten Bezirks, ebenso das APOLLO und die SCALA, die erst einige Zeit später entstanden und aus Theaterbauten hervorgegangen sind.

BUSCH-LICHTSPIELE, Wien II. Prater, April 1944

> „Wir befanden uns in der Inneren Stadt Wiens und waren überzeugt, hier die schönsten und größten Lichtspieltheater zu finden. Diese Erwartungen wurden indessen schmählich getäuscht. Das eine Theater, welches wir besuchten, liegt etwa zehn Meter unter dem Straßenniveau. Es ist ein ganz hübsch und geschmackvoll eingerichtetes Kino – aber tief unter der Erde. Um in ein anderes Kino zu gelangen, muß man erst ein Durchhaus passieren (IMPERIAL-Kino), ein drittes liegt wieder tief unter der Straße. Uns berührte dies höchst merkwürdig. Einer der Besucher, der Budapester Kinobesitzer Dr. Zuckermann, erklärte, daß es ihm niemals einfallen könnte, ein derartiges Kino seinem Budapester Konzern einzuverleiben... So sehen die Wiener „Erstwochen"-Theater aus, bei denen übrigens die erste Woche in der Regel nur aus vier Tagen besteht."

Die Kritik im Budapester *Magyar Filmkurir* vom Mai 1928 war nur allzu berechtigt. Als Reaktion auf diesen Bericht, der für den Fremdenverkehr abträglich erscheinen mußte, wurde die Aufforderung ausgesprochen, mehr Kinoneubauten zu wagen. Die dazu lancierten Artikel waren wohl als Anreiz für die kleineren und mittleren Kinobetreiber gedacht, damit diese für Umbauvorhaben wie in der SCALA oder im APOLLO-Kino mehr Verständnis aufbrachten.

Nicht zufällig verleibten sich nach dem März 1938 auch die Statthalter der Reichsfilmkammer die beiden letztgenannten Filmtheater ein und führten in einem der ersten Berichte, die zwischen Wien und Berlin ausgetauscht wurden, den Mangel an wirklich repräsentativen Kinogroßbauten in Wien an. Erst fast 20 Jahre später, als die ehemaligen Vertreter der Reichsfilmkammer längst ihr Wirken verschwiegen, sollte diesem Mangel mit dem Neubau des FORUM-Kinos Abhilfe geschaffen werden. Wie man weiß, verschwand jedoch dieser Kinobau innerhalb einiger Jahre wiederum aus dem Straßenbild.

Der erste Film-Palast

Mit dem Umbau des JOHANN STRAUSS THEA-TERS durch Carl Witzmann erhielt Wien im September 1931 den lang geforderten Film-Palast: das SCALA. (In der Zeit des „Austrofaschismus" – 1934 bis 1938 – wurde das SCALA allerdings wieder als Theater benützt; von 1938 bis 1945 fand es wieder als Kino für NS-konforme Filme Verwendung; danach wieder als Theater, ehe es 1960 abgerissen und an seiner Stelle eine Wohnanlage errichtet wurde.)

Im SCALA-Kino wurden jene baulichen Maßnahmen verwirklicht, die in den 30er Jahren einen modernen Kinopalast ausmachten: Außen eine hellerleuchtete Fassade mit großen Plakatflächen, die durch Aufgabe einiger Fenster des Galeriefoyers gewonnen wurden; innen ein großzügiges Foyer

SCALA, Balkonfoyer

mit Garderoben und Buffets für mehr als 1300 Personen. Besonders stolz war man auf die von allen Plätzen optimale Sicht auf die 42m^2 große Leinwand. Die unabdingbare Kinoorgel und die seitlich angebrachten Lautsprecher konnten rasch und geräuschlos in der Bühne versenkt bzw. hochgezogen werden, sodaß ein rascher Wechsel zwischen Film- und Theateraufführungen möglich war. Der Zuschauerraum wurde von zehn Lustern erhellt, die je nach Wunsch in vier verschiedenen Farben direktes oder indirektes Licht gaben. Anerkennung fand auch die Belüftungsanlage, die dem Kinosaal pro Stunde 60.000m^3 Luft in Raumtemperatur zuführte. Auch für die Vorführer war vorbildlich gesorgt: ein eigener Ruheraum mit Bad machte die Arbeit an den heißen Projektoren erträglicher. Dieser Kinobau repräsentierte – wie es schien – den endgültigen Sieg des Kinos über das Theater – auch in Wien. So notierte Siegfried Geyer, Kulturkritiker, im Überschwang der Gefühle:

SCALA, Bühne, 1931

„Es ist schon sehr schön und sehr großstädtisch. Das Haus könnte in London, in Paris stehen, vielleicht in New York. Es beweist, daß der Film das einzige den Künsten verwandte Genre ist, das Geld investiert und Geld hat. Die Konkurrenz, die die Theater zu bestehen haben, wird immer schwerer, wenn die Schlösser des Tonfilms die Zuschauer so mächtig anziehen wie dieses neue Lichtwunder."

Zur Eröffnung des SCALA-Kinos folgte auf die Festfanfare des Bläserchors der Wiener Staatsoper ein Vortragsspiel auf der neuen Kino-Kilgen-Orgel. Anschließend wurde die SCALA-Jazzband unter der Leitung von Frank Fox vorgestellt, bevor der Vorhang für den „wienerischsten" aller Wien-Filme aufging: *Der Kongreß tanzt* – eine Weltpremière.

Die Vorstadtkinos

Vom nahegelegenen Schwarzenbergplatz geht es hinaus nach Simmering. Um diese Zeit – 1931 – gab es in diesem Bezirk vier Kinos mit einer Gesamtkapazität von 2.000 Sitzplätzen. Unser Besuch in der Vorstadt ist insofern von Interesse, da es dort große Kinoneubauten gab, die heute in Vergessenheit geraten sind: man denke nur an das WELTBILD-Kino in der Pragerstraße mit seiner mit viel Gipszierrat veredelten und von zwei Weltkugeln gekrönten Fassade (auf diesen Platz mündet heute die Autobahnausfahrt), oder an das in einem ehemaligen Walzwerk untergebrachte SIMMERINGER BIOGRAPHEN-THEATER, später ZENTRAL-

Kino und noch später OLYMPIA-Kino genannt, mit seinen 750 Sitzplätzen. In beiden Kinos machte 1923 (genauer gesagt am 26. März und am 31. März) auch *Die Wienerstadt in Wort und Bild* Station, da der Leinwand ein entsprechend großer Orchesterraum mit Bühne vorgelagert war; es handelte sich dabei um ein beliebtes Genre, Filmrevue genannt, das Filmbilder mit Tanz- und Gesangseinlagen verband.

Auch ehemalige, an den Einfallsstraßen gelegene Einkehrgasthäuser wurden als Kinos adaptiert. Ein gutes Beispiel stellt die LICHTSPIELBÜHNE in der Simmeringer Hauptstraße dar, die mit ihren 582 Sitzplätzen zu den größeren Kinos Wiens zählt. Gab es 1927 noch Stehplätze, so wurden diese, wie es hieß, auf Grund der Inbesitznahme der freien Sitzplätze während der Vorstellung, schon bald aufgelassen.

In dieser Phase der Neuadaptierungen und Neubauten war es für Architekten sichtlich eine Herausforderung, mit diesen Arbeiten betraut zu werden, und die technischen Einrichtungen sowie eine angenehme Atmosphäre für ein immer anspruchsvolleres Massenpublikum zu schaffen.

Hans Ledersteger, vielbeschäftigster Filmarchitekt seiner Zeit – er entwarf 1927 und 1928 für acht Filme die Bauten – schmückte die FLORIDSDORFER LICHTSPIELE mit Strichmalereien aus, ließ den Saal weiß täfeln, die Saaldecke gelb streichen und leuchtete den Saal mit dreihundert Lampen derart effektvoll aus, daß die schönsten Farbeffekte auf den sich öffnenden Vorhang entstanden, während der Vorspann ablief und das Orchester zu spielen begann. Derartige Sensationen fanden sich in anderen Vorstadtkinos nicht sobald wieder.

Der Wiener kennt „seinen" Kinobesitzer, der allabendlich wiederum seine Kunden nicht viel anders begrüßt als der Cafetier.

In Wien weiß jedes Kind, wem das Kino X und das Kino Y gehört, und man ist enttäuscht, wenn man im Foyer Herrn X oder Y nicht findet. Aber die beiden Herren kennen ihre Kunden, und sie begrüßen sie nicht bloß, sie fragen nach der Vorstellung, wie es gefallen hat. Sie fragen nicht in Oberkellnerpose, sie fragen aus Interesse, und nirgends kann sich ein Filmproduzent besser jene unerläßlichen Fingerzeige hole, ohne die es wohl einen Großfilm, aber deshalb noch lange keinen großen Filmerfolg gibt. – *1929*

Ein Kinobezirk:
Hernals im Jahre 1926

Zu dieser Zeit gab es in Hernals sechs Kinos. Das THEATER-Kino mit 750 und das ASTORIA-Kino mit 650 Sitzplätzen waren die beiden größten. An der rückwärtigen Wand des Saales, unterhalb des Projektorraumes, gab es jeweils Logenplätze, die im ASTORIA-Kino 1926 zugunsten von 20 Stehplätzen reduziert wurden. Die aus dem Theaterbetrieb übernommene und hier im Sommer 1926 bei den Umbauarbeiten berücksichtige Installierung von Stehplätzen sollte dazu beitragen, der stark anwachsenden ärmeren Bevölkerung billigere Kinobesuche zu ermöglichen, unter dem Motto: heute am Stehplatz, morgen am Sitzplatz; ähnliche Überlegungen begleiteten sicherlich auch die Stehplatzregelungen der großen Bühnen.

Mitte der 20er Jahre brachten die Brüder Philip und Edmund Hamber, die neben dem ASTORIA-Kino noch das LEOPOLDSTÄDTER VOLKSKINO und fünf weitere Kinos in Pacht betreuten, ihren Kinostock in die 1924 gegründete Kinobetriebsgesellschaft der sozialdemokratischen Partei ein und gründeten den Filmverleih „Allianz", der die sogenannten Arbeiterkinos in Wien mit Filmen versorgte.

> Fast alle diese (Arbeiterkinos) spielen nicht nur den üblichen Schund, sie spielen von diesem Schund noch das Schlechteste. Fast alle diese Kinos vernachlässigen nicht nur ihre Pflicht gegenüber dem künstlerischen Film, sie spielen auch Filme, die ihrer politischen Einstellung nach nie in Arbeiterkinos gespielt werden dürften.
>
> *Fritz Rosenfeld, 1929*

Zunehmende Kritik der sozialdemokratischen Kulturfunktionäre an der Qualität des Filmangebots, vor allem durch den Journalisten der *Arbeiter-Zeitung* Fritz Rosenfeld, und die nach und nach aufgedeckten privaten und geschäftlichen Skandale um die beiden Brüder Hamber führten dazu, daß diese 1932 ihrer Geschäfte im Auftrage der sozialdemokratischen Partei enthoben wurden.

Neben diesen beiden schillernden Figuren des Wiener Kinoparks hatte in Hernals eine gemeinnützige, religiöse Organisation, der „Konvent der Barmherzigen Brüder", eine Lizenz für das THEATER-Kino. Auch bekannte Kinodirektoren ließen sich hier nieder. So führte die Familie Eckstein, ehemalige Besitzer des GRABEN-Kinos, das seit 1910 bestehende ROYAL-Kino (früher auch WIENER LICHTSPIELE bzw. LICHTSPIELE HERNALS genannt), und Elsa Löwinger, Mitbesitzerin mehrerer Kinos in Wien, so des LÖWEN-Kinos, stand dem großen LUNA-Kino vor.

In seriösen Wohnbauten untergebracht, zogen die Kinos das Publikum mit ausgewählter Filmware an, die durch großflächige Plakate angekündigt wurde. So bezeichnete sich das ASTORIA-Kino 1928 als „das vornehmste von Hernals". Damit war gemeint, daß nur Erst- und Uraufführungen gezeigt wurden und daß ein „erstklassiges Salon- und Jazzband-Orchester unter der Leitung des Kapellmeisters Franz Köstelbauer" als Begleitung eingesetzt wurde. Nummerierte Sitzplätze konnten schon im Vorverkauf erworben werden. Ein eigener Rauchsalon und großzügige Warteräume waren zusätzliche Attraktionen.

Von dem zentral gelegenen APOLLO-Kino, das ab 1927 wegen der Verwechslung mit zwei anderen APOLLO-Kinos in GLORIA-Kino umbenannt wurde, zeugen heute nur mehr das Eingangsportal und im Inneren, zwischen den Regalen mit Lebensmitteln, der eine oder andere verstohlene Durchblick durch die aufgeplatzte Zwischendecke, die bei der Umwandlung in ein Verkaufslokal eingezogen wurde. Nur mit einiger Liebe zum Detail und mit viel Phantasie kann der Suchende heute noch die nachfolgende Beschreibung nachvollziehen:

„Hohe Marmorpilaster, die durch Reihen glasierter und unglasierter Terrakotten miteinander verbunden werden, bewirken eine Flächenteilung der Wände. In vier dieser Wandflächen sind riesige Gemälde eingefügt." Eine diffuse Beleuchtung, die, wie stolz vermerkt wurde, „zum erstenmal in

Wien Anwendung findet", ergänzte gut den vornehmen Charakter dieses Kinos.

Heute noch lohnend ist ein Besuch des ehemaligen KALVARIENBERG-Kinos. Die gestaltete Fassade konnte unversehrt in die Gegenwart gerettet werden. Das Kino wurde bereits ab dem Jahre 1914 betrieben. Bei der Neugestaltung im Jahre 1927 erhielt es eine neue Ventilations- und Heizungsanlage. Mit seinen mehr als 500 Sitzplätzen machte es den anderen Kinos im Bezirk große Konkurrenz. So hieß es in einem zeitgenössischen Bericht nach der Renovierung:

> „... der einladende Büffetraum hat eine bedeutende Vergrößerung erfahren. Der Vorführsaal hat durch moderne, tiefrote Damasttapeten eine überaus freundliche und vornehme Stimmung erhalten. Die blendend weiße Decke zeigt Stuckzierat in Form von Biedermeierkränzen, die die elektrischen Birnen der Deckenbeleuchtung tragen."

Die Inneneinrichtung vieler Kinos wurde immer stärker den Interieurs der Theater angepaßt: Zuschauerräume wurden mit tiefroten Damasttapeten, mit Stuckzierrat an der Decke und mit viel Licht geschmückt. Ein Inbegriff dieser für viele Besucher Gemütlichkeit ausstrahlenden Innendekoration stellte das Kino ALT-WIEN dar. Alles, was sich die Zuschauer zu Hause oft nicht leisten konnten, Lusterkränze, dicke Teppiche und Stuckarbeiten an der Decke, fand sich im Kinosaal und – im Kinofilm.

Apropos vornehm: einer der vornehmsten Bezirke Wiens, Hietzing, bekam durch den Neubau des PARK-Kinos ein wahres Gustostückerl an Kinoarchitektur. Der bekannte Kino- und Theaterarchitekt Witzmann „versetzte", wie es in einer zeitgenössischen Beschreibung heißt, „schon vom ersten Schritt an den Besucher in eine angenehme Stimmung". Alle Vorräume waren hell und in einfachen Linien gehalten. Der Saal selbst machte den Eindruck eines Gartenpavillons; vielleicht in Anlehnung an die Sommerbühne, die sich bis 1910 an der selben Stelle befunden hatte.

> „Der Plafond ist wie eine Himmelsdecke ausgeführt, mit leichten luftigen Wölkchen bedeckt, seitwärts aus unsichtbaren Lichtquellen beleuchtet, so daß der Eindruck direkter Sonnenbestrahlung entsteht. Für die Wände wurde eine sattgrüne Farbe bevorzugt. Verschiedene Lichteffekte werden auch hier benutzt, um das „Gestimmt-Sein" des Publikums auf das Kommende zu erleichtern.

Gertraud Steiner
Die Heimat-Macher
Kino in Österreich 1946-1966
320 Seiten, öS 258,-/DM 37,-/sFr 38,20

Während die Welt ringsum geistig und materiell in Trümmern liegt, setzt die Heimat-Film-Flut mit ihrem heilen Weltbild ein. Der Heimat-Fim ist mehr als nur ein ästhetisch unzureichendes Produkt — als Zeitdokument stellt er einen Mosaikstein in der Kulturgeschichte der 50er Jahre dar. Gerade Trivialfilme sind äußerst „zeit-hörig". So kann in den Heimat-Filmen auch „zwischen den Bildern" gelesen werden, wie Teile der völkischen Blut und Boden-Ideologie weitertransportiert werden oder welche Stellung der Frau zugedacht wird. Bald nach dem Zweiten Weltkrieg geriet die chronisch unterkapitalisierte österreichische Filmindustrie, die eher als Filmhandwerk zu bezeichnen wäre, wieder in Abhängigkeit von den bundesdeutschen Verleihern. Personell war 1945 die Chance eines Neubeginns vertan worden: Regisseure und Schauspieler, die von der Nazi-Filmindustrie profitiert hatten, mußten höchstens kurze Unterbrechungen ihrer Karriere hinnehmen.
Gertraud Steiner lebt als Redakteurin in Wien und ist daneben in der politischen Bildungsarbeit tätig.

Verlag für Gesellschaftskritik
A-1070 Wien, Kaiserstraße 91, Tel: 0222/526 35 82

Bereits seit den frühen 30er Jahren gab es Kollaborateure der in Österreich zwischenzeitlich verbotenen NSDAP, die auch über die Besitzverhältnisse in den Wiener Kinos zu berichten wußten. Einer der Pioniere des österreichischen Films, Heinz Hanusch, nach 1945 vielfach geehrt und ausgezeichnet, saß an leitender Stelle der Filmgewerkschaft, die innerhalb der Reichsfilmkammer organisiert war. Am 8. November 1935 schrieb Leo Klauser, Leiter der (illegalen) Landesfilmstelle Österreich der NSDAP, an Pg. Hans Hinkel, Reichspropagandaministerium, mit wem er in Wien Kontakt aufgenommen hatte:

„... Zum Verständnis der Notizen muß ich bemerken, daß Pg. Zoidl wegen der Fülle der nachzuprüfenden Statisten sich direkt mit dem Geschäftsführer der Filmgewerkschaft, Pg. Hanusch, in Verbindung gesetzt hat, um die Kontrolle der arischen Abstammung direkt bei der Filmgewerkschaft durchführen zu können."

Heinz Hanusch, eigentlich Heinz Hanus; 1908 drehte er mit Anton Kolm den ersten österreichischen Kurzspielfilm „Von Stufe zu Stufe"; er gründete 1918 den Verband der Filmregisseure und Kameraleute; 1921 erste Versuche mit dem Farbenfilm; 1930 stellte er den ersten Tonfilm in Österreich her; etc. ...

Interessant zu lesen sind seine glühenden Bekenntnisse zum Österreichischen Film in den Jahren 1933 – 1935, kennt man seinen weiteren Werdegang als Erfüllungsgehilfe der Nazis.

Kurz nach dem März 1938 wurden kommissarische Leiter mit dem Ziel eingesetzt, die Filmtheater weiterzuführen und für die „Entjudung" vorzubereiten. Als Grundlage diente eine Liste, in der alle jüdischen Filmtheater, deren Geschäftsführer und Besitzer namentlich und mit Bemerkungen wie „jüdisch versippt, Dokumente nicht in Ordnung, Steuer seit 1928 nicht mehr bezahlt, Ausländer, noch ungeklärt" angeführt wurden.

Bereits vier Monate nach dem Anschluß, im Juli 1938, erschien eine Sondernummer *Der Jude in Österreich*, in der die ‚Verjudung' des Kino- und Verleihwesens angeprangert wurde. In der Fachzeitschrift *Kinojournal* erschien am 27. August dieses Jahres eine nach Bezirken geordnete Liste, die 65 „jüdische", 19 unter „jüdischem Einfluß stehende" und 86 „arische" Kinos auswies.

Gleichzeitig begann die Arbeit der „Arisierungskommission", die die „Reinigung aller jüdischen Elemente" in den Wiener Kinos betrieb; eifrig unterstützt von Interessenten, die diese Kinos übernehmen wollten. Anordnungen ‚von oben' waren selten, und es meldeten sich die – zuvor illegalen – Parteimitglieder, die die Verhältnisse in den einzelnen Kinobetrieben recht gut zu kennen schienen, wie sich ihren Anträgen auf „Arisierung" entnehmen läßt: „Arischen" Miteigentümern wurden intime Beziehungen zu jüdischen Besitzern nachgesagt; Verfehlungen gegenüber Parteigenossen wurden behauptet; andererseits wurden Verdienste für die Partei wie Spenden an die NSDAP oder das Verstecken von Waffen in den Kinoräumlichkeiten von den Ariseuren hervorgehoben, um ein Kino zu bekommen oder im Besitz zu behalten.

Bis zum 3. Oktober 1938 wurden 55 Kinos an „verdiente" Parteigenossen übergeben. Die „Ostmärkische Filmtheater-Betriebs GesmbH." erhielt die größten und schönsten Kinobauten der aufgelassenen Kiba. Die SCALA wurde mit Zarah Leanders Film *Heimat* neu eröffnet. Dieses Kino wurde in der Nazizeit oft für Repräsentationszwecke genützt: so lief am 23. Juli 1943 der erste Farbfilm der Filmproduktionsfirma Ufa an: *Baron Münchhausen* mit Hans Albers.

In einem Sitzungsprotokoll vom 8. Dezember 1938 wurde festgehalten, daß zwei jüdische Filmtheater – das WESTEND und das ARKADEN-Kino – noch nicht „arisch" vergeben waren. Zwei neue Besitzer seien jedoch schon vorgesehen: der eine, von der NS-Betreuungsstelle mit 12 Pluspunkten vorgeschlagen, der andere ein Anwärter auf den ‚Blutorden'; und das Protokoll weiter:

FLIEGER-Kino, Wien IX – 100% Invalide, ehemaliger Offizier
Berliner OMNIA-Kino, Wien XI – Juliputschist
BURG-Kino, Wien I – Gaufilmleiter des Gaues Saarpfalz
usw. ...

Bei den ALTMANNSDORFER-Lichtspielen, so erfährt man weiter aus dem Protokoll, hatte es Schwierigkeiten gegeben, da diese an „Mischlinge ersten Grades übergegangen sind". Der dafür vorgesehene, verdiente Parteigenosse wurde daraufhin mit dem SCHUBERT-Kino abgefunden. Beim STADLAUER-TONKINO war es wieder einfach: Dort konnten sich zwei Blutordensträger, die mit 22,5 bzw. 28 Pluspunkten von der NS-Betreuungsstelle bewertet wurden, „qualifizieren". Die Sitzung endete mit der Feststellung, daß „für Frau Planetta unbedingt ein Kino gesichert werden muß". Bei der nachfolgenden Sitzung hatte man bereits eine Lösung gefunden: Frau Planetta bewarb sich um eine „freiwerdende" Hochschaubahn im Prater.

ALTMANNSDORFER-Lichtspiele
Wien XII., Breitenfurterstr. 36, um 1927

1993

Ehefrau von Otto Planetta. Dieser gehörte zu den nationalsozialistischen Putschisten, die am 25. Juli 1934 Bundeskanzler Dollfuß erschossen. Am 31. Juli des Jahres wurde er hingerichtet.

Abgelehnt wurde hingegen ein Reichsamtsleiter, „da bei der Kinoarisierung es sich im wesentlichen um eine Sozialaktion handelt", und ein Reichamtsleiter habe doch „ein reichlich hohes Einkommen."

Mit all diesen Beschlüssen wurde entschieden, wer gehen mußte oder in Wien verbleiben durfte, wer seine Existenz oder gar sein Leben verlor: so beging die Besitzerin der ALTMANNSDORFER-Lichtspiele Selbstmord. Damit konnte sie ihren Erben vorerst das Kino sichern. Die Kommission stellte dazu lapidar fest: „... die ALTMANNSDORFER-Lichtspiele gehen an Mischlinge ersten Grades über. Sie können nicht in die Entjudifizierungsaktion einbezogen werden."

Viele der jüdischen Kinobesitzer gingen schon kurz nach dem März 1938 ins Ausland und ließen ihre Betriebe verwaist zurück. Die festgesetzten Ablösesummen, die ausschließlich den sogenannten Betriebswert, wie Projektionsapparate, abgenützte Stühle und sonstige Einrichtungsgegenstände berücksichtigten, nicht jedoch den sogenannten Verkehrswert, wie Lage und Auslastung der Kinos, mußten auf ein Sperrkonto in Wien eingezahlt werden, auf das die ‚abgefertigten‘ jüdischen Unternehmer jedoch keinen Zugriff hatten. Darüberhinaus wurde die sogenannte „Reichsfluchtsteuer" einbehalten. Die meisten jüdischen Besitzer flüchteten, ohne auch nur die geringste finanzielle Entschädigung mitnehmen zu können.

In den Wiener Kinos wurde unter den neuen Eigentümern weitergespielt, als wäre nichts geschehen. Für das nationalsozialistische Regime war das Kino ein wichtiger Ort, an dem die Zukunft der neuen Staatsordnung mit großer Geste inszeniert wurde, wo in Rückblicken auf „große Männer" der deutschen Politik die Führerqualitäten und die Legitimität Hitlers in einen historischen Zusammenhang gestellt wurden. Gleichzeitig inszenierte man das neue, nationalsozialistische Menschenbild; es wurden Helden gefeiert, die oft aus dem Alltag emporgehoben wurden; ein übler Film dieses Genres war *Heimkehr* (1941).

1941: „Erstaufführung in Wien!", „Ein Monumentalwerk deutscher Filmkunst!", „Ein filmisches Denkmal für ewige Zeiten...!"

So wurden damals Filme wie „Heimkehr" angepriesen. Mit meinen Augen als siebzehnjähriges Mädchen sah ich den „heldenhaften Kampf" der Deutschen im Osten. Sah lange Kolonnen frierender „deutscher" Mütter und Kinder. Es zog sie alle nach dem „Reich". Man roch förmlich die „Muttererde", die diese Menschen „heimwärts" lockte.

Am nächsten Tag las ich in den Zeitungen die „Kritik" über diesen Film. Der „Ewigkeitswert" bereitete mir gedanklich die größten Schwierigkeiten. Man schuf nur in „gigantischer Größe" und vor allem für die „Ewigkeit". Die Kritiker lobten, daß es nur so triefte. Wehe ihnen, wenn sie es nicht taten...

Kinobesucherin, aufgezeichnet 1946

Ein am 5. Januar 1939 in Berlin diktierter Bericht über die „Entjudung" der Filmtheater glich bereits einer Vollzugsmeldung, in der der ‚Sachverständige' Gunderloch nicht unerwähnt ließ, wie er die Abende in Wien verbrachte, nämlich „meist damit, 2 bis 3 Filmtheater zu besuchen und sich an Ort und Stelle von der Richtigkeit der ihm am Tage gemachten Mitteilungen zu überzeugen." Gunderloch übte auch Kritik, daß nur bei 23 Filmtheatern damit gerechnet werden könne, daß die Geschäftsführung „ordnungsgemäß" abgewickelt werden würde. Bei allen anderen Zuweisungen seien die fachlichen und technischen Voraussetzungen nicht gegeben. Weiters beschrieb er auftretende persönliche Differenzen zwischen arischen Miteigentümern und den „neuen Bewerbern", die er, wie er stolz vermerkte, auf gütlichem Wege beilegen konnte. Er betonte auch, daß in keinem der Fälle der arische Mitbesitzer gefragt worden sei, ob er mit seinem neuen Partner einverstanden wäre.

Auf Grund der „Umschichtung der Bevölkerung", das hieß u.a., daß der jüdischen Bevölkerung der Zutritt zu den Kinos ab Mitte Juni 1938 untersagt wurde, sah Gunderloch auch bevorstehende ökonomische Probleme für Kinobesitzer. Er ging soweit, Bedenken zu äußern, ob nach der endgültigen Zuteilung der Kinos an überwiegend Nichtfachleute „ein ordnungsgemäßer Kinobetrieb" in Wien überhaupt aufrecht erhalten werden könne. Eine der größten Gefahren für die Spielzeit 1939/40 vermutete er bei der Neuprogrammierung: ob und wie weit die neuen Geschäftsleitungen „in der Lage sein werden, selbständig Verträge mit Verleihern abzuschließen." Da „bekanntlich in Österreich sogenannte ‚Programmeure' die Programmgestaltung mehrerer Kinos durchführten", und dies auf Grund der neuen Rechtsordnung verboten war, könne er auch nicht absehen, „in wie kurzer oder langer Zeit die zukünftigen Besitzer diesen vielleicht schwierigsten Teil ihres Berufes erlernen können."

Kinos, die bereits in finanzielle Schwierigkeiten geraten waren, lagen, wie das KREUZ-Kino, das ELITE-Kino oder das IMPERIAL-Kino, vor allem im 1. und im 2. Bezirk. In der Leopoldstadt (mit überdurchschnittlich hoher jüdischer Bevölkerung), waren fast alle Filmtheater betroffen.

NEUBAUTONKINO
Wien VII., Lerchenfelderstraße 75
um 1940

Die Wiener Kinolandschaft war nach dem raschen und ‚effizienten‘ Eingreifen des Sachverständigen Gunderloch ab 1939 neu aufgeteilt: Die meisten Kinos, die in die zentral geführte „Ostmärkischen Filmtheater GesmbH.“ gehörten, waren Uraufführungskinos: unter anderem die ehemaligen Kiba-Kinos SCALA und APOLLO, und das bereits 1927 der deutschen Firma Ufa angeschlossene ZENTRAL-Kino, später UFA-Theater genannt.

Sehen wir uns den Wiener Lichtspielplan vom 10. bis 16. Oktober 1941 an, so wurde Paula Wessely im Film *Heimkehr* als großer Star in der SCALA gefeiert, im APOLLO lief der G.W. Pabst Film *Komödianten*, in der 4. Woche feierte Geza von Cziffras Film *Oh, diese Männer* im OPERN und im SCHWEDEN Erfolge, und die denunzierende UFA-Produktion *Die Rothschilds*, der nach dem Kopieneinsatz zu urteilen wichtigste Film dieser Woche, wurde im WELTSPIEGEL, im PARK-THEATER, im OSTMARK (vormals MARIA THERESIEN-Kino), im ELITE, im SCHOTTENRING, im SASCHA-PALAST, im STAFA und im SCHLOSS gezeigt. Die acht größten Kinos Wiens zeigten ein- und denselben Film!

In den anderen größeren Kinos der Bezirke wurden sogenannte „Bezirksaufführungen“ gegeben: *Friedemann Bach* mit Gustav Gründgens in den ARKADEN- Lichtspielen, im noch einzigen so benannten ‚Kino‘ der Stadt, dem HOCHSTÄDT-Kino und im GLORIA-Filmtheater.

Je näher die Kriegsfront nach Wien vorrückte, desto wichtiger wurden die Kinos als Ablenkung für die in der Heimat zurückgebliebenen Frauen und Kinder. Dabei spielte der ‚Wiener‘ Film zunehmend die Rolle, Verdrängungsarbeit durch Herbeiphantasieren der guten alten Zeit zu leisten; un-

schwer ist dies am Programm des VOTIVPARK-Kinos, eines durchschnittlichen Bezirkserstaufführungskinos, abzulesen. Hier spielte man im Dezember 1944 *Musik in Salzburg*, im Jänner 1945 *Königswalzer* und schließlich *Wiener Blut*. Dieser bereits 1941/42 gedrehte Film ist einer der vielen Wiederbelebungsversuche der ‚schönen‘ Zeit des Wiener Kongresses. Durch die von Willi Forst gekonnt inszenierten Schwankszenen voller Situationskomik und wegen der Motive aus der bekannten Operette von Johann Strauß war der Film geeignet, das nächtliche Getöse der Kampfflieger wenigstens für zwei Stunden vergessen zu machen. Auch *Königswalzer* beschwörte die österreichische Monarchie: Franz Joseph freit in München die hübsche Herzogin Sissi…; eine Produktion mit Willi Forst, Paul Hörbiger und Curd Jürgens aus dem Jahr 1935. Ein Walzer, inspiriert durch eine schöne Frau, läßt wiederum in *Musik aus Salzburg* einen unproduktiven Komponisten auf ein neues Lebensglück hoffen. Dieser Film war die letzte Produktion – 1944 uraufgeführt –, bevor am 10. Februar 1945 im VOTIVPARK-Kino bei einem sogenannten Terrorangriff feindlicher Flieger der gesamte Vorführraum in Trümmer ging. Übrigens: Alle genannten Filme sind heute noch fixe Bestandteile im Spielfilmrepertoire des österreichischen Fernsehprogramms!

Gezeigt wurden entweder große Zeitgeschichte oder kleine Geschichten aus dem Wiener Alltagsleben (wie *Das Ekel* mit Hans Moser).

Daneben gab es Filme wie *Operette* und *Die Komödianten*, die vergangene Jahrhunderte glorifizierten und das Leben von Künstlern in den Mittelpunkt stellten, ohne auf den politischen Zeigefinger zu verzichten: So wurde in *Die Komödianten*

die Verteidigerin des deutschen Theaters, Karolina Neuber, gegen den Hanswurst, „diese englische Krankheit des Theaters", ausgespielt.

Nachdem noch im März 1938 die beliebten Leserzuschriften in den einschlägigen Filmzeitungen zensuriert wurden, kann man sich lediglich aus in den Kinos verstärkt durchgeführten Beobachtungen der SS und aus den Einspielergebnissen der Filme ein Bild vom Kinozuschauer dieser Jahre machen.

Wie stark dabei politische Entwicklungen auf die Produktion einwirkten, zeigt die Zeit ab 1941, in der begonnen wurde, mehr und mehr Sujets zu wählen, die die ‚Kriegszeit' als einen normalen Zustand beschrieben. Das beste Beispiel dafür war der Film *Wunschkonzert*, der eine vielgehörte Radiosendung gleichen Namens für die Soldaten an

den Fronten zum Inhalt hatte. Die von Eduard von Borsody gedrehte Auftragsarbeit verzeichnete bis zum Kriegsende nicht nur die meisten Besucher, sie war auch Gefühlskitt zwischen den Kriegsfronten und der „Heimatfront".

Starke Frauengestalten waren für die moralische Stärkung des vorwiegend weiblichen Heimatpublikums gedacht: Zarah Leander in *Die große Liebe*, erfolgreichster Film des Jahres 1942, Ilse Werner in *Wunschkonzert*, oder Paula Wessely in *Heimkehr*, *Ein Leben lang* und in *Späte Liebe* waren Identifikationsfiguren für die zu Hause wartenden und arbeitenden Frauen.

In ihrer Kontinuität als Theaterschauspielerin der frühen 30er Jahre, als Filmschauspielerin der Nazizeit und als Produzentin und Darstellerin in den ersten Nachkriegsfilmen, wie *Der Engel mit der Posaune*, als personifizierte österreichische Tragödie, wurde Paula Wessely Inbegriff der im Leiden erstarkten Frau. Ihre Personendarstellungen, ihre zu beobachtende, durchgängige, demutsvolle Gestik in Konfliktsituationen, ihre mitleidheischend trotzige Sprechweise und ihre für heutige Begriffe völlig unerotische Ausstrahlung lassen erahnen, wo die Anknüpfungspunkte für die Identifikation des Frauenpublikums bestanden. Masochismus als Überlebensstrategie – so charakterisieren manche heutige Filmtheoretiker(innen) Wesselys Darstellungsstrategie – dürfte ihre Popularität begründet haben. In diesen Jahren standen oft drei ihrer Filme gleichzeitig am Spielplan der Wiener Kinos. Eine 1943 abgefaßte Würdigung ihres Biographen Alfred Ibach schloß mit folgender Beschreibung von Wesselys Darstellung in *Ein Leben lang* (1940):

Uraufführung des Films *Heimkehr* im SCALA
10. Oktober 1941

„Das simple Herz. Wieder erleben wir hier das Wunder dieses Gesichts, das nicht ‚photogen‘ ist, aber wahr, und bei dem man nie müde wird, alle Schatten des Glücks und der Schmerzen über es hinwegziehen zu sehen, wie Wolken über eine geruhig-schöne Landschaft, die, wie aus sich selbst heraus, zu leuchten scheint.“

Bereits im September 1938 hatte die Wiener Bevölkerung die Möglichkeit, den Film *Triumph des Willens* zu sehen. Wie stolz berichtet wurde, zählte man „bereits nach den ersten 5 Tagen in 8 Theatern mehr als 100.000 Besucher“.

Im Gegensatz zu diesem Film, dessen Titel aufgrund seiner systemkonformen Ausrichtung nicht ausgetauscht werden mußte, kam es bei Filmen, die bereits in der Spielsaison 1937/38 von österreichischen Kinobesitzern angeboten worden waren, zu einer Reihe von Namensänderungen: ein ‚Fremdwort‘ wie ‚Pension‘ wurde in ‚Fremdenheim‘ eingedeutscht. Hieß ein Film im ehemaligen Österreich *Abenteuer in Lissabon*, so wurde daraus *90 Minuten Aufenthalt*. Stand dahinter vielleicht die Überlegung, Fernweh und Reisesehnsucht zu unterbinden? Eine ähnliche Begründung läßt sich auch bei der Änderung von *Entführung an der Riviera* auf *Die Entführung* vermuten. Schätzte im österreichischen Filmtitel die Hauptfigur ihre Lage noch selbstkritisch als *Mein Verhängnis sind die Frauen* ein, so wurde daraus in nationalsozialistischer Verkehrung *Der Unwiderstehliche*.

Auch das Wort ‚Kino‘ wurde aus dem Wortschatz gestrichen, da es als zu wenig deutsch klingend empfunden wurde und seinen englischen Ursprung nicht verleugnen könne! So benannte man die Kinos – wie das ehemalige ASTORIA-Kino – in Lichtspiele um, oder man bezeichnete sie als Filmtheater oder Filmpalast. Nur das HOCHSTÄDT-Kino blieb auch noch 1941 das HOCHSTÄDT-Kino. Ganz eifrige Parteigänger benannten ihre Betriebe gänzlich um: so wurde etwa aus dem MARIA THERESIEN-Kino das OSTMARK. Der Besitzer der SCHOTTEN-FELDER-LICHTSPIELE wies bereits im Dezember

1938 in Inseraten auf seinen „arischen Betrieb" hin. Viele Wiener nannten nun ihre Kinos, wollten sie die erzwungenen Bezeichnungen ‚Lichtspiel' und ‚Theater' vermeiden, einfach: KURBEL (KRUGER-Kino), KREUZ oder ROYAL.

Seit 1938 fühlten sich zahlreiche langgediente Kinobesitzer durch die vielen Namensänderungen, die komplizierte Unterscheidung in Uraufführungs-, Bezirkserstaufführungs- und Nachspieltheater verunsichert; zudem hatten viele ihre Ansprechpartner in den Verleihfirmen verloren, denen als Juden Arbeitsverbot auferlegt worden war. Angeblich rief Ende September 1938 ein anonym gebliebener Kinobesitzer sogar bei der Reichsfilmkammer an und fragte unschuldig: „Ist es wahr, daß ich die Führerrede per Radio im Vorführsaal übertragen muß? Wenn ich keinen Eintritt verlangen darf, wer ersetzt mir die Unkosten, bitte?" Er bekam die Antwort:

„Ja aber um Gotteswillen, es geht ja nicht darum, dem Kinobesitzer mit dieser Übertragung der Führerrede einen zusätzlichen Verdienst zu verschaffen. Wir machen dies für jene Volksgenossen, die noch unter den Folgen des vergangenen Systems leiden und noch kein eigenes Rundfunkgerät besitzen. Es zeigt von einer Verantwortungslosigkeit sondergleichen, wenn ein Kinobesitzer in den Stunden, wo der Führer Entscheidungen von weltweitem Ausmaße trifft, an sein erbärmliches Ich und nicht an die Volksgemeinschaft denkt."

Der Billeteur:
„Macht es was aus,
wenn Sie nicht nebeneinander sitzen?"
1938

Und es wird bereits gedroht: „Im Wiederholungsfalle kann geistig minder bemittelt kein ausreichender Entschuldigungsgrund mehr sein, die selbstverständlichen Konsequenzen einer solchen Fragestellung zu verhindern."

Andernorts hieß es über das neue Aufgabenprofil des „Filmtheaterdirektors":

Der Beruf des Filmtheaterdirektors erschöpft sich nämlich keineswegs nur in seiner geschäftlichen und wirtschaftlichen Tätigkeit, dem Volksganzen zu dienen. Um so stärker ist dies der Fall auf einem Gebiet, das das Gemeinschaftsleben so tiegreifend berührt und beeinflußt wie das der Filmwirkung.

Jeder der alteingesessenen Kinobesitzer bemühte sich, den Betrieb zu erhalten; die Möglichkeiten waren jedoch vorgezeichnet: die einen verdrängten ihre jüdischen Partner aus dem Betrieb und arrangierten sich dadurch mit der Reichsfilmkammer, dem obersten Organ der Film-und Kinoverwaltung, die anderen traten früher oder später in die Partei ein. Ihre späteren Rechtfertigungen im Rahmen der Entnazifizierungsaktion im Herbst 1945 betonten dann freilich den Zwangscharakter dieses Schrittes.

Manche Kinobesitzer versuchten, ihre Geschäfte möglichst unauffällig abzuwickeln. Solange es noch ausländische Filmverleiher gab, bemühten sie sich um Filme dieser Leihanstalten. So schied das BURG-KINO, obwohl als Erstaufführungskino der Reichsfilmkammer im September 1938 geführt, aus der Abspielkette vorübergehend aus und präsentierte fremdsprachige Originalfassungen: in der Woche ab dem 9. Dezember 1938 die französische Originalfassung *Maria Chapdelaine* mit Jean Gabin und Madeleine Renaud; englische Originalfilme wie *Vagabond-Lady* spielten im Herbst 1938 noch das KRUGER, das NESTROY und das VOTIVPARK, fallweise auch das SCHWEDEN und das ELITE.

Das Beispiel VOTIVPARK führt uns die typische Entwicklung vor Augen, mit der Wiener Kinos zu rechnen hatten, die sich dem deutschen Film entziehen wollten: Um das Kino nach dem März 1938 weiterführen zu dürfen, mußte die Besitzerin, Frau Fix, einige Befragungen über sich ergehen lassen. Schriftlich wurde sie aufgefordert nachzuweisen, daß sie und ihre fünf Angestellten alle „Arier" seien; gefragt wurde auch nach dem „Bildwurfmeister" Scheiter, wie die offizielle Berufsbezeichnung

für Vorführer nun hieß. Obwohl Frau Fix keine Schwierigkeiten bekam und „ihr Kino mit großer Sachkenntnis geführt wird", wie im Abschlußbericht vermerkt ist, wurde handschriftlich hinzugefügt: „Ihr Freund ist ein reicher Weinhändler mit Namen Rössler, Anschrift unbekannt, der angeblich Jude ist (angeblich ist unterstrichen, F.G.), ansonst hat sie einen sehr kleinen Bekanntenkreis". Unterzeichnet war diese Hinzufügung mit „Tobisch, NSDAP-Bezirksleitung/Wieden". Dieser Vermerk findet sich auch in dem abgelegten Ansuchen von Frau Fix, in dem sie bat, den im April 1938 von der Reichsfilmkammer bestellten kommissarischen Verwalter abzusetzen. Fix konnte ihr Kino behalten. In einer Aufstellung des Umsatzes vermerkte sie jedoch einen deutlichen

VOTIVPARKINO
Wien IX., Währingerstraße 12
um 1938

Rückgang der Besucher. Sie machte dafür das Verbot, Juden den Eintritt in Kinos zu gewähren, verantwortlich. Frau Fix, die solange wie möglich fremdsprachige Filme im Programm gehalten hatte, mußte im Juni 1939, nachdem auf Grund eines Verbotes keine ausländischen Filme mehr zur Verfügung standen, auf die deutschtreue Linie umschwenken: „Da es keine Arbeitslosigkeit mehr gibt," meinte sie zu der veränderten Situation, „können jetzt Teile der Bevölkerung gewonnen werden, denen es früher unmöglich gewesen ist, einen Kinobesuch zu finanzieren." Wider besseres Wissens forderte sie nun Filme deutscher Herkunft an, denn: „Diese neugewonnenen Kinobesucher lehnen Filme anderer als deutscher Herkunft ab." So wurde Frau Fix, die Inhaberin des VOTIVPARK-KINOS, gleichgeschaltet.

> Über folgenden Witz lachte man 1941:
> In einem ihrer früheren Filme erleidet Brigitte Horney das tragische Schicksal, das Ende des Films nicht mehr zu erleben. Sie wird erschossen. In der allgemeinen Stille und Ergriffenheit hörte man ein Flüstern: „Gott sei dank, ich hab' ein Autogramm von ihr."

Über das Betriebsklima unter den Kinobediensteten in der NS-Zeit gibt uns folgende schriftliche Strafanzeige Auskunft:

> Der große, mehr als 1000 Platz fassende FILMPALAST (ehemals LUSTSPIELTHEATER), Prater, dessen besondere Vorzüge die beiden Balkone und eine Lichtorgel mit ausgeklügelten Beleuchtungseffekten sind, ist an diesem 31. Dezember 1939 ausverkauft. Viele stehen vor den Eingangstüren in der Kälte und warten auf zurückgegebene Karten. Sie alle wollen sich die Silvestervorstellung nicht entgehen lassen. Auch der Betriebsleiter, Herr Doblreiter, weist die Besucher bereits im Foyer zu den jeweiligen Eingängen. Da werden zwei Karten in der 5. Reihe des ersten Balkons zu je 3.- RM an der Kassa zurückgegeben. Herr Doblhofer nimmt sie an sich und bittet die Gäste, sich das Geld am nächsten Abend abzuholen. Ein auf Heimaturlaub befindlicher Soldat in Uniform sieht diese Kartenrückgabe und möchte die beiden Karten kaufen. Plötzlich sollen die 2 Karten laut Herrn Doblhofer jedoch 9.- RM kosten. Für den Uniformierten und seine Braut sind diese zu teuer. Die Kassierin fragt den Betriebsleiter, wieso die Karten plötzlich um sovieles teurer geworden sind. „Schweigen Sie, was wissen Sie, das geht Sie gar nichts an", wird ihr barsch geantwortet. Kurz darauf werden die beiden Karten, die jetzt um 50% mehr kosten, durch Herrn Doblhofer selbst an ein wartendes Paar verkauft.

Fünf Monate später wird dieser Vorfall in einem Gedächtnisprotokoll niedergeschrieben und von 13 „Gefolgschaftsmitgliedern" (so hießen die Arbeiter und Angestellten, die in der Deutschen Arbeitsfront organisiert sein mußten) mit Unterschrift beglaubigt. Frau Neuschitzer, die Kassierin, hatte keine Anzeige gemacht, da sie fürchtete, sie und ihr Mann, der als Billeteur arbeitete, würden sofort entlassen werden. Ein weiterer Vorfall an einem Sonntag im Mai brachte sie jedoch dazu, die Beschwerde schriftlich einzureichen: Um 10 Uhr vormittags wurden, wie gewöhnlich, ausführliche Frontberichte gezeigt; ungefähr 700 Personen besuchten an diesem Sonntagvormittag die Veranstaltung.

„Da nur jeweils ein Billeteur am Balkon und im Parkett Dienst machte, mußten sich viele Besucher ihre Plätze mit ihren Feuerzeugen suchen", wie im Nachtrag zur Anzeige ausgeführt wurde. Ganz allgemein wird von dem Betriebsleiter Herrn Doblhofer berichtet, daß „er herumschreie, ohne jeden Grund brülle ‚Ich schmeiße Sie hinaus', schachere und feilsche wie ein polnischer Jude; außerdem schreie er oft, jeder sei zu ersetzen, auch der Führer!"

Diese Berichte über Doblhofer wurden am 26. 5. 1941 an die Gestapo geschickt. Über die Folgen bin ich nicht informiert.

Es gab auch Kinobesitzer, die bei der Aufnahme in die Reichsfilmkammer und in die NSDAP falsche Angaben machten. Dies behaupteten zumindest einzelne Kinobesitzer 1945, als es darum ging, beim Staatsamt für Inneres den Konsequenzen der Entnazifizierung zu entkommen. Als einen von vielen Fällen möchte ich den Fall X herausgreifen.

Herr X., von Kindheit an national erzogen, ist Mitbegründer des Deutschvölkischen Turnvereines, später Mitglied des Heimatschutzes, und erhält einige Tapferkeitsmedaillen im Ersten Weltkrieg. Seit 1927 ist er Eigentümer eines Kinos außerhalb des Gürtels.

Stolz vermerkt er in seinem Ansuchen um Aufnahme in die NSDAP im Februar 1939, daß er, als er das Kino auf Tonfilmbetrieb umstellte, nur arische Firmen beschäftigt habe. In der Verbotszeit (der NSDAP, F.G.) sei sein Kino als Nazi-Kino bekannt gewesen. X. habe es für Sondervorführungen zur Verfügung gestellt. Seine Angestellten seien mit seinem Wissen illegale Parteimitglieder

gewesen. Er habe auch Fluchtgelder für Parteigenossen beschafft. Außerdem habe er in der illegalen Phase im Kino Waffen und Munition verwahrt.

Am 20. 6. 1945 führte X. als Entschuldigung für dieses Schreiben an, der politische Druck, der 1938 herrschte, habe ihn dieses Aufnahmeschreiben mit Lebenslauf formulieren lassen. Es habe gegolten, „meinen Betrieb zu erhalten, der für mich und meine Familie die Existenz bedeutete". So habe er auch eine nationalsozialistische Betätigung nachweisen müssen, „die allein Erfolg versprach". In Wirklichkeit, so Herr X., sei er neutral gewesen. Er war ja Geschäftsmann. Über seine Angaben zu den Waffenverstecken im Kino erklärte er jetzt, ein Filmpendler, Herr G., hätte von seinen ökonomischen Schwierigkeiten gehört. Um ihm zu helfen, vereinbarten sie, daß Herr G. auf Nachfrage der NSDAP-Funktionäre angeben sollte, einen Revolver versteckt zu haben. Das sei es gewesen, so X. 1945, was er als „Waffen-und Munitionsaufbewahrung" bezeichnet habe. Auch dazu führte er Punkt für Punkt Zeugen an; wie 6 Jahre zuvor. Nunmehr, 1945, stehe für ihn fest:

„Wenn ich heute zufolge meiner Parteizugehörigkeit als Nationalsozialist gelte, ist dies ein Trugschluß ohne wahre Grundlagen. Ich freue mich vielmehr mit jenen Österreichern und danke Gott, daß dieses allen Menschenrechten hohnsprechende Staatsgefüge mit seinen drakonischen und lykurgischen Gesetzen endlich verschwunden ist"; er bittet das Staatsamt für Inneres, „es möge mir die Registrierung als Nationalsozialist erlassen werden, (...) und ich ersuche, mich auf Grund obiger Ausführungen für würdig zu erachten, mich der Rechtswohltat des § 27 VerGes. teilhaftig werden zu lassen."

Es gab auch andere:

Am 5. November 1944 war ein Großangriff auf Floridsdorf. Eine Brandbombe fiel in die Stefanieschule. Es war
ein Lager der ungarischen Juden, welche hier zur Arbeit
waren. Das Gebäude brannte fast aus. Die Juden waren
ohne Obdach. Ich lief immer nach jedem Angriff ins Kino,
um zu sehen, ob was geschehen ist. Als ich in den Betrieb
kam, sah ich die Juden mit den Kleinkindern im Hausflur
sitzen. Es war an dem Tag sehr kalt, und es regnete.

Ich konnte das nicht sehen: die Armen weinten, und
es fror ihnen sehr. Ich nahm sie mit und sagte ihnen, sie
können solange bleiben bis sie wieder geholt werden. Es
waren 18 Personen. Ich heizte ihnen im Warteraum ein,
und das tat ihnen wohl. Ich dachte mir nicht, daß es
meinen Kopf kosten könnte. Ich wollte ihnen nur helfen.

Spielen konnte ich nicht, da bei einem Großangriff einige
Tage kein Strom war.

Marie Butz
Konzessionärin der POPPENWIMMER-Lichtspiele

Im November 1944 wurden die Luftangriffe der
Alliierten auf Wien intensiviert. Am 5. November
wurde das freistehende Kino GROSS-JEDLERSDORF
von einer Bombe getroffen, und bis zum April 1945
wurden mehr als 25% der Wiener Kinos zerstört, so
die großen Kinos wie das WELTSPIEGEL-Kino oder
das BUSCH-Kino; letzteres wurde ja trotz langjähri-
ger Diskussionen nicht mehr aufgebaut. Noch
heute gibt es an seiner Stelle eine unbebaute Grün-
fläche.

Drei Jahre später

Infolge der Beschädigung am MARGARETNER BÜRGER-Kino begrub eine Feuermauer, die im starken Sturm des 28. Juli auf das Kinogebäude fiel, drei Besucher. In den Wirren der Kriegsereignisse dachte niemand am die Sicherung der Ruinen:

> „Ich saß an diesem Tage gerade im Gasthaus Fiala. Nur dem Glücke ist es zu verdanken, daß gerade damals keine Vorstellung war und das Dach so glücklich herunter gefallen ist, sonst hätte es das ganze Kinodach eingedrückt. Der Maurer erzählte im Gasthaus, daß das Gewölbe oberhalb des Kinoeingangs durch die Bombe derart beschädigt und zerrissen ist, daß dieses durch die ständigen Straßenerschütterungen einzustürzen drohe..."
>
> *Augenzeugenbericht, 29. Juli 1946*

Eine Sturmkatastrophe Mitte 1946 machte auch das KEPLER-Kino einige Tage unbespielbar, da Mauerreste auf das Kinodach stürzten. Mehr als ein Jahr nach Kriegsende kam es also noch immer zu Unfällen durch schlecht gesicherte Hausruinen.

„Ein kleines Lied ist alles, was ich habe"

Im von Bomben zerstörten Wien war das Kino eine der wenigen erschwinglichen Vergnügungen. Man freute sich auf jene Filme, die in den letzten Jahren nicht mehr nach Wien hatten kommen dürfen. Die Kinokarten wurden im Schleichhandel gekauft. Soldaten, so wurde berichtet, boten unter der Hand die Kartenkontingente an, die ihnen zugeteilt worden waren.

Eines Tages wurde anläßlich einer Umfrage über Kinogewohnheiten an der Ecke Nußdorferstraße/Währingerstraße ein junger Mann angesprochen, der sich auffällig vor dem Kinoeingang des YANK-Kino (KOLLOSSEUM-Kino) herumgedrückt hatte: „Wer ist denn ihre liebste Schauspielerin", wurde er gefragt. Daraufhin brach er in schallendes Gelächter aus: „Was wollt' ihr wissen? – Mir is' des wurscht. Jede ist mir liab und teier, wo die Kinos voll san!"

Der Kinokartenschwarzmarkt nahm unvorstellbare Ausmaße an. Bei bekannten Filmtiteln wie *Schleichendes Gift*, einem österreichischen Aufklärungsfilm, oder bei *Der dritte Mann* waren schon Tage vorher alle Karten verkauft. Gewohnt, eine halbe Stunde vor Beginn zu kommen, mußte man sich durch eine Menschenansammlung rund um die Kassa drängen, um schließlich vor dem Schild „Ausverkauft" zu stehen. Voll Enttäuschung verließ man das Kinofoyer. Nicht selten wurde man vor dem Portal angesprochen, die Professionellen erkannten den Enttäuschten schon am Gesichtsausdruck, und es wurden die „zwei überhaupt allerletzten Karten, ausnahmsweise, zufällig, und nur für Sie" angeboten; um einen horrenden Preis. Je nach Laune und Zustand der Geldbörse griff man zu.

Wien wurde bis 1955 von den vier Siegermächten verwaltet. In den vier Zonen und im von den Alliierten gemeinsam verwalteten ersten Bezirk konnte man vor allem Filme aus den Siegerländern sehen: Für die amerikanische Filmkultur in Österreich war Ernst Häussermann verantwortlich, für die französische der Filmoffizier Raymond Cravenne.

MARIA THERESIEN-Kino
(heute U3), Wien VII.
Mariahilferstr. 70
1946

Vereinzelt wurden auch noch alte Filme aus der Nazizeit gezeigt: So in Uraufführung eine Wien-Film-Produktion aus dem Jahre 1943, *Am Ende der Welt*, mit der beliebten Brigitte Horney und Attila Hörbiger; oft wurden auch sogenannte ‚Überläufer‘ vorgeführt, Filme, die noch im Nationalsozialismus produziert worden waren, aber erst nach 1945 fertiggestellt wurden; ein bekanntes Beispiel ist *Wiener Mädel* von Willi Forst. Im TABOR-Kino wurde die sowjetische Fassung, im APOLLO-Kino die deutsche Fassung gezeigt; Forst hatte jedoch nur die deutsche Version autorisiert, die im APOLLO elf Wochen lang lief und von dem Film *Der dritte Mann* gefolgt wurde. Aus England kam in den ersten beiden Jahren nach dem Krieg der 1944 produzierte Film *Heiße Liebe*, aus Frankreich etwa

etwa *Das Geheimnis der Berghütte*, ebenfalls bereits 1944 produziert. Synchronisiert wurde der Film in Wien.

Da es ein Gesetz gab, das besagte, daß die Einnahmen, die mit den Filmen erzielt wurden, im Land verbleiben mußten, produzierten (z.B. *Wintermelodie*) und synchronisierten u.a. französische Firmen in Österreich, etwa den Ende Dezember 1947 ins KÄRTNER-Kino und ins VOTIVPARK-Kino gekommenen Film *Die Lüge der Nina Petrowna*, eine Geschichte, die in der österreichisch-ungarischen Monarchie angesiedelt ist. Diese französische Produktion aus dem Jahre 1939 wurde sogar in Wiener Mundart synchronisiert.

Ein weiterer Grund, daß der Kinobesuch wieder anstieg und 1955 die Nachkriegsrekordmarke von über 47 Millionen erreichen sollte, war, daß es im Kino schon alleine durch die Menschenansammlung wärmer war als zu Hause. So erzählte mir eine Wienerin, daß sie sich gerne an die Kindervorstellungen erinnere, die kostenlos besucht werden konnten. Abends sei das Kino durch die menschliche Wärme der Kinder bereits „bacherlwarm" gewesen. Ähnliches wurde auch vom NONSTOP-Kino erzählt, wo man um 8 Uhr morgens gerne 50 Groschen bezahlte, um einige Stunden im warmen Saal sitzen und dabei Bilder aus der bisher verschlossenen Welt sehen zu können. „Wer hat denn morgens um acht Uhr Zeit, um ins Kino zu gehen", fragte der Reporter der Zeitschrift *Funk und Film* 1946. „Vor allem Kinder, die ganz erfroren hierher kommen. Sind oft Fünfjährige dabei; den Kleinen machen die Trickfilme besondern Spaß."

NON-STOP-Kino, später RESIDENZ
Wien VII., Mariahilfer Straße 2
1946

Eine Marktlücke war entdeckt. Am 28. Oktober 1949 begann das ARKADEN-Kino mit einem Wochenschau- und Kurzfilmprogramm ab neun Uhr morgens. Eine Vorstellung dauerte eine Stunde. Ab halb drei Uhr nachmittags wurde mit dem regulären Kinoprogramm fortgesetzt. Schon bald warben das MARIA-THERESIEN-Kino, das KRUGER-Kino und das KÄRNTNER-Kino mit Vorstellungen ab 9 Uhr morgens um Besucher: Viele, nicht nur die bekannten Schulschwänzer, huschten rasch auf zwei Stunden am Vormittag zum *König des Dschungels*, um Johnny Weissmüller im März 1950 im KRUGER-Kino in Aktion zu sehen.

Dienst am Kunden stand auch im Vordergrund der Überlegungen, als das AUGE-GOTTES-Kino im ersten Stock eine Kinderbetreuungsstelle einrichtete, um den Eltern den Besuch einer Kinovorstellung zu ermöglichen. An der Kassa vermerkte man die Kinositzplätze der Erwachsenen, um sie bei Bedarf schnell aus dem Film holen zu können; sicherlich ein gutgemeinter Einfall, um dem ständigen Streit um Schoßplätze auszuweichen.

In einem Kino erschien eine aufgeregte Ehefrau, deren Mann sich mit einer Freundin im Kino befinden sollte. Der Kinobesitzer bat die Dame, im Vorraum auf das Ende der Vorstellung zu warten, ließ dann den Film kurz unterbrechen und gab den Besuchern bekannt, daß der Herr, der mit seiner Freundin im Theater sitzt, draußen von seiner Frau erwartet werde. Daraufhin verließen 12 Paare das Kino durch den Notausgang.

Witz, 1949

Die Vertreter der Kinobranche diskutierten über den Wiederaufbau der zerstörten Kinos. Man versuchte, den „früher Berechtigten", d.h. jenen, die vor dem 13. März 1938 Kinos besessen hatten, ihre Kinos wieder zurückzugeben. Da viele Besitzer während der Nazizeit als Mitglieder der NSDAP und der Reichsfilmkammer geführt worden waren, kam es nun zu Prozessen und Streitereien um Besitzrechte. Entschuldigungsschreiben und Erklärungsversuche von ‚Belasteten' kennzeichneten das Klima. Bis 1950 konnte aufgrund eines Gesetzes kein NS-‚Belasteter' ein Kino führen.

Die Sascha-Filmproduktion, die einzige österreichische Großfirma, die Filmproduktion, Verleih und Kinos unter einem Dach vereinte, übernahm 1947 die Kinos MARIA THERESIEN, FLIEGER, LÖWEN und WIENZEILE. Die Kiba (Kinobetriebsgesellschaft) erhielt nach 1945 ihren Kinopark zurück; dabei wurde ihr vorgeworfen, sich Kinos unrechtmäßig anzueignen – es handelte sich um Übergaben im Zuge des Entnazifizierungsprogramms –, um sie in die gemeindeeigene Gesellschaft einzugliedern.

Tatsache ist, daß in dieser Phase die Besitz-Konzentration begann, die bis heute nur mehr wenige Kinos, so das BREITENSEER-Kino oder das EOS-Kino, als selbständig geführte Betriebe weiterbestehen ließ. Nicht nur die Politik der Kiba war daran Schuld. Ebenso verantwortlich für das Anfang der 60er Jahre einsetzende Kinosterben – das in weiterer Folge bis 1980 zur Schließung von 133 Kinos führte – war das Desinteresse der großen Filmverleiher, die selbständig programmierenden und in den Außenbezirken angesiedelten Kinos mit interessanten Filmen zu beliefern.

Die durch das aufkommende Fernsehen forcierten technischen Neuerungen in der Projektions- und Tonqualität, die große finanzielle Mittel erforderten, die zunehmende Nachfrage nach Komfort und die steigende Mobilität der potentiellen Kinobesucher waren zusätzliche Gründe dafür, daß die meisten Vorstadtkinos schließen mußten.

Erst 1972 eröffnete eine Gruppe von Kinoenthusiasten im ehemaligen ROSSAUER-Kino das FREIE KINO; ihr Ziel war es, unabhängig von großen Verleihfirmen ein qualitätvolles Filmprogramm zu präsentieren. Die Lebenszeit dieses Kinos war jedoch nur von kurzer Dauer (bis zum Jahre 1976), da das Konzept von Programmkinos bei den Förderungsstellen noch nicht als notwendig für die Film- und Kinokultur angesehen wurde.

Ende der 40er Jahre war Kino auch für kleine Bezirkskinos noch ein Geschäft. Nur der Strommangel, der es nicht erlaubte, täglich zu öffnen, beeinträchtigte den Betrieb. Im Jänner 1947 kam es zu einer radikalen Betriebseinschränkung; es wurde nur am Wochenende gespielt.

An die Stelle von Filmvorführungen traten in den ersten Nachkriegsjahren auch Varietéveranstaltungen. Man erinnerte sich dabei von neuem an die Tradition, in Kinos – etwa im APOLLO oder im PHILADELPHIA-Kino – auch die Bühne zu nützen: So wurde Gustav Lenau für bestimmte Tage im Juni 1946 die Konzession erteilt, wie es im amtlichen Bescheid vom 31. Mai 1946 heißt, das MARGARETNER BÜRGER-Kino „zwischen 21 und 23 Uhr mit Ausschluß von Veranstaltungen mit größeren artistischen Geräten und der Vorführung von Groß- und Raubtieren" zu nützen. Alle verwendeten Texte wurden von der Militärbehörde kontrolliert, und die Ankündigungen – Plakate und Werbeschriften – durften auf Grund des Papiermangels nicht größer als 42 mal 36 cm sein.

„Mit Ausnahme der Veranstaltung von Hypnose und Suggestionen unter Mitwirkung der Besucher" wurde z.B. auch Margarete Gölles Ende Dezember 1947 eine Varietéserie im PARK-Kino, im LÖWEN-Kino, im HAYDN-Kino und im STADLAUER-Kino erlaubt. Die Varietévorstellungen waren auf Grund des großen Filmmangels auch bei den Kinobesitzern begehrt, und man bewarb sich gerne um derartige Veranstaltungen.

> Im Foyer eines Wiener Lichtspieltheaters im ersten Bezirk hängt eine Tafel mit der Aufschrift: „Das Mitbringen von Hunden ist nicht gestattet. Die Direktion!" Irgendwer strich „Die Direktion" und setzte statt dessen mit Bleistift dazu: „Der Wiener Tierschutzverein".
>
> *Funk und Film, 1946*

Eines der letzten Kinos, die in Eigenregie geführt wurden, war das EOS-Kino. Die Geschäftsführerin, Hermine Kunesch, rettete aus dem großen SASCHA-Palast, der Ende 1944 völlig ausgebombt worden war, die noch vorführtüchtigen Maschinen und ließ den Namen EOS wieder aufleben. Das Ehepaar Huber ist heute der Konzessionär dieses Kinos, das als eines der letzten Beispiele für die Kinoarchitektur der 50er Jahre gilt. Man würde in dem Klostergebäude, in dem das EOS untergebracht ist, keinen Kinosaal vermuten, gäbe es nicht außen eine kinotypische Lichtreklame und entsprechende Schaufenster, deren Aushang oft wechselt. Heute stellt dieser Betrieb vor allem Filme in

Zweitaufführung vor, die in den großen Innenstadtkinos nicht mehr jene Umsatzzahlen bringen, die dort erwünscht sind. So wird das Programm öfter als heute üblich gewechselt. Nach wie vor ein Wunder ist es aber, daß dieses verkehrstechnisch nicht besonders günstig gelegene Kino noch immer existiert; trotz der Konkurrenz der Innenstadtkinos

und der vielen Videotheken in der näheren Umgebung. Für die Betreiber steht jedoch fest: Solange sie ihr Programm weiterspielen können, und solange es genügend Parkplätze in der Umgebung des Kinos gibt, werden sie an ihrem Kino festhalten. Das Interieur des EOS ist seit der Eröffnung gleich geblieben. Vor der alten Kassa wurde so manche Entscheidung getroffen, die bis heute bedeutsam ist: „Nein, diesen Film sehe ich mir nicht an. Das war das letzte Mal, daß ich mit Dir komme", oder: „Ab heute gehen wir miteinander. Nicht wahr?!"

Es ist ein erhaltenswertes Kino, das die für Wien so typische Kinorenaissance der Nachkriegszeit zu erzählen weiß: aus einem Theatersaal entstanden, auf Ruinen den Wiederanfang gewagt, die glorreichen 50er Kinojahre erlebt, geführt von Individualisten, denen ihre eigenständige Programmmation über alles geht.

Heute empfinden nur mehr wenige Menschen die Euphorie, die neue Kinobauten in den 20er Jahren oder zu Anfang der 50er Jahre noch hervorgerufen haben. Nur noch einige Stammgäste aus dem dritten Bezirk, der Landstraße, sind über das einzige noch spielende Kino des Grätzels, nein, des gesamten Bezirks, froh; daneben gibt es das von der

EOS-Kino, Wien III., Landstraßer Hauptstraße 137a
1993

> Der Krieg ist der Vater aller Dinge. Vielleicht gelingt es dem Fernsehen, das dem Film den Kampf angesagt hat, diesen zur Besinnung auf sich selbst, auf seine wunderbaren und unausgeschöpften Möglichkeiten zu bringen, wir wären die dankbaren Nutznießer dieser Auseinandersetzung
>
> *Filmschau, Katholische Filmkommission,*
> *September 1954*

Stadtgemeinde Wien unterstützte STADTKINO, die ehemaligen KAMMERLICHTSPIELE, am Schwarzenbergplatz.

Manche Wiener Bezirke, wie der achte, der elfte, der zwölfte, der dreizehnte, der siebzehnte, der neunzehnte usw. bis zum dreiundzwanzigsten Bezirk sind bereits ‚kinofrei'. Sogar im sechzehnten, in Ottakring, mit zwölf Kinos zu Beginn der 20er Jahre eine der Hochburgen, kündet nur mehr ein Pornokino vom einstigen Glanz: Dieses wurde auf dem umgebauten Balkon des WELTSPIEGEL-Kinos adaptiert. Die meisten Bezirke außerhalb des Gürtels und jenseits der Donau müssen bereits ohne jene typischen Neonröhren und Steckschrifttafeln, den Popcorngeruch und die skurrilen Werbefilme vor dem Hauptprogramm auskommen; es gibt auch kein langes Warten auf Freunde mehr im Foyer, während soeben die letzten Karten verkauft werden.

Nur im einundzwanzigsten Bezirk hält sich noch das GLORIA-Kino als Kinocenter. Ich wünsche ihm ein langes Leben!

Doch kehren wir in die 50er Jahre zurück, als noch einmal – damals aus den Trümmern des Krieges – stolze Kinopaläste, wie das neue WELTSPIEGEL, erwuchsen.

Liebes, kleines Vorstadtkino

Die Kinos in den inneren Bezirken Wiens sind repräsentativer als die in der Vorstadt. Aber die Filme sind dieselben. Die Kleider des Stadtpublikums sind eleganter als die an der Peripherie der Stadt. Aber die Herzen sind dieselben.

Das kleine Kino im Nordosten der Stadt befindet sich in einem Gebäude, das von den Bomben erwischt wurde. Links und rechts alte Häuser, ein paar Schritte weiter eine Konditorei, die außer den spärlichen Zuteilungen nur gelegentlich Lebkuchen zu verkaufen hat, und eine Drogerie, wo das Ziel Petroleum heißt. Das Kino selbst ist kein Feenpalast, aber nett gehalten, irgendwie anheimelnd mit seinen wenigen Reihen.

Das Publikum setzt sich hauptsächlich zusammen aus Arbeitern und Gärtnern, Handwerkern und kleinen Angestellten – darum ist die Kassa an den freien Samstag- und Sonntagnachmittagen besonders umlagert. Viel Stammpublikum gibt es, Leute, denen ein Theater- oder Konzertbesuch zu teuer und zu umständlich oder auch uninteressant ist. Für sie alle bildet der Kinobesuch den einzigen Kunstgenuß, die einzige Unterhaltung in der langen grauen Woche.

Manche sind darüber ein wenig kritiklos geworden. Fragt man, was sie am liebsten auf der Filmleinwand sehen möchten, entgegnen sie: „Was Schön's halt", und finden eigentlich alles schön, was sie von den täglichen Sorgen und Mühen ablenkt. Andere aber wissen Wertvolles, Mittelmäßiges und Kitschiges gut zu unterscheiden. Die jungen Mädchen verraten auch im Aussehen, daß sie oft und gern ins Kino gehen und die Diva in all ihrem Glanz bewundern; es zeigt sich da ein rührend-törichter Hang zur Mondänität...

Die Leute vom Rand der Stadt haben ihr Kino gern, ziehen es den großen Sälen im Stadtzentrum vor, wie die kleine Kontoristin, die Samstag nach Büroschluß in ein paar Minuten bei einem Erstaufführungskino wäre, und doch lieber in der Vorstadt, wo sie wohnt, sich die Filme ansieht.

Ja, liebes, kleines Kino... Das ist nicht nur Gewohnheit, das ist ein Vertrauensverhältnis!

Funk und Film, Dezember 1946

SCHOTTENFELD-Kino
Wien VII.
Schottenfeldgasse 22
um 1950

Mein Stammkino ist kein Filmpalast mit einem Fassungsraum für 1000 Personen, es hat keine livrierten Platzanweiser, keine gepolsterten Sessel und auch keine große Bühne.

Man braucht dort nicht Stunden um eine Karte anstehen. Das Fräulein an der Kasse und die blonde Platzanweiserin grüßen mich wie einen guten Bekannten. Als Stammgast habe ich meinen Stammplatz. Wenn ein Film in einem Erstaufführungskino läuft, weiß man meist noch nicht so genau, ob es sich um ein hervorragendes oder um ein mittelmäßiges Werk handelt.

In meinem Stammkino trägt man keinen Smoking, und Abendkleider tauchen dort nur auf der Leinwand auf. Dafür setzt sich mancher Arbeiter im Werksgewand, so wie er gerade aus der Fabrik oder Werkstatt kommt, auf seinen Platz. Das Publikum ist eine Angelegenheit für sich. Es empfindet die Handlung, die da vor seinen Augen abrollt, als wären es Szenen aus seinem eigenen Leben. Dort werden noch ehrliche Tränen vergossen.

Wenn die Vorstellung zu Ende ist, gibt es in einem Stammkino kein großes Gedränge. Da man Hut und Mantel auf seinen Knien verstaut hat, braucht man sich auch nicht um die Garderobe anzustellen. Gut gelaunt verläßt man den gemütlichen kleinen Saal, geht mit einem Bekannten plaudernd bis zur nächsten Ecke – und ist daheim.

Eduard Franz, „Mein Film," 1946

Die Kinopaläste der 50er Jahre

Das WELTSPIEGEL-Kino

Hinsichtlich der Kinotechnik ist zu bemerken, daß die neuen, in den Kinos verwendeten Techniken meistens schon länger als 50 Jahre in den Schubladen der Filmfirmen lagen: So wurde zu Beginn der 50er Jahre mit einer anamorphoten Optik experimentiert, die das aufgenommene Bild in der Horizontalen zusammenzieht. Dadurch entsteht ein größerer Bildumfang. Nach der Entzerrung durch die gleiche Optik am Vorführgerät gelangt man zu einem größeren Bild: Cinemascope. Es wurde nun als Neuheit gegen das aufkommende Fernsehen eingesetzt, doch war es bereits 1898 von einem gewissen Rudolph entwickelt worden.

Das gleiche gilt für das einige Jahre später in die Kinopraxis eingeführte Verfahren des 70mm-Filmes, der bereits seit 1897 einem gewissen Hermann Casler, einem Experten bei optischen Versuchen, bekannt gewesen war. Jetzt wurde es zusätzlich mit einem 6-Kanal-Ton versehen.

WELTSPIEGEL-Kino, Wien XVI., Lerchenfeldergürtel 55, 1939

NEUFELLNER, Wien XVI., Lerchenfeldergürtel 55, vor 1918

am 2. Oktober 1945

145

Die Umstellungen brachten den Kinobesitzern große Kosten. Nur wenige konnten es sich leisten, nach dem teuren Umbau auch noch Werbung zu machen. Obwohl sich die anfängliche Angst, daß über kurz oder lang ausschließlich Filme in Cinemascope hergestellt werden würden, als unbegründet erwies, stellte die neue Technik für die damit nicht ausgestatteten Kinos in Wien eine große Konkurrenz dar. Ähnlich wie bei der Ausstattung der Kinos für Tonfilme in den 30er Jahren, setzte auch Mitte der 50er Jahre eine Konzentration auf jene Kinos ein, die sich die neue optische Ausstattung leisten und die dafür notwendige breite Leinwand installieren konnten.

Dem WELTSPIEGEL-Kino gelang es, beim aufkommenden 70mm-Format mit der Konkurrenz des GARTENBAU-Kinos, des APOLLO-Kinos oder des TABOR-Kinos mitzuhalten. Das alte WELTSPIEGEL, das 1919 im ehemaligen Gasthaus „Neufellner" für knapp 900 Personen adaptiert worden war, wurde im September 1944 von Bomben zerstört. Bei den Wiederaufbauarbeiten 1949/50 stieß man auf bis dahin unbekannte dreigeschoßige Weinkeller. Neue Fundamente verteuerten den Neubau. Schließlich konnte das Kino jedoch Ende 1950 eröffnet werden. Die mit 30m^2 damals größte Projektionsfläche Österreichs erlaubte in späteren Jahren die unkomplizierte Umrüstung auf 70mm-Projektionsmaschinen. Alles, was gut und teuer war, wurde eingebaut. Gleichzeitig war die Inneneinrichtung auch eine Präsentation österreichischer Handwerkskunst: Schalldämmplatten auf beiden Seiten des Zuschauerraumes garantierten eine optimale Tonqualität. Eichenholz im Vorraum, Nußholzumrahmungen des Bühnenaufbaues und Eichenglastüren waren

die Visitenkarten der ausführenden Firmen. Dieser Kinoneubau bot eine besondere Gelegenheit, endlich auch Marmor aus Österreich und Mühldorfer Naturstein für Stiegenaufgang und Foyer zu verwenden. Man war auf alles stolz, was aus Österreich kam.

Das FORUM-Kino

Bereits im Frühling 1950 wurde auch das FORUM-Kino eröffnet, eine weitere Gelegenheit, Kino als Ereignis zu zelebrieren: Wien hatte, zumindest kurzfristig, wieder einen ‚Filmpalast'. „Besonders die Farbabtönung in braunem Mahagoni, gelbem Hermatex, elfenbeinfarbenem Anstrich und weißem Plafond ist zu dem weiß-braun gestreiften Vorhang gut abgestimmt", wußte der Berichterstatter der Tageszeitung *Die Presse* zu berichten. Mit seinen 1150 Sitzplätzen reichte es jedoch nicht an das APOLLO, die SCALA oder an das 1945 im Bombenhagel zerstörte BUSCH-Kino heran. Jedoch lockten die riesengroßen Plakatflächen ins Innere. Mehrere Warte- und Aufenthaltsräume konnten jeden Publikumsansturm verkraften. In großen Glasvitrinen wurden die neuesten Modetrends der Schuh-, Textil- und Lederwarenindustrie ausgestellt. Diese Schaufensterpräsentation der österreichischen Wirtschaft setzte sich auch im Zuschauerraum fort. Auch an die schwungvollen Modenschauen auf der weitläufigen Vorbühne können sich viele Wienerinnen und Wiener noch sehr gut erinnern.

Das FORUM-Kino ist sowohl ein Symbol für den Aufwärtstrend des Kinos in den 50er Jahren als

Markthalle, vor Umbau
zum FORUM-Kino, 1948

FORUM-Kino, Wien I., Stadiongasse 11, 1967

auch ein Beispiel für die rasante Entwicklung der Projektions- und Tonwiedergabe, die wiederum eine der Ursachen für den Abriß des Kinos im Jahre 1974 war. Mit seinem großen Kinosaal und seinen weitläufigen Foyers versprach das FORUM mehr, als es – sobald ein 70mm-Film zu laufen begann – halten konnte: Die Projektionsfläche war zu klein für den großen Fassungsraum, und die Zuschauer wurden vom kleinen Bild enttäuscht. Cinemascope und 70mm kamen nicht so zur Geltung wie vergleichsweise im GARTENBAU-Kino. Eine Vergrößerung der Bildfläche war nicht möglich, da die Stützmauern der alten Markthalle keine Erweiterung erlaubten – alles mitverantwortliche Gründe, warum das FORUM-Kino 1974 einem Neubau für die EDV-Verwaltung der Gemeinde Wien weichen mußte; von der Markthalle zum Datenverarbei-tungszentrum, dazwischen lagen zwanzig Jahre Kino. Der Wandel städtischer Strukturen ist nicht anschaulicher nachzeichenbar.

Das LUNA-Kino

Beim Betreten des großen, leicht zur Leinwand hin abfallenden Saales atmete man keine süßlich-stechenden Perolin-Düfte ein; eher schon die neuen Gerüche der scharfen, noch nicht neutralisierten Bodenputz- und Glänzermittel, die an Altersheime, Schulen und Spitäler erinnerten.

Nein, alles war sauber und adrett; der Saal hatte den Charme einer Volkshochschule. Die Holzstühle, wie auf den Fotos deutlich zu sehen ist, standen eng gereiht; dichter, als es der Bequemlichkeit zuträglich war, aber ein Sinnbild für das noch gutgehende Kinogewerbe, das auf Komfort (noch) nicht Rücksicht nehmen mußte: Hauptsache, der Andrang an Samstag- und Sonntagnachmittagen konnte bestmöglich genützt werden; die Atmosphäre, das Flair der großen Welt, schlug damals nicht zu Buche. Das durch Prunk und Komfort atemberaubende Raumerlebnis früherer Kinointerieurs wurde zugunsten verordneter Zweckmäßigkeit zurückgenommen.

War der Saal voll, bildeten die Menschengesichter und -rücken ein farbenprächtiges, abwechslungsreiches und bewegliches Ornament; genug, um das hölzerne Interieur zu vergessen. Aber in den meisten Vorstellungen der Wochentage, wenn der Saal nur zu einem Drittel besetzt war, hätte man eine optische Auflockerung durch Farben und Formen benötigt – setzte sich der Schwung des „L" bei LUNA-Kino nicht seitlich an der Wand im Zuschauerraum bis vor zur Leinwand fort, fände er nicht in der Umrahmung der Leinwand sein Ziel und liefe die helle, breite Linie nicht schließlich in der kahlen Decke aus. Es war gleichzeitig ein Blick-

fang, der den Eintretenden nach vorne wies, zum Tabernakel des Kinos, zur Leinwand; ein naheliegendes und vielfach verwendetes optisches Mittel, das den Raum dynamisierte.

In der Wiederaufbauphase Ende der 40er und Anfang der 50er Jahre wurde allgemein mit einfachen Mitteln gearbeitet.

LUNA-Kino, Wien II., Taborstraße 69, 1958

Das war auch Ausdruck des bescheidenen Anspruchs und der Zweckgerichtetheit des Denkens: Der schachbrettartige Fußbodenbelag im Foyer erinnerte eher an den Küchenboden bei den Eltern zuhause. Er war jedoch pflegeleicht und einfach abwaschbar. Resopalbuffet und Resopalkassa bildeten den Rahmen und Abschluß des überstrahlten, schattenlosen Foyers. Leuchtröhren und zwei dunkle Bodenlinien führten den Zuschauer zum Ziel seines Besuches. Mit diesen beiden Orientierungselementen kam auch die ausschließliche Ausrichtung auf die Funktion und Zweckgebundenheit dieser Räumlichkeiten zum Ausdruck: möglichst viele Menschen aufzunehmen und diese aus dem Foyer möglichst rasch in den Kinoraum zu geleiten. Nischen zum Ausruhen, sei es auch nur für das Auge, waren nicht vorgesehen. Einzig die Kinoplakate, die den Warteraum farblich aufheiterten, sollten die Aufmerksamkeit der Besucher auf sich ziehen.

mehr und mehr außer Mode. Wie in den Anfängen des Kinematographen bediente man sich eines eigenen Schriftzugs, diesmal jedoch, um auf die gut funktionierende Klimaanlage hinzuweisen.

Die Außenfassade war ebenso einfach gehalten. Verzichtet wurde jedoch nicht auf ein Vordach, das den Schriftzug tragen konnte. Die gepunkteten Kleinfliesen fand man an den Trägern im Warteraum wieder. Die Außenschaufenster hatten nur soviel Platz, um den laufenden Film und eine Vorankündigung mit drei Fotosätzen aus der jeweiligen Filmwerbeabteilung zu illustrieren. Plakate kamen

Am 10. Juni 1958, am Tag der Fotoaufnahmen, leistete man sich eine Ein-Tages-Aufführung von *Wenn der weiße Flieder blüht* mit Willy Fritsch und Romy Schneider, die sich damals am Höhepunkt ihrer Karriere im deutschprachigen Film befand. Warum spielte das Kino diesen Film nur einen Tag? Vielleicht ein Anzeichen des nahen Untergangs? Wurde das LUNA-Kino damals schon von den Verleihzentralen in der Neubaugasse ausgehungert? Wurde es schon, wie schon mehr als 100 andere, als unrentabel in einer Statistik möglicher zukünftiger Kinosperrungen geführt?

Kino: Ein Ereignis?

Mit dem neuen Filmangebot aus Frankreich, England und den USA flammte die Diskussion neu auf, ob untertitelte Filme für den Einsatz in Österreich wünschenswert seien oder nicht. Milo Dor, damals Kultur- und Filmkritiker der *Weltpresse*, merkte dazu polemisch an, er finde diese Diskussion unnütz, da 80 Prozent der Filme ohnedies mit Kunst nichts zu tun hätten und es daher völlig egal sei, ob sie in Synchronfassung oder mit Untertitelung liefen. Die verschiedenen Umfragen von Tageszeitungen oder im Fachblatt *Mein Film* kamen, wie sollte es anders sein, zum gleichen Ergebnis. Der überwiegende Teil der befragten Zuschauer fand die Untertitelung störend.

Im Zuge der architektonischen und programmatischen Umgestaltung des FLOTTEN-Kinos, dem ein Art-Kino angeschlossen wurde, interessierten sich zeitgenössische Filmenthusiasten für die Zahl der anspruchsvollen Kinos in Wien; sie zählten drei: das KÜNSTLERHAUS-Kino, die Wiener URANIA, das erste Kino der Stadt, das sich bereits in den 10er Jahren Uraufführungen von späteren Filmklassikern gestatten konnte, und das BURG-Kino, das nach dem Anschluß 1938 mit fremdsprachigen Filmen Aufsehen erregte.

So schließt sich der kinohistorische Kreis vom ersten festen Kinoplatz Ecke Wallgasse – Mariahilfergürtel, GENIS ZELTKINO, bis zum großen, eigens umgebauten FORUM-Kino.

Was bleibt, sind Erinnerungen an eine Zeit, in der Ins-Kino-Gehen mehr war als Filmschauen, in der das abendliche Kinovergnügen ein Ereignis war; sei es, daß auf harten Stühlen die ersten ‚leben-

Regeln für Kinobesucher:

O komm nicht pünktlich wie die breiten Massen,
Erscheine stets im letzten Augenblick
Und setz dich dann mit Lärm, mit möglichst krassem,
Denn das ist schick!

Und liegt dein Platz in des Parkettes Mitte,
Bleib im Foyer, bis sich das Volk zerstreut.
Dann müssen alle aufstehn und dein „Bitte",
Und sind erfreut!

Mit deinem Klappstuhl knattre möglichst laut
Und setzt das Bild und die Musik dann ein,
Dann überschreie sie und plaudre mit der Braut,
Denn das ist fein!

Und wenn du husten mußt, nicht lang gefackelt!
Wart nicht zum Aktschluß, sondern lege los.
Tu es im traurigsten Momente, daß es wackelt,
Das wirkt famos!

Und hast du irgendwo Bonbons ergattert,
So schnalz und saug, wie man's zu Hause tut.
Zerbeiß die Nüsse, daß es rattert!
Das macht sich gut!

Am Schluß des Stückes stürme mit Getöse
Und lautem Brüllen zur Garderob' heran,
Tritt Hühneraugen ab! Gib Rippenstöße!
Das ziert den Mann!

Benimmst du dich, wie ich's beschrieben habe,
So rücksichtsvoll, verständnisreich und zart,
Wird man bewundernd sagen: „Dieser Knabe
Oh key! Hat Lebensart!"

F. Str., 1945

den Bilder' in Aufregung versetzten, sei es, daß das Herz für den Partner im Dunkeln bis zum Halse schlug, oder sei es, daß fünfzig Jahre später Cinemascope-, 70mm- und 3-D-Filme immer wieder von neuem in Staunen versetzten. Dabei zählten nicht mehr die unbekannten Bilder – die Non-Stop-Wochenschaukinos stellten ihren Betrieb bereits auf Spielfilme um –, sondern die Faszination der ‚besonderen' Ton- und Bildprojektion.

KÜNSTLERHAUSKINO, Wien I., Akademiestraße 13, 1985

Reinhard Tramontana

Der Untergang Meidlings

Eigentlich haben sie nicht immer Only You ge-spielt. Aber wenn was los war, wenn sie einen Hammer von einem Film – im Idealfall A Hammer Production – an Land gezogen hatten, dann hast du deine letzte Marie drauf wetten können, was sich am Freitagabend abspielen wird dort, wo du jeden Freitagabend hingehst.

Du gehst über den ziemlich großen, ein bisserl brüchigen Betonplatz auf den gewaltigen, vom Lichterglanz zahlloser, mindestens dreier Schein-werfer strahlenden Vierkanter zu, der in einsamer Erhabenheit die ganze umliegende Schönbrunner Straße überragt und über dem in feuerroten Leuchtbuchstaben Schloss-Kino steht.

SCHLOSS-Kino
Wien XII., Schönbrunner
Schloßstraße 4-8
1957

Dicht über dem Haupteingang, selbstverständlich hat das Schloss-Kino zwei Eingänge, sind in eine Leuchttafel rührend ungelenk jene Buchstaben eingeklemmt, die den Titel deines kommenden Traums verraten. Flankiert ist dieses weißlackierte Flügelportal von illuminierten Kästen, auf denen Heute, Demnächst, in Kürze und Voranzeige stehen, und die satt sind von Kunst: Was Menschenhand je in Technicolor erschaffen hat, knallt dir, auf Hochglanz poliert, entgegen.

Lässig – jeder geht hier lässig, um sich die Gier nicht anmerken zu lassen – betrittst du das Foyer und saugst mit steifen Nüstern den wunderbaren Geruch des frisch eingelassenen Holzbodens ein. Du gehst an Wänden, an denen deine Herzerln und Helden zum Greifen nah sind, entlang zur viereckigen Säule in der Mitte des Raums – denn dort, du weißt es längst, wird der nächste Hammer angepriesen.

Angepriesen. Dort steht nicht öd „Der und Die in Demunddem", dort steht, von liebender Hand, der keine grelle Farbe fremd ist, gemalt: „Erleben Sie in Kürze in diesem Theater den erregenden Sensations-Western Blutsbrüder! Eine Freundschaft zwischen Himmel und Hölle! Mit Burt Lancaster und Kirk Douglas! Ein spannungsgeladenes, unvergeßliches Meisterwerk der Filmkunst in Technicolor und Vista-Vision!"

Damit ist alles gesagt – denn Vista-Vision ist das Symbol der Vollendung.

Danach gehst du zur Kasse und gustierst: 1.-2. Reihe, 3.-4., 5.-6., 7.-13., 14. Reihe fußfrei, 15.-31. Reihe.

Jawohl, 31 Reihen. Und dazu noch acht Logen. Denn das Schloss-Kino, das war nicht irgendein so ein verquetschter Schupfen wie die, in denen sie heute Filme zeigen, das war ein Kino. Nach dem alten Forum-Kino das zweitgrößte Wiens mit 1024 Plätzen. Und hoch genug, daß du einen Zehn-Meter-Sprungturm hättest hineinstellen können – ein Kino, in dem du atmen konntest.

Und dann, knapp vor halb neun, ist „Einlaß, bitte". Der Alte, der deine Karte abreißt, hat Haare nur noch auf der Warze seiner linken Wange und muß schon da geboren sein.

Aber natürlich fällt er dir nicht mehr auf; fiele dir auch nicht auf, wenn du das Schloss-Kino zum erstenmal beträtest. Denn ganz vorn, über die ganze riesige Wand, hängt der Ahnherr aller Kinovorhänge. Staubigrot-verwaschenweiß gestreift, in dreißig majestätische Falten gelegt, und offenkundig imstande, von deiner Seele Besitz zu ergreifen, ehe du noch deinen Sitzplatz erreicht hast. Denn in ihm – du schwörst, daß es nicht *hinter* ihm sein kann – hebt ein machtvolles Dröhnen an: Only You.

Die lächerlichen Sieben Weltwunder der Antike gibt es nicht mehr – die sieben Kinos von Meidling auch nicht. Das „von Meidling" stimmt hier, denn als es sie gab, da war dieser Bezirk, an Einwohnern und Fläche der zweitgrößte Wiens, geadelt durch seine beinah unvergleichliche Hülle und Fülle an Kultur, Kunstverständnis und Frohsinn. Mit Ausnahme der City konnte kein Wiener Grätzel auf mehr Kinos pochen, neidig schielten die Bedürftigen der versteppten Nachbarbezirke auf diese Oase der Lustbarkeit.

Schon der alte, lange Zeit ehrgeizig erhaltene Name Meidlings – Murlingen – beweist ebenso wie der Umstand, daß es ihm gelang, zwei einst stolze

Flecken, Hetzendorf und Altmannsdorf, zu verschlingen, daß es zu Großem, zu Kühnem ausersehen war.

Allein, der allgemeine Kulturverfall, den das Fernsehen mit sich brachte, machte auch vor seinen großzügigen Grenzen nicht halt. Der Bezirk, der schon seinen Fußballklub Wacker hergegeben hatte – die Zenogasse war eine Festung! –, der tausenden Speisingern und Penzingern die große weite Welt gezeigt hatte, der Fünfhaus vor dem Karst und Margareten vor dem Koma bewahrte, der gnädig Pilgerfahrten von weither – bald von Hütteldorf, bald von Mauer – in sich zuließ, der Bezirk, der seine Jugend fürsorglich und unterhaltsam, weitsichtig und atemberaubend lehrte, welt-

männisch zwischen Breitwand und Cinemascope zu unterscheiden – dieser Bezirk bereitete sich seinen eigenen Untergang.

Er verscherbelte die Kleinodien seines Organismus an Krämerseelen, bis sein Herz brach.

Eine Revolverschußweite vom SCHLOSS-Kino entfernt, dreihundert Meter vor dem Lobkowitzplatz auf der unteren Meidlinger Hauptstraße, waren die MEIDLINGER LICHTSPIELE.

Kein Mensch kannte die „MEIDLINGER LICHTSPIELE" (die Anführungszeichen stehen stellvertretend für die Exotik dieses Namens), denn jeder sagte nur FÜCHSELHOFKINO. Mit Recht: denn immerhin mündeten die Ausgänge des Kinos in die Füchselhofgasse.

MEIDLINGER LICHTSPIELE
Wien XII., Meidlinger
Hauptstraße 20
1953

Das FÜCHSELHOFKINO war, wohlwollend gesagt, ein Loch. Es war wie die Gasse, die ihm seinen Namen gab, schmal, finster und pickert. Es besaß kein Foyer, es hatte ein Vorzimmer, dessen Länge das Vorführzimmer um etwa zwei Sitzreihen übertraf. Die Kasse stand anderthalb Meter hinter dem Eingang, so wie eine Paßkontrolle: Es konnten unmöglich zwei Menschen auf einmal an ihr vorüber.

Viele Erwachsene wollten das auch gar nicht: Da ihnen Leute, die weit herumgekommen waren, von modischen Glitzerkobeln wie dem APOLLO, dem SCHWEDENKINO oder gar dem neuen GARTENBAU vorgefaselt hatten, zog es die rüstigeren Murlinger nicht just magnetisch in die derb duftende Bude – zwar offerierte das FÜCHSELHOFKINO, weil das Tapfere den Meidlingern innewohnt, täglich drei Vorstellungen (4, 6, 8 Uhr), doch Verliebte brauchten durchaus nicht die letzte Reihe zu wählen, um unbeobachtet zu sein.

Aber für junge Haudegen wie unsereins war das Lochhafte sensationell: Ein gütiges Geschick, das sich einen vergeßlichen Kinobesitzer auserkoren hatte, bescherte uns viermal im Jahr *Im Zeichen des Zorro*.

Hier, angesichts der blitzenden Degenklinge Tyrone Powers, wurde unsere Freiheitsliebe gefestigt; hier, eingedenk der schwarzen Augenmaske, wurzelt auch unser Bekenntnis zur Demokratie; hier, geprägt vom listigen Charme des vermeintlichen Weichlings, fundamentierte sich unser sagenhafter Erfolg bei Frauen.

Auch abgesehen davon bot das FÜCHSELHOFKINO reichen Gewinn: Kein noch rares Abenteuer des Wildwest-Schreckens Al Fuzzy St. John entging uns, und wer etwas auf sich hielt, sah *Fuzzy und der Kampf um die Silbermine* wenigstens dreimal. Einer der letzten Filme, die ich dort gesehen habe, ehe das Kino von einem Modegeschäft geschluckt wurde, war *Dr. Seltsam* – und ich weiß mich mit allen Cineasten eins, daß Peter Sellers gegen Fuzzy glatt abstank.

Das feine Familienkino mit theatralischem Touch war das PHILADELPHIA-Kino an der gleichnamigen Brücke. Wenn Filme, die hier gespielt wurden, *So ein Abenteuer* hießen, dann spielte Lieselotte Pulver die Hauptrolle. In die Jugendvorstellungen drängten die Lehrer und Schüler (*Die Wüste lebt*), aber wahrhaft wüstes Leben griff erst Platz, als das Etablissement als erstes Kino Meidlings jeden Samstag 11-Uhr-Nachtvorstellungen einführte. Da saßen Meidlings Aufsteiger in fast gebügelten Lederjacken und gaben sich einen Lino Ventura nach dem andern: Danach gingen sie noch rasch mit ihrer Braut ins „Taxler-Cafe" auf der anderen Seite der Brücke, klopften ihr auf den

PHILADELPHIA-Kino, Wien XII., Wilhelmstr. 64-68, 50er Jahre

Hintern (der Braut, nicht der Brücke) und schmatzten: „Der Gorilla läßt schön grüßen."

Gerechterweise muß festgehalten werden, daß das PHILADELPHIA-Kino gelegentlich auch um 4, $^1/_4$7 und $^1/_2$9 Uhr Filme spielte, die nicht ganz in seinen feudalen Rahmen zu passen schienen; es war das METRO-Kino Meidlings: Wie in einem kleinen Hoftheater war die Bühne von einem goldbemalten Rahmen betulich umkränzt, der schwere Vorhang stumpfte aus purpurnem Samt, und die Sitze waren aus gleichfarbenem Plüsch. Und es hatte als einziges Kino dieses sonst so reichen Bezirks einen echten Balkon!

Von diesem aus wurde ich erstmals mit Eddie Constantine bekannt, und wer nicht versteht, warum dieser kostbare Heros jede Attrappe eines Abziehbildes von einem Kopienimitator wie Roger Moore grinsend einsteckt, wird den Unterschied zwischen Kunst und Klamotte nie begreifen.

Was das PHILADELPHIA-Kino für das zentrale Meidling war, war das HETZENDORFER LICHTSPIEL-THEATER für, wie der Name schon sagt, Altmannsdorf und Breitenfurt: ein Kino, in welches man mit dem reiferen Nachwuchs und in urbaner Kleidung zu gehen wagte.

HETZENDORFER-Kino
Wien XII.
Hetzendorferstr. 75A
20er Jahre

Die Hetzendorfer gingen sowieso nur in dieses Kino, und das mit gutem Grund: Sein Spielplan griff tiefer hinein ins volle Menschensterben, hier wurden um Zwölf Uhr Mittags die Ladykillers gefeiert, und hier traf ich erstmals mit Tarzan zusammen – also klarerweise mit Johnny Weissmüller.

Elterliche Obsorge brachte mir zwar auch *Sissy* und *Peter Voss, der Millionendieb* näher (ein bemerkenswerter Film, in dem O. W. Fischer fast nicht nuschelt), aber dafür, daß es neben dem SCHLOSS-Kino zu meinem meistbesuchten wurde, gibt es fünf andere Gründe: die Vorhangzeremonie, ein Mädchen und drei Filme.

Das LICHTSPIELTHEATER – „Wir bringen die neuesten und besten Filme der Weltproduktion" – wurde von der rührigen Besitzerin, die auch hinter der Kasse saß (3,50 bis 8,50 Schilling), nicht nur schmuck gehalten in gediegenem, so gut wie nicht abblätterndem Schönbrunnergelb, sondern auch raffiniert in Szene gesetzt.

Jede Vorstellung (zuletzt $^3/_4$4, 6, $^1/_4$9 Uhr) begann bereits hinter verschlossenen Türen: Noch ehe Einlaß war, drang dumpfe Musik aus dem Saal; nach einer guten Minute wurde die Tür geöffnet, und man betrat einen von einem einzigen Kronleuchter nur matt erhellten Saal mit immerhin vier-

1993

157

undzwanzig Sitzreihen; nach exakt drei Minuten wurde der erste Spot der Kinoreklame auf den stahlblauen Vorhang geworfen – worauf dieser eine volle Minute geschlossen blieb; als er sich öffnete, gab er keineswegs die Leinwand preis, sondern einen goldglänzenden zweiten Vorhang; auch der blieb noch eine halbe Minute zu, und erst als dieser dem künftigen verwegenen Geschehen wich, ging durch die reichlichen Stammgäste der *Hetzendorf-roar* – ein wohliges, brustfüllendes Grunzen, als sei aus einer Stampede ein Sitzstreik geworden.

Apropos brustfüllend: Eben, als Errol Flynn dem schurkischen Basil Rathbone die gewundene Steintreppe hinauf folgt und wir im überdimensionalen Schattenspiel beider Schwertkampf verfolgen (*Robin Hoods Abenteuer*, wie du weißt), berührte meine Hand eine andere, kleinere. Es lag an dieser Hand, daß ich für Olivia de Havilland fortan keinen Sportgummi mehr gegeben hätte.

Meine Olivia, sie hieß Traudl, und ich waren so unzertrennlich, daß man uns noch bei *Sindbad, der Seefahrer* (Douglas Fairbanks jr. hatte mir nur den Schnurrbart voraus) zusammen sah, und die Beziehung zerbarst erst, als Traudl sich nicht zum zweitenmal *Peter Pan* anschauen wollte – so sind sie, die Weiber, wo ich doch den Film (einer der drei erwähnten) schon viermal gesehen hatte!

Die vierte Kette, die mich ans LICHTSPIELTHEATER band, war *Der Hund von Baskerville*, meine erste Hammer Production mit Peter Cushing und Christopher Lee, ein aufwühlendes Erlebnis, das mir nicht nur für immer die landschaftliche Grandiosität echter Kulissen vor Augen führte, sondern mich auch dem Kitsch gegenüber hörig machte.

Der letzte Film hätte es ums Haar geschafft, mich zu Zorros Verräter zu machen – es handelte sich also um ein feinsinniges, subtil nuanciertes Epos voll unerhörter Dramatik, um hochpsychologische Charakterstudien von zeitlosem Wert. Wie wahr: Es handelte sich um *Die Abenteuer der drei Musketiere*, jenen alten Klassiker, in dem Georges Marchal den d'Artagnan spielt und Bourvil den Planchet – und wenn ich seither andere Filme häufiger gesehen habe als diesen (sechsmal), so ausschließlich deshalb, weil er nicht mehr gespielt wird.

Denn diese Fassung endet nach dem ersten Teil des Romans, also sinken einander Constance und ihr Musketier noch selig in die Arme – und sowas hat die Traudl verschenkt!

Schräg vis-à-vis von meinem Eislaufplatz lag das ROSENHÜGEL-Kino. Es hatte mir nichts zu bieten außer *Rio Bravo* – mit anderen Worten: Hier tat sich mir die überwältigende Welt des Kultfilms auf.

Wenn das Kino selbst nach irgendeinem Kult aussah, dann allenfalls nach dem der frühen Eisenbahnerheime; mit Recht gastierte dort das „Volkstheater in den Außenbezirken" und auch sonst war alles recht schäbig.

Es hatte ein abwaschbares Foyer aus Linoleum und PVC, eine Kasse mit Milchglasscheiben, durch die man aber trotzdem bequem die Brustwarzen hinter dem dünnen Pullover der Kassiererin sehen konnte, und war aus letztem Grund einigermaßen frequentiert. Das Programm war gemischt wie das Publikum, und eines Samstagnachmittags nahm mich ein besorgter Schulfreund beiseite und mahnte: „Wenn du dir den Film anschaust, dann bist du verdorben!"

Der Film war: *Nur der Wind* mit Freddy Quinn.

Das Kino, das von jedem Hetzendorfer, der einen intakten Leumund sein eigen nannte, mit denselben Blicken bedacht wurde wie das Wirtshaus Engel, das also von allen klassen jungen Burschen von meilenweit her heimgesucht wurde als Herberge der halben Stärke, das waren die ALTMANNSDORFER LICHTSPIELE.

Sie lagen einen geziemenden Kilometer vom eigentlichen Hetzendorf entfernt an der Breitenfurter Straße und waren genau das, was du dir unter Kino pur vorstellst.

Jeder Hauch von architektonischer Gefälligkeit wäre hier der höhnischen Verachtung der Gäste anheim gefallen; jede die Fassade oder das Innenleben verzärtelnde Geste wäre zurückgewiesen worden wie ein Roederer Crystal von einem, der weiß, wie gut ein Obstler ist.

Die ALTMANNSDORFER LICHTSPIELE mochten ihre Fehler haben – etwa den, daß ihr betagter, bulliger Besitzer es nie ganz schaffte, die erforderlichen ungefähr neunzig Aschenbecher aufzustellen –, aber den einen hatten sie nicht, sich anzubiedern.

Wer das Kino betrat, tat das auf eigene Gefahr, was bedeutete, daß du natürlich jeden Samstagnachmittag drin warst – im heimeligsten Schlauch Meidlings. Daß es ein Schlauch war, konnte keiner leugnen – es hatte 33 Reihen, dafür aber nur acht Sitze pro Reihe –, aber das scherte dich verdammt wenig: denn wenn du schnell genug warst, wenn du zur Kassaeröffnung um halb vier da warst (Vorstel-

ALTMANNSDORFER-Kino, innen, Wien XII., Breitenfurterstr. 36 um 1924

lungsbeginn: $^1/_45$), konntest du noch einen Platz in der ersten Reihe kriegen.

Die acht Sitze der ersten Reihe waren für die Granden und wurden bei wirklichen Hadern (wie dem *Seefalken*) schwarz gehandelt – bis zu zehn Schilling! Man mußte flott sein oder dazugehören, um einen zu ergattern – man mußte aber nicht kurzsichtig sein, um sich des Films zu erfreuen, denn die Reihe war praktisch fußfrei: gut sechs Meter von der Leinwand entfernt.

Die sich einem hüllenlos darbot, logo: Ein Vorhang wäre den Besuchern wie schwüles Parfum vorgekommen.

Und auf dieser Leinwand war was los: Der dezenteste Film, an den ich mich im ALTMANNSDOR-FER erinnere, war *Der Wilde* – noch wochenlang entschuldigte sich der Chef bei seinen Stammgä-

sten für diesen Mißgriff: Er habe den Streifen für einen Indianerfilm gehalten.

Neben allem, was das herrliche Hollywood an Greueln zu bieten hatte – von *Godzilla* über *Insel des nackten Grauens* bis, selbstredend, *Ein Toter spielt Klavier* –, wartete das ALTMANNSDORFER mit einer deliziösen Spezialität auf: Es zeigte Filme, deren Romanvorlagen behördlich verboten worden waren. Es zeigte die Filme mit dem Coyoten.

Den Kinofreaks wage ich vorauszusagen, daß diese Filme noch einmal als Kultfilme zurückkommen werden: Sie spielen in Kalifornien, behandeln das Thema des Zorro im Gewand eines Westerns, sind lückenloser Schund und von einer intellektuellen Hintergründigkeit, die den *Jäger des verlorenen Schatzes* zum philosophischen Standardwerk stempelt.

ALTMANNSDORFER-Kino, außen, um 1924

1993

Sie waren also Welt: *El Coyote, Der Coyote reitet wieder*, und am weltesten war *Der Coyote kehrt zurück*. Nur bei diesem Film habe ich erlebt, daß ein erregter Zuschauer El Coyotes widerlichem Gegner einen Schuh nachschleuderte. Die Leinwand war, wie der Kinobesitzer, hart im Nehmen und blieb ganz.

Das letzte Kino war auch das letzte, das das glanzvolle kulturelle Erbe Meidlings verteidigte: das GAUDENZDORFER-Kino an der Schönbrunner Straße, einen Häuserblock vor dem Gürtel. Bis vor kurzem hielt es noch einen „Treffpunkt" bereit, von Anfang an aber lag sein Zauber darin, daß er unterirdisch stattfand: Das GAU lag einen Stock unter dem Straßenniveau, und die Filme für gewöhnlich auch. Es war das erste Kino, das Meidlings heile Kinowelt durch einen Schuß entartete Kunst ins Wanken brachte: Es spielte Spaghettiwestern, Schulmädchenreports und Kung-Fu-Filme.

Das Gau war immer kalt: falscher grüner Marmor, keine Wochenschau, Laufkundschaft. Im Menü der Murlinger Märchentempel war es ein Hamburger in Aspik.

Aber nichtsdestotrotz kleschte es dir manchmal ansatzlos ein Juwel zwischen die Augen – schließlich ist *Der weiße Reiter* kein Schmarrn. Und *Scaramouche, der Mann mit der Maske* (in dem Stewart Granger und Mel Ferrer einander das längste Degenduell der Filmgeschichte liefern) ist auch kein Hund.

Doch es bleibt die schale Erinnerung daran, daß sie sich im Grau eines trotteligen Tages dazu entschlossen, statt Sportgummi Popcorn zu verkaufen.

Dem Lancaster haben also die langen Zigarren genausowenig genützt wie seine blendend weißen Zähne. Ganz in Schwarz liegt er da, neben der Festungsmauer von Vera Cruz, und hat ein Loch in der Stirn. Und der Cooper geht davon, einsam, aber siegreich. Es wird hell. Der Hammer ist aus. Du stehst auf, gehst durch eine der fünf Ausgangstüren hinaus auf die Schönbrunner Straße.

Nächsten Freitag ist ja wieder ein Hammer. Gable, Gardner, Kelly, Regie John Ford. Und dann werden sie wieder Only You spielen.

Aber nicht mehr in diesem Theater. In deinem SCHLOSS-Kino. In das kommt kein Hammer mehr. Nur die Türen, die stehen noch. Die Ausgangstüren. Die hat nicht einmal ein Möbelzentrum umbringen können.

Du gehst davon, einsam und verlustreich. Und du denkst dir, daß einmal zu den Ausgangstüren wieder Eingangstüren dazu kommen. Weißlackierte. Hinter denen man, zwanzig Schritte weiter, gustieren kann. Bis zur 31. Reihe. Nur du gustierst nicht, du nimmst dir deinen Platz, 20., Mitte, und gehst hinein, dorthin, wo der staubigrot-verwaschenweiße Vorhang auf dich wartet, der alles machen kann, auch „… the darkness bright".

Das Kino um's Eck:
kurze Blüte – langes Sterben

Für die Bezirkskinos gab es nach 1945 noch einmal ein kurzes Aufatmen. Im Überangebot verbotener Filmproduktionen der vergangenen zehn Jahre wühlend, fühlten sie sich noch einmal als Vermittler zwischen Filmproduzenten und Publikum. Jahr für Jahr wurden mehr Kinobesucher gezählt. Man glaubte sich seiner Existenz sicher und vergaß wieder einmal, etwas für die Annehm-lichkeiten des Publikums zu tun. 1953 gab es noch über 200 Kinos in Wien. Doch die Krise trat rasch ein: Mit der Einführung der Breitwand und des Cinemascope entstanden enorme Umbaukosten, die, obwohl durch Kreditfinanzierungsaktionen unterstützt, nicht mehr zu bewältigen waren. Das zunehmende Desinteresse des Publikums an einer technisch unzureichenden Vorführqualität – so

SCHWENDER-Kino
Wien XIV.,
Mariahilferstr. 196, 1924

Bauarbeiten vor SCHWENDER-Kino, 1952

standen in vielen Kinos von Wien noch immer die in den 30er Jahren angeschafften Tonfilmapparatu- ren – und an Filmen, die oft verspätet und als ,verregnete' Kopien in die Vorstädte kamen, waren gute Gründe, daß viele kleinere Kinos schließen mußten.

Bauarbeiten vor GÜRTEL-Kino, Wien XVIII., Schulgasse 1

Mobilität war nun gefragt. Ein neuer Straßenbelag, der in das Traumland der Sehnsüchte führte, war im Zeitalter des Autos wichtiger als das Traumkino um die Ecke. Darüber hinaus schien das Fernsehen das Reich menschlicher Phantasien und den Wunsch, Geschichten erzählt zu bekommen, rascher und bequemer abzudecken…

Bauarbeiten vor VICTORIA-Kino
Wien III., Landstraßer Hauptstraße 143

Bauarbeiten vor ZENTRAL-Kino, Wien X., Laxenburgerstr. 63

An den Kinofassaden veränderte sich nach dem Zweiten Weltkrieg wenig. Bis in die 50er Jahre war man bemüht, die Kriegsschäden zu beseitigen, an eine Neugestaltung konnten nur wenige Kinobesitzer denken. Erst mit der Einführung der Breitwand und später des Cinemascope mußten innen größere Umbauten vorgenommen werden. Auch die harten Einzelstühle verschwanden mehr und mehr aus den größeren Kinos. Wer denkt nicht noch gerne an die komfortable, zweisitzige Bestuhlung des TABOR-Kinos oder an die größte Leinwand Wiens im GARTENBAU, das später wie auch das APOLLO, das TABOR und das WELTSPIEGEL auf 70mm-Projektion aufgerüstet wurde.

Erinnert sei auch an die zwischen 1966 und 1972 fertiggestellten Innenumbauten des KREUZ-Kinos, des KÜNSTLERHAUS-Kinos, des DIDO oder des AUGE-GOTTES-Kinos. Bemerkenswert war auch die Umgestaltung von Kinos außerhalb des Gürtels: Das WÄHRINGER FILMTHEATER (nach dem Umbau in CAMERA umbenannt) wurde durch den Architekten Hans Kinzer, der zuvor auch eine Reihe anderer Kinos renoviert hatte, außen wie innen modernisiert. Vor allem das Portal wurde mit

SCHÖNBRUNN-Kino
Wien XIII., Hadikgasse 62
um 1930

hellbraun schattierten, reliefartigen Klinkern verschönt, und ein großer Programmanzeiger informierte nun auch die vorbeifahrenden Straßenbahnbenützer. Im Inneren wurden der Kassenraum funktionaler adaptiert und ein Buffet eingerichtet. Der Vorführsaal blieb jedoch unverändert. Die Zeit und die Umsatzzahlen sollten später zeigen, ob für ein so entlegenes Kino noch mehr ausgegeben werden sollte.

Hans Kinzers gleichzeitige Umgestaltung des SCHÖNBRUNN-Kinos stand dagegen ganz im Zeichen der Modernisierungsphase der 70er Jahre. Dem großen Tanzsaal, der in den damaligen Planskizzen bereits als Kinosaal und als Restaurationsbetrieb – in heutigen Begriffen multifunktional adaptierbar – konstruiert worden war, wurde der letzte Charme der Vergangenheit, wenn auch zugunsten einer Verbesserung der Projektionsqualität, genommen, indem die Reste des seitlich angeordneten Balkons abgebrochen und der noch vorhandene Orchesterraum sowie die für die Raumdimension viel zu kleine Leinwand von 6 x 2,6 Meter durch eine moderne Leinwand ersetzt wurden.

SCHÖNBRUNN-Kino, Innen, 1974

War es 1913 im MICHELBEUERN-Kino das dekorative Element, das alle Blicke auf sich zog, die buntbestrahlte Kaisergruppe, war es 1927 im GLORIA-Kino die Darstellung der vier (!) Erdteile Europa, Amerika, Asien und Afrika, „womit die allumspannende Erzählerkunst des Films, der uns mit den entlegensten Gebieten der Erde vertraut macht" (Josef Hahn, Architekt) ausgedrückt werden sollte, so wurde im SCHÖNBRUNN-Kino auf die „elegante, besonders attraktive" Fotomontage mit Wiener Motiven als Blickfang im Espresso gesetzt, das „als Treffpunkt für junge Leute gedacht ist".

Kaiser (1913), Filmkunst (1927) und Wiener Ansicht (1972): Auch an solchen Details läßt sich die Entwicklung der Kinoinnenarchitektur festmachen; der Traum der verbindenden, weltumspannenden Sprache Film scheint zumindest bei den Innenarchitekten in den Hintergrund gedrängt worden zu sein.

Die Außenfassade des SCHÖNBRUNN-Kinos wurde mit grünem Kartäuser verklinkert, und eine 9 x 2 Meter große Filmankündigung mit Steckbuchstaben sollte zahlreiches Publikum anlocken; auch hier kein Platz mehr für schreiende Plakatflächen. In nüchterner sachlicher Schrift wurde auf etwas hingewiesen, was bereits anderswo, in den Zeitungen, im Radio und im Fernsehen, besprochen worden war. Aus dem Blickfang wurde eine Informationstafel.

Auch die Kiba-Unternehmung wurde Anfang der 70er Jahre aktiv und renovierte ihren Kinopark unter der Leitung des Architekten August Weisshaar: So wurde nach den Neuadaptierungen des CLUB-WEST, des KÄRNTNER-Kinos und des RESI-

DENZ-Kinos am 25. Jänner 1974 das METRO-Kino neueröffnet. Als Ziel seiner Arbeit gab Weisshaar, der in Bregenz Kinoerfahrung hatte sammeln können, an: „Gepflegte Theater zu schaffen, in denen der Wiener angenehme Club-Atmosphäre findet und all den Komfort, der für das Publikum von heute attraktiv genug ist, einen Kinobesuch auch zum Treffpunkt gesellschaftlichen Lebens zu machen." Dazu gehörten neben der damals modernsten Vorführtechnik hochgepolsterte Fauteuils (hier in hellem Beige) und ein Buffet-Raum im ersten Stock.

Da sich in den 70er Jahren die modernen Kinosäle mehr und mehr in den Innenbezirken konzentrierten, wurde wiederholt Klage darüber geführt, daß niemand mehr daran dächte, auch in den Außenbezirken zu investieren. Von der damals neu erbauten Großfeldsiedlung in Floridsdorf lag das nächste Kino mehr als 30 Minuten entfernt in Stadlau. An einen abendlichen Besuch des METRO-Kinos war, bei einer Anfahrtszeit von mehr als eineinhalb Stunden mit öffentlichen Verkehrsmitteln oder dem eigenen Auto, außer am Wochenende, nicht zu denken. Das ‚Flohkino' um die Ecke

FLOTTEN-Kino, innen
Wien VI.,
Mariahilferstraße 87
1974

166

war entweder verschwunden, oder es wurde überhaupt nie an den Neubau eines leicht erreichbaren Kinosaales gedacht, wie der damals zuständige Stadtrat Hofmann zugeben mußte.

Der Boom der Neuadaptierungen in der Innenstadt setzte sich jedoch fort. Im Juli 1974 berichtete die gemeindeeigene Kiba bereits vom vollzogenen Umbau des FLOTTEN-Kinos und den bevorstehenden Adaptierungsarbeiten am OPERN-Kino und am MARIA THERESIEN-Kino. Dabei ging es nicht mehr vordringlich um die Betonung des Kinoerlebnisses, sondern nun wurden auch andere Freizeitvergnügen des Großstädters wie Billard, Sauna oder Restaurant unter einem Dach vereint. In der Vielfalt des Angebots sah man das zukünftige Geschäft. Auf der Strecke blieb, was in der Bauphase Anfang der 70er Jahre noch als Rechtfertigung gedient hatte und Weisshaar beim METRO-Kino noch hatte realisieren können: die Qualität des Filmerlebnisses. Eine kleine Leinwand, überlappende Geräusche aus dem Nachbarsaal, diffuse Beleuchtung während der Vorführung und eine immer gleiche Projektion – obwohl so mancher Film ganz anders konzipiert war – ließen die Zahl der Kinobesucher weiter sinken.

Zu einer Gegenentwicklung, in erster Linie auf Grund der zunehmenden Verknappung des Filmangebots, kam es mit der Entstehung von Programmkinos: Das FREIE KINO (im ehemaligen ROSSAUER-Kino), das ACTION-Kino (ehemals NEUBAUER LICHTSPIELE), das BSL (ehemals BREITENSEER-Kino) und das ALBERT-Kino konnten zwar auf Grund mangelnder Ausstattung keine optimale Technik bieten, sie müssen aber als Versuche anerkannt werden, den Gedanken des ‚Kinos um die

Ecke' am Leben erhalten zu haben. Heute kann man die Kinos, die die Bezirkskinotradition noch pflegen und die nicht nur von Pornofilmen leben, an einer Hand abzählen. Ob die kurze Liste bei Erscheinen des Buches noch vollständig sein wird, sei dahingestellt: ADMIRAL-Kino, BELLARIA-Kino, BSL, ERIKA-Kino, SCHIKANEDER-Kino, STAR-Kino.

Andere Kinoprojekte, die die Aufführung von Filmen, die sonst kaum in Wien zu sehen wären, als Programmierungsgrundsatz haben, wurden mit öffentlichen Mitteln initiiert und können so überleben: das FILMCASINO, das STADTKINO und das VOTIV-Kino. Alle diese Kinos zeichnen sich durch Neugestaltung und technische Neuausrüstung bei gleichzeitiger Belassung alter Bausubstanz aus.

Auch eine neue Architektengeneration, wie Schönfeld, Atelier Allmayer-Beck/Giuliane und Prochazka, die sich der Kinotradition wieder verpflichtet fühlen, hat wesentlichen Anteil daran, Reste der Wiener Kinokultur erhalten zu haben. Bemerkenswert ist jedoch auch hier, daß alle diese Kinos innerhalb des Gürtels liegen; das bedeutet, daß mehr als zwei Drittel der Wiener Bevölkerung nicht mehr mit Filmen versorgt werden können, ohne daß sie einen ähnlich langen Anfahrtsweg auf sich nehmen müssen wie 20 Jahre zuvor die Bewohner der Großfeldsiedlung.

Überbleiben werden bei dem immer noch stattfindenden Verdrängungsprozeß, der sich in naher Zukunft auch auf Multiplex-Kinozentren an der Peripherie der Stadt ausdehnen wird – Pläne hiefür existieren für die SCS (Vösendorf) und für das Donauzentrum (Donaustadt) –, jene Kinos, die dem technischen Standard des ausgehenden Jahrhunderts Rechnung tragen können, und solche, die den Zugang zu noch unentdeckten Filmschätzen bewahren können. Ob dabei für Zwischentöne des Kinos, für die Geschichte der Filmkunst und für schräge, innovative Filmstreifen in einem Saal A bis P oder I bis XVII Platz bleiben wird, scheint mir fraglich. Auf alle Fälle wird das Abenteuer Kino mit all seinen Unzulänglichkeiten und Schönheiten, wie es seit 100 Jahren die Welt unserer Großeltern und Eltern nachhaltig beeinflußt hat, hauptsächlich in der Erinnerung lebendig bleiben.

> Die Außenhaut wird erhalten bleiben. Aber innen wird das APOLLO-Kino wieder – 1993 – umgebaut und den neusten technischen Entwicklungen angepaßt. Zur gleichen Zeit wird ein 100-Personen-Saal im neugegründeten Filmhaus (Wien VII.) geschaffen.

FILMKASINO
Wien V.
Margaretenstraße 78
1993

Florian Pauer

Ottakringer Kino-Nostalgie(n):
Auf den Spuren der verschollenen Leinwand

Man kann es nicht oft genug wiederholen: Kino ist nicht nur das belichtete Zelluloid, auf das Geschichten gebannt sind, sondern Kino ist auch der Ort, an dem sie erzählt werden. Und genau was diesen Ort betrifft, gab es in letzter Zeit epochale und beängstigende Umbrüche. Kino als Ort hatte von Beginn an (das heißt vor allem auf Wien bezogen: zu Zeiten der Eröffnung kleiner und kleinster Kinematographentheater in dem begrenzten Umfeld eines Bezirksgrätzels) seinen Zulauf von Jung und Alt. Historische Aufnahmen von der Eröffnung des AUSTRIA-Kinos im Jahre 1909 zeugen von der ursprünglichen Faszination dieses Mediums, dokumentieren auch sehr anschaulich, daß die Stadt in solch peripheren Regionen erst im Entstehen, erst im Wachsen war. ‚Kino‘ war dabei nicht bloß eine marginale Erscheinung, sondern – auch wenn der Erste Weltkrieg vor der Tür stand – durchaus bereits integrierter Bestandteil eines neuen Lebensgefühls. – Daß der Ort ‚Kino‘ heute, knapp vor der Wende zum dritten Jahrtausend, mitunter nur noch bruchstückhaft vorhanden ist, sollte zu denken geben. Ein Blick in das Kino-Programm einer beliebigen Wiener Tageszeitung zeigt heute mit unerbittlicher Härte: ‚Kino‘ hat sich von den Bezirken außerhalb des Gürtels verabschiedet und logiert in hochdosierter Konzentration in der Wiener Innenstadt. Wobei man auch hier mühelos den Bogen zwischen einst und jetzt, zwischen ambitionierter Kinoarchitektur und Plexiglas-Kultur spannen kann: Das ehemalige ROTENTURM-Kino lag nur einen Steinwurf von jenem Ort entfernt, der heute das CINE-CENTER beherbergt.

Allerdings sind auch andere europäische und außereuropäische Metropolen mit ihrer Kinoarchitektur nicht weniger rüde umgegangen als Wien. Hier wie dort hat die elektronische Filmaufbereitung in beängstigendem Ausmaß vieles überrollt,

AUSTRIA-Kino
Wien III., Schlachthausgasse 16, um 1910

Kinos wurden allerorten der Zerstörung und dem finanziellen Ruin preisgegeben – sei es nun in Frankreich oder Italien, in Großbritannien oder Deutschland oder eben in Österreich. (Daß allerdings in einer Stadt wie Edinburgh Kinohistoriker einen Memory-Band über verschwundene Kinos ihres Heimatortes zustandebringen und der resümmierende Kommentar letztendlich ein wehmütiges „very shocking" ist, darf immerhin als bemerkenswert registriert werden und zeugt möglicherweise von ein wenig größerer Sensibilität, als sie bei uns vorzufinden ist. Ähnlich deprimierend wirkt auch ein Buch aus demselben Verlagshaus mit dem Titel „Scottish Cinemas Remembered".)

Aber zurück zur Wiener Kinogeschichte: Gerade in der österreichischen Bundeshauptstadt sind auch heute noch die Ruinen besonders rücksichtsloser Demolierung faszinierender Kinobauten ausfindig zu machen. Wer etwa das Hundertwasser-Haus im dritten Wiener Gemeindebezirk ansteuert, tut dies am ehesten durch die Löwengasse. Hier, auf Nummer 33, kommt man an einem Ort vorbei, an dem ehemals das LÖWEN-Kino beheimatet war: ein architektonisches Juwel, das im Jahr 1922 nach Plänen der Architekten Mauthner und Rothmüller errichtet worden war. Die Art-Deco-Fassade dieses in seinem äußeren Erscheinungsbild erhalten gebliebenen Kinobaus kann auch heute noch bewundert werden, seine frühere Beliebtheit bei den Bewohnern dieses Stadtteils am Donaukanal ist ebenfalls mühelos vorstellbar.

Aber möglicherweise sind es – siehe Edinburgh – in der Tat nur unverbesserliche Kino-Nostalgiker, die Trauer darüber empfinden, daß in diesem ehemaligen Kino-Tempel kein Leben mehr über die

einst imposante Leinwand flimmert, und die in stillem Zorn die Fäuste ballen angesichts der Unerbittlichkeit, mit der hier seit der Schließung im Jahre 1967 ein Supermarkt nistet – unverrückbar eingefressen in das Innere des Gebäudes wie Hansruedi Gigers extraterrestrische Kreatur ALIEN in die Eingeweide des „Nostromo"-Astronauten John Hurt. (Man ist heute versucht, das LÖWEN-Kino als das ehemals schönste Kino Wiens zu bezeichnen. Doch welch absurde Kategorie ist schon ‚schön' in einem Teich voller mehr stadtplanerisch-

LÖWEN-Kino
Wien III., Löwengasse 33, 1993

devastierender als ‚städte-designender‘ Barraku-das??)

Ähnliche Gefühle seltsamer Hilflosigkeit überkommen vielleicht ebenfalls nur besonders unbelehrbar-sensible Leinwand-Fetischisten und Lysoform-Nostalgiker, wenn sie auf der unteren Mariahilferstraße an einem jüngst errichteten Unterhaltungseletronic-Center vorbeikommen, für dessen Errichtung ohne Einspruch auch nur irgendeines Kulturpolitikers, ohne kritischen Pressekommentar und ohne Befassung des Denkmalschutzes (wenn nicht hier, wo sonst sollte er eigentlich tätig werden?) einer der ältesten und traditionsreichsten Kinotempel Wiens niedergewalzt wurde: der im Jahre 1907 von der ehemaligen Bühnenschauspielerin Mizzi Schäffer errichtete MARIAHILFER GRAND-KINEMATOGRAPH, das spätere SCHÄFFER-Kino. Die letzten Jahre seiner Existenz fristete dieser Betrieb als Pornoschuppen, und als solcher war seine 1907 gleichermaßen wie 1989, dem Jahr seiner Schließung, faszinierende Innenarchitektur offenbar niemandem schützens- oder erhaltenswert. Daß man auf diesem kinohistorischen Boden heute alles erstehen kann, was das Herz des modernen Elektronik-Freaks begehrt, bloß: keine Filme auf einer großen Leinwand sehen, das hat wohl auch mehr als nur Symbolcharakter in einer Zeit, in der alles auf Knopfdruck funktionieren muß.

Dem einstigen Film-Tempel einer anderen Wiener Kinopionierin, Irma Handels ERSTEM WIENER KINEMATOGRAPHENTHEATER, dem späteren HANDL-Kino auf der oberen Mariahilferstraße 160, ist heute ein ähnlich trostloses Dasein beschieden wie dem ehemaligen LÖWEN-Kino. 1911 mit einem Fassungsraum von rund 400 Plätzen als Nachfolge-Etablissement von Irma Handls wesentlich kleinerem, vis-à-vis befindlichem ERSTEM WIENER KINEMATOGRAPHENTHEATER (Mariahilferstraße Nummer 169) eröffnet, war es ein respektabler Bau zur Zeit des Kinogründungsbooms der Jahre vor dem Ersten Weltkrieg. (Zwischen 1911 und 1914 gab es mit 102 neu eröffneten Lichtspieltheatern immerhin die bis dahin massivste Bautätigkeit in der Geschichte der Wiener Kinobranche.) Heute werden die Räumlichkeiten des ehemaligen HANDL-Kinos nur mehr teilweise genutzt; der Bau erinnert gerade noch äußerlich und wohl auch nur ältere Anrainer an bessere Zeiten, die die historische Kinostadt Wien erlebt hat. (Selbst der Supermarkt, der das HANDL-Kino verdrängte, hat sich von dieser Adresse längst wieder verabschiedet.)

Diese wenigen exemplarischen Streiflichter über prominente heimische Kino-Ruinen sind geeignet, zu einem nostalgischen Spaziergang durch jenen Wiener Bezirk zu animieren, in dem die Devastierung früherer Lichtspielhäuser und vielfältigster Kinoarchitektur am härtesten zugeschlagen hat: durch den ehemaligen Arbeiterbezirk Ottakring, jenen aus den Vororten Neulerchenfeld und Ottakring zusammengewachsenen Wiener Stadtteil, in dem Heuriger und ‚roter‘ Gemeindebau, überlastete Verkehrsadern und verschwiegene Gassen, moderne Wohnklötze und trister Althausbestand ein seltsames, städtebauliches Potpourri bilden. Daß es Zeiten gab, in denen der 16. Bezirk für Kinofreunde ein kleines Schlaraffenland war, ist heute kaum mehr vorstellbar. Immer schon zu den bevölkerungsreichsten und infolgedessen auch kinodichtesten Wiener Gemeindebezirken zählend, ist Ottakring vom einstigen Kino-El-Dorado zum Prototyp einer cineastischen Sahel-Zone verkommen.

Der Rundgang soll an einem unverdächtig erscheinenden Ort beginnen: am Gutraterplatz, einem heute vielbefahrenen Verkehrsknotenpunkt im westlichen Ottakring. Der Gründerzeitbau an der Ecke zur Huttengasse Nummer 45 beherbergt heute ein „Friseuratelier" sowie ein Café, in dem man um wohlfeiles Geld Berner Würstel oder Geröstete Knödel offeriert bekommt. Vor mehr als 80

Jahren, also in tiefster Stummfilmzeit, hatte hier ein kleines Kino seine Tore geöffnet: das JUBILÄUMS ELEKTRO THEATER. 1911 gegründet, bot es rund 140 Besuchern Platz, bis man sich entschloß, in einen unweit entfernten Neubau umzuziehen: in die Enenkelstraße Nummer 11-13. Fortan war dies der Standort des bis 1969 existierenden ROSEGGER-Kinos, eines mehr als 500 Plätze fassenden eigenständigen Kinobaus. Schon das äußere Erscheinungsbild des ROSEGGER-Kinos als quasi Realität gewordene Puppenschachtel, löste eine gewisse

ROSEGGER-Kino
Wien XVI.
Enenkelgasse 11-13
um 1960

172

märchenhafte Faszination aus. Als Nachspiel-Kino wurde es vorwiegend von „gutbürgerlichem" Ottakringer Publikum besucht.

Geht man die Enenkelstraße weiter und überquert die Ottakringerstraße, gelangt man an den Standort eines ehemaligen Lichtspieltheaters, auf das die Etikette ‚Flohkino' ohne jeden Zweifel zutraf. Mit knapp 200 Plätzen Fassungsraum und einer Saalbreite von fünf Metern war das ARNETH-Kino in der Arnethgasse 90 eines der kleinsten in Wien. Bis zu seiner Schließung im Jahre 1970 wurde es von einem vorwiegend betagten Stammpublikum aus dem Grätzel frequentiert, das auf seinen reservierten Sitzen ein Programmangebot aus Heimat- und Liebesfilmen geboten bekam, das heute wohl nur noch das BELLARIA offeriert: Willy Fritsch, Hans Holt, Hörbiger, Moser & Co. hatten hier ein lauschiges Refugium in einem Kino erhalten, das über die Vorführung von Filmen hinaus zweifellos auch eine Funktion als Ort sozialer Kontakte erfüllte: Das unerbittliche Pochen der Stammgäste des ARNETH auf ihre (ungeschriebenes Gesetz!) reservierten Sitzplätze gehörte ebenso zum Ritual dieser Bezirksinstitution wie der Austausch allerletzter Neuigkeiten beim Arzt oder beim Fleischhauer. (Daß allerdings selbst Super-Screen-TV-Geräte der heutigen Fernseh-Generation an die Leinwandgröße dieses in seinen Ausmaßen sparsamst gestalteten Ottakringer ‚Flohkinos' nicht einmal annähernd heranreichen, sei an dieser Stelle als spöttisches Notabene vermerkt.)

Am Weg vom ARNETH-Kino stadteinwärts lohnt es, ein paar Gassen weiter links in die Speckbachergasse einzubiegen und auf Nummer 17, an der Ecke zur Degengasse, innezuhalten: Ebenfalls seit dem Jahre 1911 hatte hier das SPECKBACHER-Kino seine Pforten geöffnet und hielt sich mit einem begrenzten Fassungsraum von weniger als 200 Plätzen immerhin bis ins Jahr 1930. Seine Besitzerin Hanna Buresch hatte damals übrigens bereits Größeres im Sinn: Geht man im Geiste noch ein paar Gassen weiter nördlich, landet man in der Effingergasse. Auf Nummer 16 wollte sie ein KINO OTTAKRING errichten. „Schade, daß daraus nichts wurde…!" ist man auch heute noch versucht zu sagen, sobald man einen Blick auf den seinerzeit eingereichten Bauplan wirft.

Gleichfalls einige nostalgische Gedanken wert, wenngleich für einen Fußmarsch etwas zu weit, ist das einst vom projektierten, aber nicht realisierten Kinostandort Effingergasse nordwestlich gelegene SANDLEITEN-Kino in der Liebknechtgasse 34. Die in den Jahren 1924-25 unter Bürgermeister Karl Seitz erbaute, imposante Wohnhausanlage Sandleiten umfaßte fast 1.600 Wohnungen, und der in diese Anlage integrierte und seit 1928 in Betrieb stehende 600 Plätze fassende hohe Kinosaal war wohl nicht zu groß bemessen, um die Bewohner dieser Wohnhausanlage mit den neuesten Filmen zu versorgen. Die Wohnanlage Sandleiten ist nicht nur ein sichtbarer Beweis, wie das ‚Rote Wien' mit derartigen Wohnbauprojekten in den Vorstädten die damals herrschende Wohnungsnot in den Griff zu bekommen suchte, sondern sie zeigt auch, daß die Sozialdemokratie nicht zuletzt hier ihren Bildungsauftrag wahrnahm und beachtliche Akzente in Sachen ‚Kinokultur' setzte. 1966 geschlossen, beherbergen die Räumlichkeiten des ehemaligen SANDLEITEN-Kinos heute eine Konsum-Filiale.

ZENTRAL-Kino, Wien XVI., Johann Nepomuk-Berger Platz 6
30er Jahre

Der Weg durch die Ottakringerstraße weiter stadt-
einwärts führt dann zu einem wahrhaft „zentralen"
Ort Ottakringer Kinogeschichte: zum ZENTRAL-
Kino auf dem Johann Nepomuk Berger-Platz
Nummer 6. 1911 von Johann Nehez, einem der
rührigsten Wiener Kinounternehmer der ersten
Stunde, stolz als ZENTRALTHEATER für KINEMATO-
GRAPHIE eröffnet, bestach der in einem mehrge-
schossigen Wohnhaus untergebrachte Kinobau
durch prächtiges Interieur und Theaterambiente –

Doch zurück in die Ottakringerstraße: In den 60er
Jahren war das auf Nummer 133 befindliche
ODEON-Kino ein gern besuchtes Bezirkserstauf-
führungskino – eine Kategorie, die heute völlig
verschwunden ist. Als OTTAKRINGER LICHTSPIELE
1911 gegründet, bot das Kino rund 330 Besuchern
Platz und widerstand dem Kinosterben als eines der
letzten des Bezirks immerhin bis zum Jahr 1978.

1993

exemplarisch für das damals erstarkte Selbstbewußtsein einer im Aufbruch befindlichen Branche. Als umso bedauerlicher muß vermerkt werden, daß das ZENTRAL-Theater relativ früh (1966) seine Pforten schloß und die Errichter einer Bankfiliale wirklich ganze Arbeit geleistet haben, um jegliche Erinnerung an frühere Kinozeiten auszulöschen. In Erzählungen von Zeitzeugen, die einst als Jugendliche mit aufgestelltem Mantelkragen und tief sitzendem Hut das ‚Jugendverbot' zu überlisten trachteten, nach Ende der Wochenschau aber unerbittlich des Saales verwiesen wurden, schwingt unüberhörbare Wehmut angesichts des Unwiederbringlichen mit: unwiederbringliche Jugenderlebnisse, unwiederbringliche Kinoräume, unwiederbringliche Filmrezeption.

Dabei gehörte das ZENTRAL zu jenen gar nicht so wenigen Wiener Kinos, die unweit ihres späteren Standortes in einer weitaus kleineren Räumlichkeit zu ‚flimmern' begonnen hatten: Das Vorläufer-Lokal des ZENTRAL-Kinos hieß ELEKTRO-THEATER ‚AMERICAN BIOSCOPE' und befand sich, bevor Johann Nehez von hier auf den Johann Nepomuk Berger-Platz umzog, zwischen 1906 und 1911 auf der Ottakringerstraße Nummer 79 – dem heutigen „Postamt 1162 Wien".

PLAZA
(Ottakringer
Arbeiterheim), Wien XVI.
Kreitnergasse 31
Februar 1934

175

Will man vermeiden, auf dem Spaziergang auf den Spuren verschollener Ottakringer Kinos an einem Großdealer moderner Unterhaltungselektronik und somit Sargnagel kinogerechter Filmrezeption vorbeizukommen, biegt man von dem prähistorischen Fleck Kino auf der Ottakringerstraße 79 am besten in die Deinhardsteingasse ein und schlägt sich bis zur Thaliastraße durch. Ein kurzer Blick in die Kreitnergasse ruft die bewegte Geschichte des PLAZA-Kinos auf Nummer 32 in Erinnerung und damit auch die des Arbeiterheimes Ottakring, in dem es untergebracht war. Bereits 1911 (wem es bis jetzt noch nicht aufgefallen sein sollte: ein wahrhaft magisches Datum in der Wiener Kinogeschichte!) mit einer Theater- und Kinokonzession ausgestattet, diente es im Ersten Weltkrieg als Feldlazarett und wurde 1934 von den Dollfuß-Truppen zerschossen. (Der Vollständigkeit halber sollte man konzedieren, daß die Demolierung von Kinos mit schwerer Artillerie, ja selbst die Bombenschäden des Zweiten Weltkriegs für Wien insgesamt nicht typisch waren. Heute werden – siehe letztes Beispiel CLUB WEST – Kinos einfach zu Tode programmiert, wenn man sich ihrer, aus welchen Gründen auch immer, entledigen will. Potentielle Lebensretter haben da mit all ihrem Idealismus nicht die geringste Chance.)

Thaliastraße stadteinwärts, an der Kreuzung Haberlgasse, tauchen erneut die ‚leinwanden‘ Schatten der Vergangenheit auf: Wo man heute hübsche Brautkleider kaufen kann, schlossen zwischen 1911 und 1915 wohl nicht wenige Stummfilmstars den Bund fürs Leben auf der Leinwand: im ‚alten‘ THALIA-Kino auf der Thaliastraße Nummer 43, Ecke Haberlgasse 50, einem kleinen Betrieb mit knapp 200 Sitzplätzen und Vorläufer-Betrieb des späteren ‚echten‘ THALIA-Kinos in der Haberlgasse 54, einem nicht weniger beeindruckenden Kinotempel als das ZENTRAL. Zuletzt mit imposanter Breitwand und einem Fassungsraum von rund 700 Plätzen ausgestattet, war das THALIA-Kino allemal einen gezielten Umweg aus dem anderen Ende der Stadt wert: An einem Sonntagnachmittag hier das Cinerama-Epos *Das war der Wilde Westen* mit Henry Fonda, James Stewart und Richard Widmark zu erleben – das hatte mit heute verlorener Lebensqualität zu tun. Auch später noch, als es im Gebälk der Kinobranche krachte, war es gewiß kein Fehler, sich hier nochmals genüßlich die legendäre Autojagd in Peter Yates’ Polizeithriller *Bullitt* zu Gemüte zu führen oder den Katzenterror in *Grüne Augen in der Nacht*.

Auch der eine oder andere Edgar-Wallace-Krimi spukte hier noch Ende der 70er Jahre über die Leinwand. Kinoerlebnisse solcher Art gemeinsam mit gezählten acht weiteren Besuchern in diesem 700-Plätze-Kino zu teilen, hatte allerdings auch einen bitteren Beigeschmack: In solchen Vorstellungen saß der zu erwartende Kinotod bereits als ungebetener Gast in derselben Reihe. Und so hat das Schicksal auch das THALIA-Kino nicht davor gerettet, von einer Supermarkt-Kette demoliert und verschandelt zu werden. (Die Besitzer einst blühender Kinotempel hatten in ökonomischer Hinsicht wohl auch keine andere Wahl, und Gedanken an Geschäftspraktiken der ‚Ehrenwerten Gesellschaft‘ sind keineswegs abwegig. Wie lautet der meistzitierte Satz aus Francis Ford Coppola’s *Der Pate*? „Machen Sie ihm ein Angebot, das er nicht ablehnen kann!“)

Unweit des *Thalia*-Kinos, auf der Thaliastraße Nummer 28, gab es bis zum Jahr 1967 das SAVOY-Kino. 1912 von der Kinounternehmerin Eugenie Walter gegründet und bis zur Tonfilmumstellung als WALTER-Kino geführt, gehörte es jahrzehntelang unverrückbar zum Erscheinungsbild der unteren Thaliastraße und bot bis zu seiner Schließung 350 Personen bequem Platz. Bis zuletzt hatte das SAVOY unter den Ottakringer Kinobesuchern den Status einer ‚Blut-Oper': Nicht nur Western mit John Wayne, Audie Murphy & Co. gehörten hier in den 60ern zum Standardrepertoire, sondern auch Kriegs- und Gladiatorenfilme oder die unvergeßlichen Hammer-Horror-Filme mit Christopher Lee und Peter Cushing. ‚Sportlich' geht es in den Räumen des ehemaligen SAVOY-Kinos heute in

anderer Weise zu: Hier befindet sich eine Filiale von ‚Intersport Dusika'.

Die nächste Quergasse stadteinwärts ist die Brunnengasse, und sie führt zum Standort eines ehemals besonders ‚schmucken' und erinnerungswerten Ottakringer Bezirkskinos in einem verträumten Biedermeierbau: dem Kino ALT WIEN. 1919 hatte es das traditionsreiche Bezirkswirtshaus ‚Rote Bretze' verdrängt und bestach seither nicht nur durch filmische Leckerbissen, sondern wohl auch durch seine filigrane Innenarchitektur. *Donald Duck geht nach Wildwest* in einer Seitenloge dieses Filmtheaters zu erleben, bleibt dem Autor ein unvergeßliches Kindheitserlebnis.

Animiert von Donald Duck, schlagen wir kurzerhand einen Haken zurück durch die Grund-

ALT-WIEN
Wien XVI.
Brunnengasse 38
50er Jahre

177

steingasse in die Kirchstetterngasse. Altersbedingt dürfte nur mehr wenigen Bewohnern des Bezirks bekannt sein, daß hier vor dem Ersten Weltkrieg, zwischen 1911 und 1914, auf Nummer 21 das Neulerchenfelder Kinotheater existiert hat, gegründet von Alfred Grögl, einem gleich Nehez rührigen Ottakringer Kinopionier. Grögl war später der Gründer des Weltspiegel-Kinos. Nachhaltiger als dieses Kinotheater ruft sich dem innehaltenden Rundgänger an der Ecke Kirchstetterngasse und Neulerchenfelderstraße allerdings das Lux-Kino in Erinnerung. Wie schon das Kino Alt Wien war auch das Lux-Kino ursprünglich ein Volkssängerlokal, ein bekannter, von den Ottakringern gerne frequentierter Restaurationsbetrieb: Benjamin Schee's Etablissement ‚Zum goldenen Luchsen'. 1910 erfolgte die Umgestaltung in ein Kinotheater, das fortan seinen festen Platz in der Ottakringer Kinoszene behaupten konnte. Von Bombentreffern im Zweiten Weltkrieg schwer in Mitleidenschaft gezogen, öffnete der Lux-Palast 1954 seine Pforten in neuem Glanz und präsentierte immerhin auch die ersten Cinemascope-Vorführungen auf Wiener Boden. Nach seiner Schließung 1968 wie fast alle Opfer des großen Kinosterbens in einen Supermarkt umgewandelt, macht diese Ruine – heute (1992) leerstehend – einen besonders trostlosen Eindruck; wie auch die untere Neulerchenfelderstraße insgesamt nicht das Paradebild einer blühenden großstädtischen Verkehrsader bietet: Möbelgeschäfte, ein Lichtstudio, ein ‚Mantelkönig', ‚Farben-Lacke-

ALT-WIEN, innen
50er Jahre

Tapeten', eine Versicherung, ein China-Restaurant prägen das Bild dieses Straßenzugs unterhalb der Neulerchenfelder Pfarrkirche. Einen Steinwurf vom LUX-Kino entfernt, auf Nummer 39, erinnert ein Gedenk-Mosaik an Hans von Frankowski (1888-1945), den Komponisten des Wienerliedes „Erst wann's aus wird sein...". Prophetisch vorweggenommener Abgesang auf die Ottakringer Kinos?

Weit muß man die Neulerchenfelderstraße jedenfalls nicht gehen, um die nächste Kinoleiche zu besichtigen. Das einstöckige Haus mit Giebeldach auf der Nummer 14 beherbergte seit dem Vormärz das Gasthaus ‚Zur Blauen Flasche', nicht weniger renommiert als ‚Rote Bretze' und ‚Goldener Luchs'. 1913 wurde daraus das BLAUE FLASCHEN-

Kinotheater, und es gab unter den zeitgenössischen Bezirkschronisten gar nicht wenige Stimmen der Empörung, die sich beschwerten, daß hier lukullische Genüsse den damals oft noch mißtrauisch ‚beäugten' kinematographischen weichen mußten. Die knappen zehn Jahre seiner Existenz legen jedoch die Vermutung nahe, daß das BLAUE FLASCHEN-Kino nicht attraktiv genug war, um auf Dauer der Konkurrenz des LUX-Kinos standhalten zu können.

1922 schloß es seine Pforten. 1923 wieder in seine ursprüngliche Funktion als Restaurationsbetrieb rückgeführt, konnte das Gasthaus den Glanz vergangener Tage allerdings nicht mehr wiedergewinnen und stellte den Betrieb in den 30er Jahren endgültig ein.

Um einen letzten Schauplatz des bemerkenswerten Siegeszuges der Kinematographie über die Wiener Gastronomie nach der Jahrhundertwende zu besichtigen (bis heute wird das geflügelte Wort von Ottakring als des Reiches ‚größtem Wirtshaus' gerne zitiert), begeben wir uns zu GEORG NEUFELLNER'S ORPHEUM, einer traditionsreichen Restauration und Singspielhalle auf dem Lerchenfelder Gürtel Nummer 55. Hier hatte der bereits erwähnte Alfred Grögl 1919 sein WELTSPIEGEL-Kino errichtet, einen prachtvollen Kinotempel mit mehr als 900 Plätzen Fassungsraum. Im Zuge der Kriegshandlungen 1944 zerstört, wurde das WELTSPIEGEL von der APOLLO-Kino- und Theater-GmbH. im November des Jahres 1950 als großzügig gestalteter Kinoneubau mit fast 1000 Plätzen Fassungsraum, Balkon und weitläufigen Warteräumen sowie Kassenhalle und Kinobüffet wiedereröffnet. Auch von diesem exklusiven Uraufführungskino wird heute nur mehr der Bereich des ehemaligen Balkons als Sexkino genutzt, ein mehr als trister Restposten einstiger Kinogröße. Der große, prachtvolle WELTSPIEGEL-Saal von einst wurde einem Supermarkt geopfert.

Für das Ende des Spaziergangs über den Ottakringer Kinofriedhof bieten sich von hier aus zwei Varianten an: Der eine Weg führt weg vom Standort des WELTSPIEGEL-Kinos in nördliche Richtung durch die Veronicagasse bis zur Ottakringerstraße und durch diese dann wieder stadtauswärts bis zur Nummer 23, wo man eines wohl bald nach seiner Schließung in Vergessenheit geratenen Kinobetriebes gedenken kann, des hier zwischen 1907 und 1921 existierenden OLYMPIA-Kinos mit knapp 200 Plätzen Fassungsraum. Das heute hier befindliche

Papierwarengeschäft läßt beim vorbeikommenden Passanten allerdings nicht einmal ansatzweise Erinnerungen an frühere Kinotage aufkommen.

Aber auch wer vom WELTSPIEGEL-Kino über den Lerchenfelder Gürtel in die entgegengesetzte Richtung geht, kreuzt bewußt oder unbewußt kinogeschichtsträchtigen Ottakringer Boden: Im Hause Lerchenfeldergürtel Nummer 45 befand sich ein weiteres Kinotheater, dessen Anfänge in früheste Kinozeiten zurückreichten und das mit einem Fassungsraum von 80 Plätzen selbst nach damaligen Maßstäben eines der kleinsten Wiener Kinos war: der um 1908 gegründete, ursprünglich als ENGL.-AMERIKAN. KINO geführte Betrieb des Kinounternehmers Adolf Eichinger. Zuletzt in LERCHENFELDER VITASKOPTHEATER umbenannt, mußte das Kino nach der Eröffnung des WELTSPIEGEL-Kinos im Jahr 1919 seine Pforten schließen. Bis Ende der 80er Jahre war hier das traditionsreiche Lerchenfelder Elektrofachgeschäft ‚Radio Weltspiegel – Polatschek' untergebracht. Eine Peep-Show nebst gutsortiertem Lederwarenangebot bietet dort heute Seherlebnisse, von denen sich die kinematographischen zur Zeit des Kinobesitzers Eichinger um einige Nuancen unterschieden haben dürften.

Der Peepshop entkommen, gelangt man durch die Verkehrshölle Koppstraße zum Ludo-Hartmann-Platz Nummer 12, ehemals Standort eines Kinotheaters, das sein Publikum vorwiegend mit Heimatfilmen versorgte: zum TRIANON-Kino (1914-1978), ehemals KOFLERPARK-Kino und während des tausendjährigen Interregnums in GERMANIA-Kino umbenannt. Der Weg des Besuchers führte durch schwach erleuchtete Vorräume zur Kassa und weiter bis zum Saaleingang, der nach den magischen Worten „Einlaß bitte!" seine Schleusen in einen fast 500 Besucher fassenden repräsentativen, ebenfalls nur schwach erleuchteten Vorführsaal öffnete, in welchem dann der Filmbesuch erst zu jenem Erlebnis wurde, das beim Betreten heutiger Kino-Foyers kaum mehr spürbar ist. Lediglich ein verblassender Schriftzug an der Außenmauer des Gebäudes zeugt heute noch von der früheren Existenz des TRIANON-Kinos.

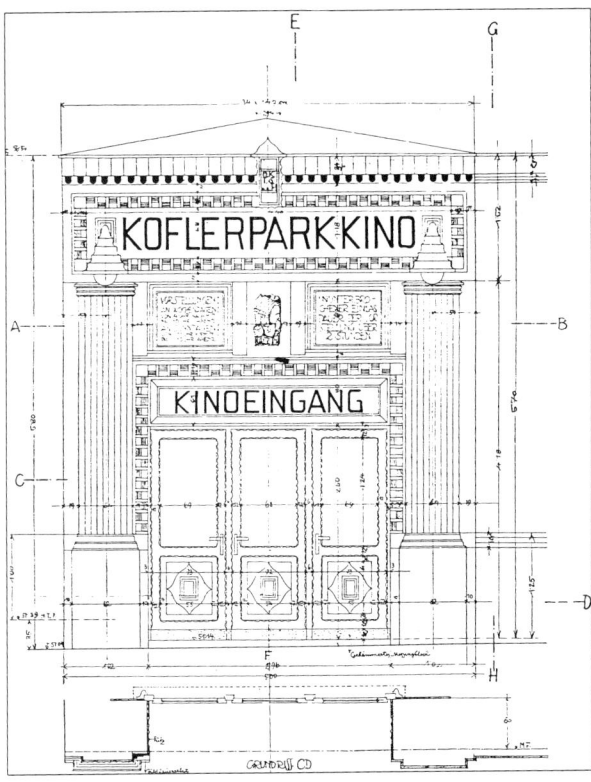

KOFLERPARK-Kino, später TRIANON-Kino
Wien XVI., Koflerpark 12
Fassadenplan 1917, Architekt: Julius Richter

Epilog

An welchem Ort in Wien man sich auch immer befindet und welchen Weg man auch immer einschlägt: Rundgänge auf den Spuren der verschollenen Leinwand, oder richtiger: der nie als besonders schützens- und erhaltenswert erachteten Wiener Kinoarchitektur und somit Filmkultur kann man in dieser Stadt allemal unternehmen. Das sagt schon in überzeugender Weise die Statistik: In den 50er Jahren gab es in Wien rund 200 Kinotheater. Die Gesamtzahl der je in Wien existierenden Kinos zwischen 1896 (dem Datum der ersten öffentlichen Kinovorführung auf Wiener Boden) und heute liegt nicht wesentlich unter 400. Heute (1992) gibt es bereits neun Wiener Gemeindebezirke, die über kein einziges Kino verfügen. Von den übrigen 14 Bezirken haben fünf nur je ein einziges; drei von ihnen fristen als Sexkinos ihr Dasein. Filmkonsum im Kino ist konzentriert auf die Wiener Innenstadt und einige wenige Hauptverkehrsadern im 6. und 9. Bezirk. Eine merkwürdige Ausnahme ist hier der 7. Bezirk, in dem sich, abgesehen vom ehemaligen MARIA THERESIEN-Kino, dem jetzigen U3, vier Privatbetriebe aus frühesten Kinotagen erhalten haben: das ADMIRAL-Kino, das BELLARIA-Kino, das ERIKA-Kino und das STAR-Kino. Sie zählen zu jenen wenigen, in denen man versäumte Filme nachholen und Klassiker vergangener Tage wiedersehen kann. In den 60er Jahren gehörte in der Ottakringer Kino-Szene solches zur Norm: Ob Western oder Krimis, Kriegsfilme, Gladiatoren- oder Historienschinken, ob Hans Moser, Grace Kelly, Edgar Wallace, Weinert Wilton oder Jerry Cotton; ob dem Publikum nach Karin Dor in den

Nibelungen verlangte oder nach Tippi Hedren in einem Hitchcock-Thriller: Bis der Kinotod vollends zugeschlagen hatte, fand sich gerade in Ottakring immer noch ein Nachspielkino, in dem man Versäumtes nachholen und sich heimliche Kinowünsche erfüllen konnte. So gesehen kommt heute auch die bestsortierte Videothek nicht annähernd an die Faszination eines hell erleuchteten Kinoschaukastens heran.

Vielleicht sind solch sentimentale Reminiszenzen entbehrlich. Vielleicht sind sie nichts als ein unzeitgemäßes Lamento. Vielleicht riskiert man auch die Etikette eines undankbaren Ignoranten, der die phantastischen Darbietungen von Stallone und Schwarzenegger, von David Lynch und Ridley Scott in lupenreinem Dolby/THX auf imposanter Großbildleinwand nicht zu schätzen weiß. Stanley Kubricks *2001: Odyssee im Weltraum* im ARNETH-Kino, *Der mit dem Wolf tanzt* im VITASKOPTHEATER – das kann wohl nur ein schlechter Scherz sein. Doch Hand aufs Herz: Hat man die enge Kinokassa mit Kartenpreisen zwischen zwei Schilling fünfzig und fünf Schilling fünfzig vor Augen, das schmalsortierte Kinobüffet, die unbequemen Holzreihen und die lavendelduftsprühende Billeteurin: Wie könnte sich da ein ARTIS-CENTER wirklich ernsthaft mit einem ROSEGGER-Kino messen?

Der Autor hat den Spaziergang auf den Spuren der Ottakringer Kinos im Sommer 1992 gemeinsam mit Wolfgang Breyer unternommen, dem an dieser Stelle für Tips und Anregungen herzlich gedankt sei.)

Dokumentation (in der Reihenfolge der im vorliegenden Beitrag gewählten ‚Route‘):

JUBILÄUMS-ELEKTRO-THEATER, Huttengasse 45 (1911-19)
ROSEGGER-Kino, Enenkelstraße 11-13 (1920-69)
ARNETH-Kino, Arnethgasse 90 (1915-70)
SPECKBACHER-Kino, Speckbachergasse 17 (1911-30)
ODEON-Kino, Ottakringerstraße 133 (1911-78)
ELEKTRO-THEATER „AMERICAN BIOSCOPE“, Ottakringerstraße 79 (1906-11)
ZENTRAL-Theater, Johann Nepomuk Berger-Platz 6 (1911-66)
PLAZA, Kreitnergasse 31 (1933-34)
SANDLEITEN-Kino, Eberhardgasse (vor 1934: Liebknechtkasse) 34 (1928-66)
THALIA-Kino (1), Thaliastraße 43 (1911-15)
THALIA-Kino (2), Haberlgasse 54 (ehem. Reinhardgasse 4) (1915-87)
SAVOY-Kino, Thaliastraße 28 (1912-67)
KINO ALT-WIEN, Brunnengasse 38 (1919-68)
NEULERCHENFELDER KINO-THEATER, Kirchstetterngasse 21 (1911-14)
LUX-Kino, Neulerchenfelderstraße 43 (1910-68)
BLAUE FLASCHEN-KINOTHEATER, Neulerchenfelderstraße 14
WELTSPIEGEL-Kino, Lerchenfelder Gürtel 55 (1919-85? bzw. h.)
OLYMPIA-Kino, Ottakringerstraße 23 (1907-21)
LERCHENFELDER VITASKOP-THEATER, Lerchenfelder Gürtel 45 (1908-19)
TRIANON-Kino, Koflerpark 12 (1914-78)

Kino: Eine ‚unmoralische Anstalt'

Das blonde Mädchen in der fünften Reihe springt auf, noch ehe der Nachspann ausgelaufen ist. Kaum, daß das Saallicht angeht, bittet sie die neben ihr Sitzenden, vorbeizudürfen. Ihr Regenschirm fällt zu Boden, wie sich ein Zeuge erinnern kann, und sie öffnet als erste die Ausgangstüre, verschwindet Richtung Straße. Sie überquert hastig den Rennweg und nimmt die Abkürzung durch den Park.

Sie, das ist Ilona Faber, 21 Jahre jung, die am nächsten Morgen hinter der dreiundzwanzigsten Säule, vom Rennweg aus gezählt, erwürgt aufgefunden werden wird.

Ihre letzten Stunden werden von der Polizei rekonstruiert: Anstatt in den Unterricht der Modeschule am Kohlmarkt zu gehen, schlendert sie zum JOHANN-STRAUSS-Kino, später löst sie gegen 20 Uhr im SCHWARZENBERG-Kino eine Karte für Elvis Presley's Film *Gold aus heißer Kehle*. Im Kino ist sie als Stammgast bekannt:

„Sie ist nie in Begleitung gekommen. Sie hat sich eine Karte gelöst, sich im Warteraum hinge-

JOHANN-STRAUSS-Kino
Wien IV., Favoritenstr. 12
1951

setzt, ein Buch aus der Tasche gezogen und gelesen, bis die Saaltüre aufgegangen ist und die Besucher eingelassen worden sind", weiß die Kinobesitzerin zu berichten.

An dem betreffenden Abend ist das Kino gut besucht. Es nieselt zwar nur leicht, aber andauernd. Elvis, als Tankwart, wird wieder als Sänger ent-

JOHANN-STRAUSS-Kino, 1951

SCHWARZENBERG-Kino
Wien III., Schwarzenbergplatz 6, 50er Jahre

deckt. Einige Rock'n-Roll-Nummern werden gegeben, und die Besucher, viele dem Star ähnlich, kommen sichtlich auf ihre Kosten.

Der Verdächtige in diesem Mordfall ist keiner von jenen, die hier im Kino ,Elvis' zelebrieren. Doch auch er scheidet nach langen Untersuchungen aus dem Kreis der möglichen Täter aus.

Fast 30 Jahre zuvor kam es, kaum einen Kilometer davon entfernt, im WIENZEILE-Kino am Ende der Vorführung des Films *Das Modell vom Montparnasse* im Foyer zu einer Schießerei.

Die Vorstellung begann $1/4$ vor sechs Uhr. Trotz heißen Sommerwetters war der Film sehr gut besucht. Gegen sieben Uhr war er zu Ende; in dichten Scharen drängten die Besucher ins Freie, in den Warteräumen machte sich das neue Publikum für die spätere Vorstellung bereit, schon wiesen die Billetteure die ersten Plätze an. Ein Augenzeuge:

> „Plötzlich fielen im Foyer mehrere Schüsse. Wenige Sekunden später stürzte ein Mann, aus zwei Wunden im Rücken blutend, in den Zuschauerraum, warf die Hände hoch und stürzte zu Boden. Kapellmeister Hengl fing den Sterbenden auf, riß ihm den Kragen herab und brachte ihn in die Direktionskanzlei."

Wenige Minuten danach sehen der Kinooperateur Bortstieber und der Polizeiinspektor Gamperling eine Frau die menschenerfüllte Straße überqueren. Vor den Naschmarktständen bricht sie in Schreikrämpfe aus und läßt sich widerstandslos festnehmen.

Bei der Einvernahme am Kommissariat Mariahilf erzählt Marie H. eine verblüffend ähnliche Geschichte wie in dem gezeigten Film: Eine Frau verkauft sich an Männer, verliebt sich, heiratet schließlich. Die Ehe verläuft nicht glücklich. Am Ende steht – Eifersucht.

Diese Geschichte erlebte Marie H. und sah sie sich gleichzeitig am Sonntag, dem 1. September, im WIENZEILE-Kino mit ihrem Freund Sch. an. Hinzu kam, daß der Ehemann von ihr täglich zehn Schillinge verlangte und ihr zahlungswillige Männer zuführte. Marie H. lernte einen anderen Mann kennen, von dem sie, so sagte sie, „Halt erwartet". Ihr Ehemann verfolgte sie eifersüchtig durch die Stadt. Bereits einige Tage vor der Tat im Kino kam es zu tätlichen Auseinandersetzungen zwischen den beiden Männern. Vor Gericht schildert die Angeklagte dann die entscheidenden Minuten:

> „... und wie dann die Vorstellung aus war und die Leute zum Ausgang geströmt sind, wollte ich nur schnell hinaus. Mein Mann war aber voraus. Plötzlich hat er uns den Weg mit den Worten verstellt: So, jetzt rechnen wir ab! – Mir sind die Sinne geschwunden. Ich kann nur sagen, daß ich gar kein Gefühl hatte, ich war wie in einem Rauschzustand."

Psychiatrisches Gutachten Dr. D.; dem Schwurgericht am 31. 3. 1930 vorgelegt:

Schon die Mutter hat von einem etwas auffälligen Wesen des Kindes gesprochen, und auch heute sehen wir in ihrem Verhalten Züge eines kindlichen Wesens. In ihrer grazilen Gestalt, in ihrem trippelnden Gang. Aber das darf nicht zur Annahme verleiten, daß sie in ihrer Entwicklung zurückgeblieben ist. Im Gegenteil, ihre Entwicklung ist normal fortgeschritten. Ihre kindischen Gesten erklären sich vielleicht damit, daß sie ihr in ihrem Beruf zur Manier geworden sind, um vielleicht den Eindruck der Unerfahrenheit zu erwecken.

Sie zeigt ein gefühlsmäßig stumpfes Wesen und auch eine geringe Erregbarkeit des Geschlechtstriebes. Das sind Momente, die, abgesehen von dem Milieu, das ja hier von Einfluß gewesen sein wird, darauf hinführen würden, warum sie sich der Prostitution ergeben hat. Tiefere Gefühlsregungen zeigt sie nur dann, wenn es sich um ihr eigenes Schicksal dreht. Resümierend kann gesagt werden: Marie H. ist der Typus eines haltlosen, arbeitsunlustigen, sittlich stumpfen und gemütskalten Menschen, dem ein gewisser Hang zur Abenteuerlichkeit und zur Phantasie nicht fremd ist. Ein psychologischer Frauentypus mit einem Zug von Hysterie, wie er nicht selten auch unter dem kriminell-psychopathischen Frauentypus zu finden ist".

In den ersten Jahren des Kinos wurden solche Mordfälle zum Anlaß genommen, Kinobesuch als ‚Schule für Kriminelle' zu bezeichnen. So wurde am 20. Mai 1937 in der Zeitung *Telegraph am Mittag* in großer Überschrift „Mörder und Kinobesucher" von einem Mord berichtet.

Die Verdächtigen werden darin als „schlecht angezogen", als „abenteuerlustig" und als „leidenschaftliche Kinobesucher" geschildert. „Und das schreibt eine Zeitung", so ein Kritiker dieser Berichterstattung, „die auf der gleichen Seite mit Kinoinseraten ihr gutes Geld macht." Und weiter: „Dabei muß sich doch die Frage stellen, wieso es dann soviele begeisterte Kinobesucher in Öster-

reich gibt, und nur so wenige Mörder darunter?" Auf alle Fälle: Kino erhitzte schon immer die Gemüter.

Das Argument, „Entsittlichung durch das Kino" spielte auch 1926 in einem Fall eine Rolle, in dem ein 14jähriges Mädchen von einem 16jährigen „Mistbuben", wie das Gericht ihn nannte, geschwängert wurde. Beide wurden vom Richter gefragt, „ob sie nicht durch den häufigen Besuch von Kinos dazu angeregt worden wären."

> „Der laszive Gesichtsausdruck der abgebildeten Frauensperson läßt alle Bilder als unzüchtig erkennen." Mit „gewinnsüchtiger Absicht" wurden diese Bilder im Kinoschaukasten ausgestellt.
>
> „Durch die beantragten Beweise werden beide Beschuldigte im Sinne der wider sie erhobenen Anklage zu überführen sein."
>
> *Mit dieser Begründung verurteilte im Jahre 1960 der Jugendgerichtshof den Kinobesitzer F. und den Filmverleiher F.*

Richter: „Wie haben sie es wagen können, diesen verwegenen Einbruch zu begehen?"
Angeklagter: „Herr Rat, das war do nur a Prob' für'n Kinomatographen!" (1912)

Kino sah sich ständigen Vorwürfen ausgesetzt, „Verbrecher" zu züchten: So umschrieb die *Reichspost* bereits 1913 die Wiener Kinos als „Landplage" und argumentierte in der Folge mit der 1913 um eine Erhöhung ihrer Subvention bei der Bezirksvertretung Innere Stadt ansuchenden URANIA: „Das Programm der heutigen Kinos geht nicht mehr auf Volksbildung aus, sondern auf Volksverdummung und Verrohung. Manches Verbrechen wird nur begangen, weil der Betreffende im Kino sieht, wie es gemacht wird. Was in den äußeren Bezirken dem Publikum in den Kinos geboten wird,

spottet jeder Beschreibung, und es ist nur verwunderlich, daß so etwas unter den Augen der Polizei geschehen kann. (…) Es ist traurig, daß in Wien so viele Kinos existieren können…"

Noch 1958 müssen Fachkreise gegen das Vorurteil anschreiben, daß Filme zum Verbrechen anleiten. Dabei wurden Vergleiche aus der Literatur bemüht (Die Räuber, Schiller) und neue Bücher von Psychologen und Staatsanwälten (Das Verbrechen und die Gesellschaft, Bauer) zitiert.

Doch das Vorurteil, Kino züchte Verbrecher, scheint unausrottbar zu sein. Noch 1992 schreibt Marga Swoboda in ihrer Glosse in der *Kronenzeitung* über einen Taximörder, der angibt, als Vorbild

hätten ihm Rambo-und Terminator-Filme gedient. Nach der Tat bedauere er nur, daß die Wirklichkeit seines Mordes nicht so schön gewesen sei wie die Filme. Swoboda schließt: „Schwarzenegger ist so unschuldig wie ich (…). Das Böse ist nicht erst mit ihm auf die Welt gekommen. Er verdient nur mehr Geld damit."

Eine andere Art des Protests bestand in politischen Kundgebungen: Sei es gegen den Film *Weiße Schatten* vor dem SCHWEDEN-Kino oder, wie im Fall der Gruppe Schwerfuhrwerkskutscher im Jahr 1927, im STAFA-Kino und vor dem OPERN-Kino, die gegen eine Stierkampfszene eines Naturfilms aus Barcelona, der als Vorfilm zu dem Film *Kampf der Geschlechter* gezeigt werden sollte, protestierten: Sie trommelten, sobald das Saallicht ausging, so laut mit den Füßen, daß die Vorführung unterbrochen werden mußte. Sowohl der Kinobesitzer als auch der zufällig anwesende Verleiher garantierten daraufhin den Vertretern des Tierschutzverbandes, daß der Film abgesetzt werde. Geschlossen fuhren die Protestierenden sodann die Mariahilferstraße zum SCHÄFFER-Kino hinunter, wo ebenfalls dieser Film lief. Frau Schäffer, selbst Mitglied des Tierschutzvereins, ließ von sich aus den Film einziehen.

STAFA-Kino
Wien VII.,
Mariahilferstraße 120
20er Jahre

In der Zwischenkriegszeit wurden Filme auch für politische Manifestationen benützt, wobei die Gegner die Aufführungen stets erfolgreich verhindern und mit dem Einzug der Filmkopien rechnen konnten; vorerst, weil sie die Kinobesitzer verängstigen konnten, später – 1930 – durch Regierungsverordnung, da ansonsten „die öffentliche Ruhe nicht gewährleistet werden kann".

Einen derartig argumentierten Vorfall bildete auch der Film *Zwei Welten* im OPERN-Kino, bei dem der ‚Zensur der Straße' jene Szenen mißfielen, in denen die Juden „ach so gut, und die österreichischen Offiziere ach so schlecht" wegkamen; Stinkbomben wurden anstelle von Argumenten verwendet.

Zu erinnern ist an dieser Stelle auch an den Eklat gegen den Antikriegsfilm *Im Westen nichts Neues* vor dem APOLLO-Kino. Heute noch kennen ältere Wiener, auf diesen Film angesprochen, die geflügelten Worte, die nach dem Verbot des Films die Runde machten: „Im Westen nichts Neues, im Osten zu sehen!"

Interessierte mußten in organisierten Autobussen nach Bratislava fahren, um den Film dort sehen zu können. In Wien versammelten sich am 20. Dezember 1930 um 23 Uhr, als die Pressevorführung im APOLLO-Kino stattfinden sollte, ‚Hakenkreuzler' in Lokalen, die konzentrisch um das Kino lagen. Es war so ein Leichtes, kurz vor 23 Uhr geschlossen aus dem Terassencafé am Margaretenplatz, aus dem Restaurant *Zur Schönen Schäferin* und aus dem Lokal *Zur Glocke* herauszutreten und die Zufahrtswege zu blockieren. – Dies war zwar keine Demonstration im engeren Sinn, aber die Presseleute, die zur Vorführung gekommen waren,

konnten sofort sehen, wieviele gegen den Film waren. Da ein Sympathisant in der zuvor gezeigten Vorstellung Ammoniak auf die Sessel des APOLLO-Kinos geleert hatte, verzögerte sich die Pressevorstellung zusätzlich, da vorher gelüftet werden mußte.

Zur politischen Meinungsmache gegen Remarque diente auch der organisierte „Spaziergang". Dabei trafen sich die Gegner, als der Film ab Don-

WIENZEILE-Kino
Wien VI., Linke Wienzeile 4, im Dezember 1949

nerstag regulär im SCHWEDEN-Kino gezeigt werden sollte, in den umliegenden Lokalen der Josefstadt, und zogen dann mit Knallfröschen und in die Luft feuernd, Fensterscheiben des Café Kristall einschlagend und mit den Rufen „Deutschland erwache", „Heraus mit dem Verbot" und „Nieder Remarque", in Richtung Innenstadt am Kino vorbei. Das SCHWEDEN-Kino, in dem der Remarque-Film ebenfalls aufgeführt werden sollte, schaltete für das nächste Wochenende von sich aus einen neuen Filmtitel im Inseratenteil der Tageszeitungen: *Afrika ruft*.

1931 fragte die *Reichspost* in einer ihrer Maiausgaben öffentlich, ob „sich die Bevölkerung eine solche niederträchtige Provokation gefallen lassen müsse"; die Rede war von dem Film *Das Lied vom Aufbau* von Dziga Wertov, der heute zu den wichtigsten Wegbereitern der dokumentarischen Filmkunst zu zählen ist. Nur das KREUZ-Kino versuchte, den Film zu zeigen.

Auch an anderen Beispielen ließe sich zeigen, daß Massenaufmärsche und Demonstrationen auf die Laufzeit von Filmen großen Einfluß hatten; ein deutliches Zeichen für das zunehmende Rückzugsgefecht der demokratischen Parteien.

Karl Sierek

Der Weg zum Film

Fassade

Kinos zierten lange Zeit wie herzögliche Palazzi oder Mandarinshöfe die städtische Landschaft von Wien. Ihre oft repräsentativen Fassaden wiesen den schlendernden oder hastenden Passanten auf ein im Lauf der Jahrzehnte nobilitiertes Vergnügen hin. Denn schnell hatte sich das Kino vom trostlosen Kintopp zum ansprechenden Ver-gnügungstempel gemausert. Den zur Kassa des KRISTALLPALAST oder des WELTBILD-Kinos Hinan-steigenden stimmten die prächtigen Portale und weiten Treppen auf die kommende Schaulust ein. Wenig ist von dem bis heute geblieben. Unschein-bar duckt sich das METRO VIS À VIS unter die Fassade eines Fastfood-Restaurants, zögerlich ver-steckt sich das CITY CENTER in den Etagen über einer Kleider-Boutique, bescheiden weichen die

KINO KAGRAN
Wien XXI.
Wagramerstr. 108
50er Jahre

ehemals repräsentativen Vergnügungspaläste wie
VELTÉES PANOPTIKUM, das KOHLMARKT- oder das
GRABEN-Kino von den teuren Straßen des ersten
Bezirks, das WELTBIOGRAPH am Ring, die SCALA
in der Favoritenstraße oder das TONBILDTHEATER
in der Mariahilferstraße von den großen Boule-
vards ab und in winkelige Nebengassen aus. Was
war das AUGE GOTTES vor seiner Renovierung im
Jahr 1990? Ein jubilierender Aufschrei der Licht-
spielkunst, ein Rufzeichen pompöser Monumental-
filme. Und heute: Gottlos geworden und somit der
Allwissenheit verlustig gegangen, wirkt das AUGE
wie der lichtbringende Erzengel Luzifer nach
seinem Sturz: entrechtet und nur als Seitenflügel
des Coca Cola-Tempels zwei Häuser weiter gedul-

WIEDNER GRAND
KINEMATOGRAPH
später METROPOL
Wien V.
Matzleinsdorfer Platz 2
1914

KOSMOS-Kino
Wien VII.,
Seitenstettengasse 42
20er Jahre

det. Doch schon vor dem großen Kino-Boom der frühen 20er Jahre verkrochen sich viele Säle in den Untergrund. Vielleicht läßt dieses Wiener Charakteristikum Schlüsse auf den Stellenwert des Films in dieser Stadt zu. Jedenfalls muß man noch heute in den Keller steigen, um ins STADTKINO, BURG, HAYDN oder VOTIV zu gelangen. Das Gegenteil zur

IMPERIAL-Kino, Wien I., Rothgasse 9, 1993

luftigen Lichtfahrt des Films, sind sie in den Bauch der Erde gebettet. Während viele Kinos ihren einstigen Stolz verloren haben, scheinen ihn diese nie besessen zu haben.

Ich will aber weder die einstige Schönheit der Kinos und ihrer Fassaden glorifizieren noch ein kulturpessimistisches Lamento darüber anstimmen, daß kaum mehr etwas an der äußeren Umhüllung von Kino-Bauten den versprochenen Vergnügungen in ihrem Inneren entspricht. Ich will vielmehr den Weg von der Straße in den Saal und von dort in die Welt des Films nachzeichnen. Denn auszuschließen ist nicht, daß bereits draußen etwas offen vorliegt, das sich dann ganz innen erst zu voller Pracht entfalten wird. Je zurückhaltender sich das Gebäude in die Fluchtlinie der Straßen und Gassen einpassen muß, desto größer der Eindruck, den die Entfaltung großzügiger Räumlichkeit im Inneren bereiten kann. Nie im Leben hätte ich mir bei dem vergleichsweise schlichten Äußeren des KOSMOS-Kinos einen übrigens auch in den Keller verbannten, aber dennoch derart weiten und weitläufig sich erstreckenden Raum, oder bei der winzigen Eingangstür zum VOTIV-Kino den doch beträchtlich Großen Saal erwartet! Und diese Weitung des Raums bereitet die noch größere nach dem Heben des Vorhangs vor: Was sich dann mit dem Einstieg in fremde, exotische, nie gesehene Welten erstrecken wird, ist schier unermeßlich, und die Grenzen sind nicht mehr auszumachen.

Die riesigen Ankündigungstafeln auf leuchtendem Grund über dem Eingangstor des BURG-Kinos am Ring, dort gegenüber dem Kaiser-Franz-Josef-Denkmal, das kleine Schlupfloch zum VOTIV-Kino oder das hohe Portal zum Filmmuseum in der Albertina – vielleicht erzählen sie etwas von den Filmen, die uns erwarten, vielleicht geben ihre Fassaden davon schon einiges preis. Auch wenn sich heute die aufwendige, raffinierte und attraktive Gestaltung der Kino-Fassaden aus ökonomischen Gründen erübrigen mag und Kino-Centers sich nicht mehr ausschließlich als Spielorte von Filmen, sondern als unspezifische Erlebnisräume wie Freizeit-, Fit- und Fun-Einrichtungen oder Discotheken präsentieren, in denen die Filme so nebenher laufen: Ihr Äußeres bleibt der Herold der kommenden Filmgeschichten. Warum ist diese schöne Männerfigur dort im Schaukasten des Haydn A B C so groß am Plakat, so weit vorne in der Vitrine, weshalb verbirgt sie die blutfunkelnde Frau dort hinten? Wenn das Glas nicht so spiegeln würde, wüßte ich mehr darüber. Vielleicht genügt schon das gemalte Porträt des Helden, das an der Front des Künstlerhaus-Kinos prangt, oder die zwei Pappkameraden mit dem Konterfei Dustin Hoffmans als Frau und als Mann links und rechts vom Portal des Opern-Kinos, und natürlich die Szenen-Photos in den Vitrinen der Passage zum Kolosseum Eins bis Acht, um den schaulustigen Besucher anzuregen? All diese Einrichtungen sind nichts weiter als bauliche, städtebauliche Maßnahmen der Inszenierung des Wegs von Außen nach Innen, von der Straße in den Saal. Und es sind die ersten Schritte, mit denen der Weg des Erzählens einer Geschichte beginnt. Ohne sie findet man sich, wenn es erst richtig losgeht im Saal, nicht so schnell zurecht. Ohne sie werden etliche Fragen nicht gestellt, die zu beantworten ein maßgebliches Ziel jedes Films ist.

Foyer

Immer kleiner werden sie, schmächtiger und schmalbrüstiger zwängen sie sich zwischen Stiegenabgang und Saaltür: Kaum noch weisen die immens wichtigen Einführungs- und Durchleitungsräume den Weg zur Kassa, dem ökonomischen Herz des gesamten Kinokomplexes, und von dort vor zur Leinwand. In vielen Städten drohen die Kino-Foyers schon ganz zu verschwinden. Statt in Passagen kanalisiert zu werden, steht man an Straßenecken herum, reiht sich in Schlangen ein und weiß, im Trubel der Gasse ertrinkend, noch 50 Sekunden vor dem Vorspann nicht, daß man eigentlich in eine andere Welt zu streben im Begriff ist. In Wien muß ich mich nur selten am Gehsteig in eine Schlange reihen und an einer winzigen Schießscharte mit Glassturz meine Scheine gegen eine Eintrittsermächtigung eintauschen, um dann direkt von der Gasse in den Saal zu huschen. Die Übersicht des glasbegrenzten und somit ebenso offenen Gartenbau-Foyers etwa spricht, schon bevor sich der Vorhang hebt, von den „unendlichen Weiten“; die zwergige Enge des Breitenseer atmet das zu erwartenden *Chainsaw Massacre*, und die Stahlgitter-Treppe in die Gruft des kleinen Votiv-Studios läßt genau das erahnen, was dann im *Slaughterhouse* meiner harrt.

Ich trete an die Kasse. Welchen Platz wähle ich? Das ist nicht nur von der Dicke des Portemonnaies oder meiner Großzügigkeit und Verschwendungssucht abhängig. Der einladende Charakter der Kassenhalle, der forsche Blick der in Glas gefaßten Dame ohne Unterleib und sonstige Unwägbarkeiten bestimmen mit. Und – wie im Apollo-Kino –

die raffinierte Inszenierung einer Eintrittsvorstellung entlang der Hauptachse, die mich direkt vom Portal zum Kassenaltar geleitet. Ein erhabener Weg führt von dem markanten Kreuzungspunkt der Gumpendorferstraße und der (mit der Filmschauspielerin nur zufällig namensgleichen) Eggerth-Gasse durch eine erste Gabelung rechts in ein kleines Buffet, links in die Wartecouloirs geradeaus zur Kassa und nimmt die im Saal zu erwartenden Schauwerte subtil vorweg. Eine langgezogene Halbkuppel überwölbt den geradewegs Eilenden. In ihr, auf rund zweieinhalb Meter Höhe, schwebt eine raffinierte runde Beleuchtungsschale mit kleinen Löchern, die an das Firmament des Nachthimmels, ein geordnetes Gestirn, erinnert. Die apollonische Inszenierung wird noch durch zwei parallel geführte Spiegelflächen an der linken und rechten Seitenwand akzentuiert. Erst dann erreicht der dergestalt Erhobene den monetären Bereich. Bevor ich endgültig im Dunkel des Saals verschwinden kann, muß ich allerdings noch eine merkwürdig sinnlose, mit langgestreckten hohen Spiegeln gegliederte Passage passieren, die sich wie ein Gürtel hinter der Leinwand um den Saal legt. Auch diese optische Bremse setzt ein starkes visuelles Signal, gleichsam eine Warntafel vor dem allzu raschen Eintreten. Insgesamt ist der Weg ins APOLLO die wohl gelungenste Initial-Inszenierung aller Wiener Kinos.

Vergleichbar ist er am ehesten noch mit dem ins EOS, das über einen ebenso merkwürdig funktionslos bleibenden, im Unterschied zum APOLLO-Kino allerdings an der Rückseite des Saales den Innenraum umgürtenden Wandelgang zwischen Foyer und Saal verfügt. Doch auch das Foyer dieses

(neben dem innerstädtischen STADTKINO) nunmehr einzigen Kinos im dritten Wiener Gemeindebezirk macht es zu einem der schönsten von ganz Wien. Die stark akzentuierte Vertikale der zweigeschoßigen Eingangshalle wird noch zusätzlich durch eine Empore betont. Sogar ihre etwas rustikal geratenen

APOLLO-Kino, 1993

Luster sind zweigeschoßig und stammen, wie die roten häßlichen Fliesen, noch aus der Bauzeit des Hauses in den Jahren 1930 und 1931.

Das Foyer ist immer eine Latenz-Zone, die zum Innehalten nötigt; ein Ort des Verweilens und der langen Weile: eben ein Warteraum. Es kann mit dieser Funktion spielen und aus Fadesse eine Tugend machen. Oder es kann, wie dies in vielen Kino-Centers geschieht, sich dagegen stemmen und eine Hektik einführen, die dem Springen des Fernseh-Zuschauers von einem Kanal zum nächsten vergleichbar ist.

Das ARTIS-Kino etwa erweckt eine Fahrigkeit, die mir kaum mehr die Chance läßt, zwischen Studio 4 und Studio 6 bedächtig zu wählen. Und auch wenn ich noch wahlfähig bin: Im Labyrinth der winzigen Kanäle und hinterhoftreppenartigen Stiegenhausanlagen der komplex und multiplex ineinandergeschachtelten Projektionsmaschinerie für sechs Grau-in-grau-Räume mit 67 bis 300 Sitzplätzen scheitert mein Orientierungsvermögen ohnehin. Ist diese inszenierte Wirrnis der Vielzimmer-Kinos nicht eine materielle Verräumlichung und Verkörperung des immateriellen Zappens mit

ARTIS-Kino, Wien I.,
Schultergasse 5, 1993

URANIA-Kino, 1917

der Fernsteuerung vor dem Schirm? Man nimmt, was kommt, und was kommt, kommt an. Auswahl wird durch Zufall ersetzt, und die Laune des Augenblicks weist den Kino-Center-Besuch als Ersatzbefriedigung der televisionären Wellenreiterei aus. Daß der Besucher in dieser Lage gesammelter Unwägbarkeiten entscheidender als sonst auf bauliche Momente reagiert, nimmt nicht Wunder.

ALT WIEN, innen
Wien XVI., Brunnengasse 38, 50er Jahre

Saal

Und dann, endlich: Ich betrete einen leeren, nicht gerade gleißend erleuchteten Raum. Bin ich klammheimlich an einer finsteren Stelle der rückwärtigen Wand in den Saal gehuscht wie im URANIA-Kino? Dann habe ich die Frontseite des Saals vor Augen und den gesamten Grundriß ausgebreitet zu meinen Füßen. Ich kann gemächlich gustieren, langsam meine sanften Vorlieben zu sehen und zu sitzen reflektieren und den besten Platz anpeilen. Werde ich – zu spät kommend – neben der Leinwand beinahe ins Licht des Projektors gestoßen und einer gleißenden Blindheit überlassen wie im Kleinen Studio des BURG-Kinos oder im FILMMUSEUM? In diesem Fall bin ich den kommenden zwei Stunden weitestgehend ausgeliefert. Oder trete ich gleichsam als Randbemerkung durch die von innen kaum sichtbare Nische an den Seitenwänden neben der Leinwand ins prächtige Halbrund des APOLLO? Dann schmiege ich mich schon beim Betreten an die räumlichen Bedingungen, atme mit ihnen und füge mich ihrem bestimmten Druck. Jedenfalls ist die Wahl des Sitzplatzes – falls sie noch nicht am Kartenschalter zu treffen war – maßgeblich von dem Ort bestimmt, an dem ich den Saal betrete.

All das läßt Erwartung aufkommen: Und sie kommt auf. Sie richtet sich nach vorne, dorthin, wo der Vorhang hängt. Wie die grüne Portière hinter Holbeins GESANDTEN in der National Gallery in London verspricht auch der verhüllende Stoff im Kino einiges an Überraschungen. Wo es ist, gibt es etwas zu sehen, und deshalb blicken wir hin: Vorne ist, weil dort der Vorhang etwas *verhängt*. Das stoffliche Verhängnis sozusagen verbirgt und verhüllt zweierlei: zunächst das Nichts der weißen Leinwand, und in der Tat, das ist schon erschreckend genug. Dann verkleidet das fetischistische Textil aber auch noch die dahinter erscheinenden ‚wahren' Bilder, die Bilder, die nichts zeigen als sich selbst. Auf Signifikanten eines symbolischen Werts, der für sich steht, richtet und kanalisiert der Vorhang die Aufmerksamkeit.

Es wird dunkel. In diesem Augenblick ändert sich alles, sowohl psychisch – für die Sinneswahrnehmung, als auch physisch – für die Körperwahrnehmung. Mit dem Erscheinen der ersten Bilder werden sich Außen und Innen umstülpen. Der eben noch *sichtbare* Saal wird fast ganz wie im FILMMUSEUM oder kaum wie in den viel zu hell beleuchteten Kino-Centers verschwinden und in seiner Präsenz zurücktreten. Ein eben noch *unsichtbarer* Außenraum hingegen wird sich hinter dem Leinwandfenster zeigen. Das Ende des Innenraums ist gekommen, es bricht der Außenraum – aber jener der Vorstellung im Kopf des Zuschauers – ein. Diese Verwandlung des Zuschauerraums ist, soweit man sich im GARTENBAU, im APOLLO oder in einem der wenigen anderen ausgestatteten Kinos befindet, begleitet vom letzten diesseitigen Spektakel: Der Vorhang hebt sich. Und hinter ihm ersteht eine neue Welt.

Adressen jener Kinos, die im Buch genannt werden
(Bezirks- und Straßenbezeichnungen aus 1993)

Mein besonderer Dank gilt Frau König, Herrn Havelka, Herrn Marischka und Herrn Schauer. Herr Ferdinand Straka ersparte mir durch so manche Recherchearbeiten viele Umwege.

ADRIA-Kino, Wien II., Am Tabor 22

ALT-WIEN, Kino, Wien XVI., Brunnengasse 38

ALTMANNSDORFER-Kino, Wien XII., Breitenfurterstraße 36

ANKER-Kino, später FORTUNA-Kino, Wien X., Favoritenstraße 147

APOLLO-Kino, Wien VI., Gumpendorferstraße 63

APOLLO-Kino, später GLORIA-Kino, Wien XVII., Dornerplatz

ARBEITERHEIM-Kino, später PLAZA, Wien XVI., Kreitnergasse 31

ARTIS-Kino, Wien I., Schultergasse 5

ARKADEN-Kino, Wien VIII., Alserstraße 23

ARNETH-Kino, Wien XVI., Arnethgasse 90

ASTORIA-Kino, Wien XVII., Hernalser Hauptstraße 156

AUGE-GOTTES-Kino, Wien IX., Nußdorferstraße 73

BELLARIA-Kino, Wien VII., Museumstraße 3

BIOGRAPHEN-THEATER, Simmeringer, später ZENTRAL-Kino, später OLYMPIA-Kino, Wien XI., Simmeringer Hptstr. 57

BIOSKOP, GRAND, Wien VI., Wallgasse/Mariahilfer Gürtel

BIOSKOP, 1. KAGRANER, später KAGRANER TONKINO, Wien XXI., Wagramerstraße 126

BREITENSEER-Kino, jetzt BSL, Wien XIII., Breitenseerstraße 21

BURG-Kino, Wien I., Opernring 19

BÜRGER-Kino, ehemals FAVORITNER-Kino, Wien X., Reumannplatz 10

BÜRGER-Kino, MARGARETNER, später FILMCASINO, Wien V., Margaretenstraße 78

BUSCH-Kino, Wien II., Prater, Ausstellungsstraße 145

CAPITOL-Kino, Wien III., Erdbergstraße 86

DONAUSTADT-Kino, später ROTUNDEN-Kino, Wohlmuthstraße 15

ELITE-Kino, Wien I., Wollzeile 34

EOS-Kino, später SASCHA-Palast, Wien III., Ungargasse 60

EOS-Kino, Wien III., Landstraßer Hauptstr. 137 a

ERIKA-Kino, ehemals BAIER bzw. UHU-Kino, Wien VII., Kaiserstraße 44/46

FAVORITNER-Kino, s. BÜRGER-Kino

FELBER-Kino, ehemals EDELWEISS-Kino, Wien XIV., Felberstraße 110

FERDINANDS-Kino, s. SCHWEDEN-Kino

FILMCASINO, s. BÜRGER-Kino, MARGARETNER

FILMPALAST, s. LUSTSPIELTHEATER

FLIEGER-Kino, Wien IX., Liechtensteinstraße 37

FLORIDSDORFER LICHTSPIELE, Wien XXI., Angererstraße 14

FLOTTEN-Kino, ehemals FLOTTENVEREINS-Kino, Wien VI., Mariahilferstraße 87

FORTUNA-Kino, s. ANKER-Kino

FORUM-Kino, Wien I., Stadiongasse 11

FREIES-Kino, s. ROSSAUER-Kino

GARTENBAU-Kino, Wien I., Parkring 12
GRABEN-Kino, Wien I., Graben 17

HAYDN-TON-Kino, Wien VI., Mariahilferstraße 57
HETZENDORFER-Kino, Wien II.,
    Hetzendorferstraße 75 a
HOCHSTÄDT-Kino, Wien XX., Stromstraße 74-76

IDEAL-Kino, Wien XIX., Döblinger Hptstr. 74
IFA-Palast, s. SCHWEDEN-Kino
IMPERIAL-Kino, Wien I., Rothgasse 9
IRIS-Kino, Wien XVIII., Währingerstraße 123

JOHANN STRAUSS-Kino, Wien IV.,
    Favoritenstraße 12

KAGRANER BIOSKOP, später KAGRANER
    TONKINO, Wien XXI., Wagramerstraße 126
KAGRANER-Kino, Wien XXI., Wagramerstraße
    108
KALVARIENBERG-Kino, Wien XVII.,
    Kalvarienberggasse 4
KAMMERLICHTSPIELE, Wien III.,
    Schwarzenbergplatz 6
KÄRNTNER-Kino, Wien I., Johannesgasse 3
KEPLER-Kino, Wien X., Keplerplatz 5
KERN-Kino, Wien I., Prater 80
KINEMATOGRAPHEN-Theater, Wien XVI.,
    Lerchenfeldergürtel 45
KOFLERPARK-Kino, Wien XVI., Ludo Hartmann
    Platz (früher Koflerpark) 12
KOLOSSEUM-Kino, kurzfristig YANK-Kino
    genannt, Wien IX., Nußdorferstraße 4
KOSMOS-Kino, Wien VII., Siebensterngasse 42
KREUZ-Kino, Wien I., Wollzeile 17

KRUGER-Kino, ehemals WIENER BIOSKOP, Wien
    I., Krugerstraße 5
KRYSTALL, später KRISTALL-Kino, Wien II.,
    Prater 40
KÜNSTLERHAUS-Kino, Wien I., Akademiestraße
    13

LEHNER-Kino, Wien XIV., Mariahilferstraße 196
LEOPOLDSTÄDTER VOLKS-Kino, Wien II.,
    Rotensterngasse 7a
LICHTBILDBÜHNE, SIMMERINGER, Wien XI.,
    Simmeringer Hauptstraße 139 (später 105)
LICHTSPIELE, MEIDLINGER, Wien XII.,
    Meidlinger Hauptstaße 20
LÖWEN-Kino, Wien III., Löwengasse 33
LUNA-Kino, Wien II., Taborstraße 69
LUSTSPIELTHEATER, Wien II., Prater –
    Ausstellungsstraße
LUX-Kino, Wien XV., Neulerchenfelderstraße 43

MARCHFELD-Kino, Wien XX., Marchfeldstraße 9
MARGARETNER GRAND-Kino, Wien V.,
    Stollberggasse 23a
MARIA-THERESIEN-Kino, jetzt U3, Wien VII.,
    Mariahilferstraße 70
MICHELBEUERN-Theater, Wien XVIII.,
    Kreuzgasse 27
MOZART-TON-Kino, Wien IX., Schubertgasse 5
MÜNSTEDT-Kino, Wien II., Prater 142

NESTROY-Kino, Wien II., Praterstraße 34
NEUBAUER-Kino, später NEUBAUTON-Kino,
    später ACTION-Kino, Wien VII.,
    Lerchenfelderstraße 77
NON-STOP-Kino, s. RESIDENZ-Kino

Bildquellennachweis

Der Autor

Franz Grafl, Jahrgang 1953, Studium der Theater- und Politikwissenschaften in Wien, Promotion 1983. Film- und Fernsehforschungspreis 1983. Seit über zwanzig Jahren praktische und theoretische Beschäftigung mit Film. 1978 bis 1989 Mitbegründer und Geschäftsführer des Verleihs „Filmladen" und 1986 des Votivkinos in Wien. Seit 1990 v.a. filmwissenschaftlich tätig.

Florian Pauer, Kino- und Filmhistoriker

Karl Sierek, a.o. Professor für Film- und TV-Theorie

Reinhard Tramontana, Journalist